記憶に残る場所

THE TOWER OF PERCEUIA

記憶に残る場所

D.リンドン　C.W.ムーア 共著　　有岡　孝 訳

CHAMBERS FOR A MEMORY PALACE

鹿島出版会

CHAMBERS FOR A MEMORY PALACE

by

Donlyn Lyndon and Charles W. Moore
with Illustrations by the Authors

*Copyright © 1994 by The Massachusetts Institute of Technology
All rights reserved
including the right of reproduction
in whole or in part in any form.
Published 2009 in Japan
by Kajima Institute Publishing Co., Ltd.
Japanese edition published by
arrangement through The Sakai Agency*

SD選書化にあたって

　1996年に刊行された『記憶に残る場所』が，SD選書に加えられ新たに出版されることになり，とても嬉しく思います。

　本書は，建築家に必要な技術（techne）について書かれた対話編です．文章と主題となる建築を訪ねた折などに描かれたスケッチは，私たちを建築のある場所へ誘ってゆきます．敷地と周辺の自然環境との関わりを分析し，建築の量感，素材，色彩を決定し，内部の空間を構成し，階段，窓，そして全体を覆う屋根の形態をデザインすることは，建築家という職能に属する技術です．本書で言及されているキケロ著『弁論家について』は，弁論の技術が記されたもので，場所に記憶を仮託する技術も記されていました．その歴史は古く，記憶術の本を最初に書いたとされる詩人シモニデスは「絵は無言の詩，詩は言葉による絵」という詩句を残しています．

　場所が喚起する記憶，眺め，想像力は深く関わり合っています．そして優れた建築には，周囲の自然環境と深く親和し風景と一体となってゆく力があると思います．風景と建築の織り成す美を眺め，その美をスケッチに描き留めることは，自然に親和する特質を感じ取る貴重な経験の始まりであり，プラトン著『パイドロス，または愛／美（エロース）について』に描かれた泉から流れ出る川の畔での対話に示唆されているように，私たちは場所の精神が呼び起こす論題（topics）を受け止め理解し，自分の言葉で語る試みを続け，「自然と建築を愛する学」へと向かうことが出来るのだと思います．

　再刊に際して，字体，カタカナ表記，句読点，語順を幾つか整え直すことが出来ましたのは，鹿島出版会の三宮七重さん，そして渡辺奈美さんのご助力のおかげです．この場をお借りしてお礼を述べさせていただければ幸いです．

2009年8月　有岡孝

目 次

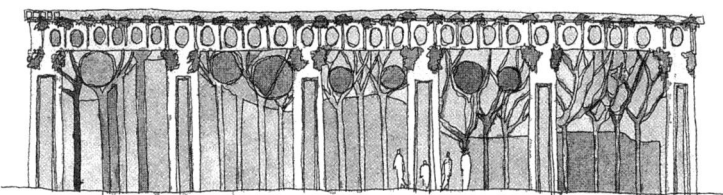

謝　辞

序　章　1

主　題

1　到達する軸 / 彷徨う通路　6

2　計測する果樹園 / 整えるピラスター　28

3　離れる踊り場 / 合流する斜面 / 上り休息する階段　46

4　統御する境界 / 重なる壁 / 選択し変化するポケット　68

5　縁どる開口 / 前兆となるポータル　82

6　包囲する屋根 / 中心となるキャノピー　102

7　見渡す標(しるし)／内に宿る縁(えん)　124

8　戯れる光／出没する影／和らげる陰　146

　　構　成

9　定める部屋／光の中に漏れ出る空間　158

10　繰り返す類型／往来する秩序　176

11　想い起こす形／受け継ぎ，変様し，符号となる装飾　188

12　開化する庭園　206

13　とどまり結びつける水　216

14　動機となるイメージ　230

　　あとがき　カステッロ・ディ・ガルゴンザ　242

　　訳注　254

　　訳者あとがき　269

　　索引　273

謝　辞

　本書の準備にご助力くださった方々に特にお礼を申し上げたい。ケヴィン・ケイムとテレツィア・ネメスは，資料を収集し貴重な助言をしてくれただけではなく，この企画が沈まないように（しかも上手に育つように）いつも助けてくれた。中でも，アリス・ウィングウォールは，筆者たちの議論や読み上げるテクストに耳を傾け，分別のある寛大な聞き手となり，巧みな言い回しも考えてくれた。ジャクリン・バアスは，筆者たちをいつも激励し，時には表現の端緒を引き出してくれた。特に，筆者たちの仕事場である，オースティンのムーア／アンダーソン建築事務所とバークリーのリンドン／ブキャナン建築事務所のバーバラ・シェパード，クリス・フェナー，メリサ・ネルソン，そしてスーズィ・マルズォーラは，絶えず後方から支援してくれた。テクストに細かく眼を通してくれたアラン・ジェイコブス，そして正確で好意的な編集をしてくれたメリッサ・ヴォーンに感謝している。

　チャールズ・ムーアは，印刷された本書を眼にすることなく亡くなったが，原稿とスケッチは完成させていた。本書は，この数年のあいだ（カステッロ・ディ・ガルゴンザ，シエナ，バークリー，オースティン，そしてシーランチで）共に過ごした時間の中心となるものであり，本書の中に，筆者たちの40年にも及ぶ交友と議論が，大切に収められている。これから私は，いつもこの特別な記憶の館に感謝してゆくことだろう。

ドンリン・リンドン
シーランチ，カリフォルニア
1994年1月

序　章

場所から生まれる理念，そして理念にふさわしい場所

　2千年前，マルクス・テュリス・キケロ[*1]は，ローマの議会で2時間もの演説を行っていた。彼は，ノートを見ることもなく，自分の心の中に館を築き，様々な部屋や家具の置かれた館の中を歩き回る自分を想い描き，議論したいと思っていた考えを想い起こしていた。様々な考えは，空間に位置が与えられ記憶に残るものとなっていた。

　キケロは，空間や構成が明晰で認識しやすい，秩序の備わる世界に住んでいた。筆者たちは，そう思いたい（少なくともキケロは，そのような人物であったのだと想い描くことはできるだろう）。様々な部屋や建築の部分を構成し統括してきた伝統によって，部屋や建築の部分は，相互に関連をもち，それぞれが十分に識別できるものとなり，空間の中で起きた（場所を得た）出来事や経験を想い起こさせることもできる。人は，大きなパターンの中では，位置，独特の形状，あるいは特徴のあるディテールを頼りにして，ある空間とそれ以外の空間を見分けることができる。すべては，コンピューターの「アーキテクチュア」に驚くほどによく似ている。アーキテクチュアは，場所に応じた情報を蓄積し，座標系を頼りに（あるいは，マウスを用いて，コンピューターの画面の上を飛び交う矢印で，箱の中に位置を与えられている様々なイメージをつかむことによって）情報にアクセスできる。

　場所から生まれる建築（アーキテクチュア）という存在は，場所に備わる微妙な違いを考えさせたり，特定の考えや出来事を，形態，形状，あるいは関係性と符合するように類属させることができた。様々な場所は，情緒，追想，人々，そして理念を心に招来させることができた。場所の特質は，文化が育む知的な素養のひとつなのであった。

　ここで，私たちも，キケロが当り前にできた事態に気づかなければならない。私たちの日常の環境の中で起きる変化は，伝統的に場所づくりを誘導してきた知恵や手仕事の集積を凌駕してきた。それまで知られていたことは，確実に脇に追いやられ，白紙の予定表だけが残された。さらに悪いことに，コンピューター・ネットワークの中に集められた仮想

序章

の現実の世界を好み,現実の手応えのある世界を放棄しようとする人々がいる。記憶の館は,大地から離れ電子的な考察の中にある。しかし,筆者たちは,気後れすることなく現実の大地にとどまろうと思う。そして,自分の脚でたどり着ける場所,自分の存在で満たすことのできる明瞭な場所を想い描きながら,限りある日々を過ごす準備をしている。

場所は,思い出せる空間であり,思慮深く扱うことのできる空間であり,人生の一部となり得る空間である。今構築されている空間は,あまりにも場所に対する熱意に欠け,思い出せるものは何もない。私たちを取り囲む空間は,ほとんど記憶できない,私たちには意味のないものばかりである。空間は,その逆の状態であるべきであり,世界は,意味を携え得る鮮烈で独特な場所で満たされているべきだ,と筆者たちは考える。心地のよい生活には,記憶に残る場所が必要である。自分の位置,自分の周りを取り巻く環境に広がる,固有で特別なありさまを考えてみる必要がある。そうすることによって,私たちは,自分をさらによく知り,他の人たちとの関係の保ち方をさらに深く理解できるようになる。このように人々,場所,そして考えが心理的に相互に混ざり合い,建築は興味深いものとなるのである。

本書を執筆した目的は,現実の様々な場所がもっと記憶に残るものとなるように手助けすることにある。そこで,建物や風景で構成される現実の世界の構築に求められる助言をいくつか書き記すことにする。キケロが演説するために想像の世界に創出した館と同じように,構築された建物や風景が,そこで暮らす人々の求める理念を携えることができるということは,思索にとって重要である。

筆者たちは,これから続く各章に,場所の構成に関する様々な意見を集め,それぞれの意見を,記憶の館にふさわしい様々な室内に割り当てタイトルをつけた。タイトルは,要素(名詞)と行為(動詞)で構成されている。要素は,筆者たちが世界中の建築の中に見いだしたものであり,行為は,様々な要素が,場所がもたらす経験に形を与える方法を描写している。建築とは,このように考えるべきものである。つまり,建築は,名前のつけられる部分で構成され,しかも束の間の感覚によって構成されている。そして,これらの部分は一体となり,私たちが場所の中で生活する方法に働きかけ,心に招来するものに働きかけると筆者たちは考えている。建築の中にある名詞は,さして重要ではない。名詞が

指示する経験に構成を与える，行為の方法こそが重要であり，その方法が，私たちに影響を与える。

　筆者たちが名前をつけた室内には，ダイアグラムと簡単な描写がある。ひとつひとつの室内は，何もない部屋のように想い描かれるかもしれない。それは，これから現実の場所の記憶が宿るべき空間である。この室内に生気を吹き込むために，筆者たちは，書簡を交わし，筆者たちが名前をつけた要素や行為を具体的に描写し，訪ねた建物や風景を追想している。筆者たちの書簡は，この室内を満たすものではなく，室内の完成祝いのようなものである。筆者たちは，個々の室内が読者の意見で満たされてゆくことを希望している。

　このように記憶の館にふさわしい室内を想い起こしながら，筆者たちは，柔軟であることを心がけた。個々の室内は，便宜上の分類(カテゴリー)であり，場所に関わる思索を集める手助けをするところに意味がある。それぞれの室内に限界や制限を設ける意図はない。むしろ室内は，デザイナーの意識の中にある煌めきを育てるためにある。記憶の室内の数々は，出発点であり，想像力を手助けするが，デザインの調理表ではない。記憶の室内をもつことによって，人々は，精神が戯れ心の中に館を築くこともできる，奥まった場所，部屋，建物，庭園，風景，そして都市という場所をつくる，根気も要るが喜びにあふれた仕事に，生気を与えることができる。

　幾何学の論理は，点から線，線から面，面から立体へと展開するが，筆者たちが集めた記憶の室内の「主題」は，線から始まる。線は，（まっすぐならば）軸(きまよ)，（彷徨う時には）通路となり，果樹園を進み，数多くの線は，地面となり，踊り場となり，斜面となり，そして階段となり，場所は，2次元から3次元になる。その後，私たちは，扉や開口の設けられた壁や境界で空間を囲むこともできる。縁にあるポケットのような空間に覆いを設けたり，囲い込んだ空間を屋根やキャノピーで覆うことも，標(しるし)を所々に置くことも，そして光や装飾を用いて空間に生気を与える様子を眺めることもできる。筆者たちが「構成」の中に収集した部屋の数々は，追想や経験を誘い，あいまいに意識されていた秩序を具体化することができる。それは，確実に庭園を包み込み，水の不思議に恵まれている。集められた意見を確かめるために，筆者たちは，あとがきで再びカステッロ・ディ・ガルゴンザというひとつの場所に戻り，ト

序章　スカナのつつましい要塞のような村が，筆者たちの記憶の館の室内に適応する様子を確かめてみよう。簡素な建物も，壮大な建物と同じように，記憶の館に適応するように意図されている。

● 主 題

ヴォー・ル・ヴィコント, フランス

1 到達する軸 / 彷徨う通路

主題 1 到達する軸／彷徨う通路

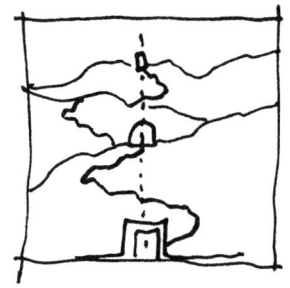

軸は空間を横切り，いくつもの重要な地点をひとつの場所の中に引き延ばしていく。軸は，人の心の中に構築され，自分の位置を定め，モノや建物や空間との結びつきを助ける。

通路は実際に脚で歩み踏み固めてゆく所であり，通路に沿って起きる出来事は重要なものになる。最も興味深い場所の中では，軸と通路が互いに織り込まれ，軸が心と場所を結びつけることも，通路が彷徨い探検し選択し物事を順序よく並べることもできる。

親愛なるチャールズ，　軸は，とりわけ向き合う関係が引き延ばされている。じっと見つめていたい人がいる時，じっと見つめているという合図を送りたい時，その人と向き合うように自分の位置を定め，身体もおおむね一列に合わせ，眼も相手の眼に注がれる。同じように，本当にじっと見ていたいオブジェがある時，私たちは，眺めたいものの前に全身を据える傾向がある。宗教の納入業者たちは，このことをかなり早い時期に学んでいた。宗教建築の歴史に特徴を与えている形態や空間は，軸に沿って構成され，軸は，いくつものオブジェや部屋を引き延ばし，長い広間，中庭，前庭を通り抜けて，神聖な構内の外側の縁にまで届く。俗世界の空間を構築する人々も，また軸が空間を構成する力を知り，軸線に沿って宮殿や公共的な空間を配置した。軸線は，複合建築や都市の全体を通り抜け，居並ぶすべての人々の関心を先導し，右と左に分かれ，前へ進むための舞台をしつらえながら進んでいった。

エリエル・サーリネン[*1]が，クランブルック芸術アカデミー[*2]に建つ自宅の裏庭の背後になだらかに広がる大地を横断するはずであった軸を描いた時，サーリネンはおそらくは，大して知的なエネルギーをかけたわけではない。クランブルックの水泳場に近い高台に，いささか仰々しい様子の博物館や図書館が置かれることが決まった時，その軸は，非常に明快な趣向となるに違いなかった。それは，サーリネンが男子学校と芸術アカデミーのために設計した初期の複合建築の「地」の上では，特にすばらしい趣向となる予定であった。アーチ，門，入口，遊び場，さらにはサーリネンが住む一戸建ての住宅に突き当たる街路，イスラエルの予言者ヨナ[*3]の楽しげな彫刻，水泳場を見渡す露壇（テラス）で水しぶきを上げるクジラなどの空間の中を移動し観察する人は，必ず何かと一列になる。

それにしても，美術館や図書館へ至るこの新しい軸は，何という違いをつくるのだろうか。時節によっては，さらにすばらしい光景となるだろう。その軸は，街路からまっすぐに建物を通り抜けて，建物の向こうにある木立にたどり着く。その木立の中を輪のように並ぶカール・ミレス[*4]の彫刻の合間を軸が通り抜けていくに従い，高揚した彫刻の表情

主題 1 到達する軸／彷徨う通路

がさらに恍惚としてくる。この軸が，慣習的な分別を困惑させてしまうのは，軸が，オブジェに向かうのではなく，空間に向かうからである。多くの人々が，軸に沿って進むと建物や入口（あるいはお墓，あるいはヴェルサイユでは王様の寝室）と向かい合うかもしれないという期待を抱いて軸に導かれてゆくことを，サーリネンは完璧に理解していた。この通路は，池，彫像，木々，彫刻，階段などの目印の置かれた空間を通り抜け，ひとつの質問へと誘う。それは，両正面が庭園に向けて開放され両脇には図書館と美術館に通ずる入口が設けられている，背の高いポルティコである。この軸の突き当たりには，指示ではなく選択がある。図書館に入り読書するべきか，美術館に入り眺めるべきか，通り過ぎて向こうに見えるグラウンドに向かうべきか，あるいは，その場に佇むべきか。明らかにサーリネンは，人々がその場に佇みしかも探検できるように，あるいは修理のために砂岩の窓間壁に上がれるように，ミレスが噴水の水しぶきの中に浮かぶように環状に並べた実物大よりも大きな様々な人物像に上がれるように意図していた。コロネイドに至るまで導く水盤からの反射よりも，より内省的な黙想に浸る傾向の強い人のためには，彫刻「エウロペと雄牛*5」が立ち，神話的な思索を呼び起こす

クランブルック芸術アカデミー，ブルームフィールド，ミシガン州

クランブルック芸術アカデミー，ブルームフィールド，ミシガン州

準備もなされている。

　しかし，この描写は，あまりにも概略的で，多くの人が想定しているように，軸をつくる際には，簡単に軸に沿って歩ける列を組み立てればよいと暗示しているようでもある。しかし，それは全く違う。軸は，空間を横切る関係であり，単なる通路ではない。最善の軸は，脚から生まれるものではなく，心から生まれるものである。サーリネンは，クランブルックで（大都市デトロイトから出入りする地点となる）共用の街路に設けられた透かし彫りの鋳鉄の門から，アカデミーの地面の内側に設けられたロッジアの玄関に至るあいだに，ひとつの関係を引き出していた。この軸に沿って並ぶ領域の多くは，段々に上っていく水盤の組合せに支配され，両脇にある通路が，優雅な様々な舞台の中を上り，ロッジアを横切り延びる幅広い階段にまで通じている。来訪者は，次のような道筋を経験する。車で近づいてゆくと，軸が少し見える（関係は非常に明快であり，招待された人を奥に引き寄せる）。門を通り抜けるアプローチは，軸の上にある（門が開いていても，招待される人は限られる）。水盤のあたりで，右に曲がるか左に曲がり，水盤の縁に沿って散策が続く（境界には，平坦な石や植栽が連なる）。わずかに上りとなり，水盤の段に合わせて，時折，数段上る（水盤の中央ではブロンズの魚や鳥たちが戯れている）。最上段にある水盤の先端に置かれた雄牛の舌を確か

11

主題 1 到達する軸／彷徨う通路

めているエウロペの像の脇を通り，幅広い階段を斜めに横切る（ここには一度に10段ほどの上りが所々にあり，そのあいだに踊り場がある）。ロッジアに到着し次の選択の準備をする。

　もちろん，このようにすべての道筋は，その他の事例と比較すれば，かなり簡素なものではある。例えば，インドのアーグラにあるタージ・マハル*6 の庭園の玄関の正門と丸屋根の架けられた墓を結びつけている軸を見てみよう。ここでは，通路は軸に沿いながら，現実には3次元の中を前後している。通路は，楽園庭園に由来する壁で囲まれた幾何学的で簡素な空間の内側にあり，来訪者を計測された経験の組合せに案内する。来訪者は，最初にすばらしい赤砂岩の門楼に近づくと，雁行する壁と背の高いアーチを通りながら，中心部分に押し出されていく。天蓋（ドゥーム）で覆われた空間に入るにつれて，来訪者の関心は，向こう側にあるアーチの空間を満たしている微かに輝く光景に引き寄せられてゆく。白い丸屋根の輪郭は，手前のアーチの輪郭と調和し，基壇と玄関は，同じ高さにあり，すぐ先にあるように見えるが何百歩も向こうに隔たっている。アーチを通り抜け，軸の上を丸屋根の霊廟に向かって進むと，地面は下り，囲まれた縁どりのある庭園が広がり，そこには石の敷き詰められた通路，花壇，そして樹葉を広げる装飾の施された木々がある。直感的に玄関の露壇の側まで歩みそこで一息入れ，字義どおりにはらはらとさせる場面を満喫する。しかし，前に進むためには，墓に敬意を表するかのように，再び中心の軸に戻らなければならない。この幅広い露壇から下りる階段は，わずかに数歩の幅しかなく，軸に沿っているからである。

タージ・マハル，アーグラ，インド

タージ・マハル, アーグラ, インド

主題 1 到達する軸／彷徨う通路

タージ・マハル，アーグラ，インド

　ほどなく反射する長い水盤の突き当たりに到達し，クランブルックと同じように，右に曲がるか左に曲がり水盤に平行して進むことになる。軸は，水盤の中心を通り抜けて続き，軸に沿って白い大理石の花のような形が一列に並び，水しぶきを迸りだし細やかな霧のような水柱を吹き上げ，水盤の反射に変化を加えている。しかし，光り輝く墓に向かう中ほどで，通路は，高く持ち上げられた踊り場と軸に直交する水盤によって遮られる。ここで再び，中心を貫く軸に戻らなければならない。幅の

狭い数段の階段を上ると，そこは，庭園の中心に設けられた舞台になっている。舞台の中心には，花の形をした水盤があるが，来訪者のためのステージではない。丸屋根に向かって進み続けるためには，水盤の周縁を回り，再び軸の反対側に向かい，最初の階段と同じ形をした，幅の狭い階段を下り，水盤の脇まで下らなければならない。この水盤が，墓の基壇に到達する。通路は，水盤の突き当たりで，再び中心に移り，そこから軸に沿って上る幅広い階段は，墓の基壇が載る，白い大理石と赤い砂岩の踊り場に届くまでのあいだに幅が狭まってゆく。しかし，今や丸屋根は，視野の外にあり，基壇の白く背の高い一様な壁が，視野を塞ぐ。このようにして振りつけられたアプローチという儀式は，意外な結末を迎える。

（おそらく誰もが許されていたわけではなかったが，もしも許されたならば）墓に到達するためには，二重の壁の近くにある開口を見つけるまで，基壇に沿って右か左に進まなければならない。そこから軸に直角に急な階段を上ると，墓の四隅の押さえを補助しているミナレットのひとつが視界の中心に見える。白い大理石が煌めく世界である基壇に上り，中心の軸を振り返り，対角線上を黒く陰った扉に向かって進む。これが，まさしく門楼から幻影のような白い丸屋根を最初に見た時に，自分の真正面にあった扉である。この場所は，庭園から上に持ち上げられたとても大きな基壇によって分離されている。あらゆるものは黒と白で，ほとんどは眩いほど白く，大理石の壁に彫り込まれた花々は優雅な繊細さを漂わせている。喜びの凍りついた庭園は，眼下に広がる生きている庭園の存在によって，さらに寒々しく見える。軸が交差する丸屋根の下には，白い大理石の記念碑があり，その下に安置されているムムタズ・マハル[7]の遺体の場所を標している。人生の素早さが奪われている様子は，その周りを囲む優雅に形の与えられた，純粋な白い永続する石と同じようである。

このモニュメントの中で，シャー・ジャハーン[8]は妻の思い出と完璧さを関連させようと望み，すべての要素の均衡が必要となった。中央の丸屋根の隣には，小さな天蓋が置かれ，基壇の四隅のミナレットによって縁どられている。対称的に四分割された庭園には，中心にアプローチする軸線に沿って，水盤が延び，それと直交するように水路が延びている。基壇を横切り，庭園の東の縁に行くと，丸屋根の架かる赤い砂岩の

主題 1 到達する軸／彷徨う通路

タージ・マハル，玄関の門，アーグラ，インド

モスクがある。モスクは，反対側の西の縁にある空虚な空間を覆う建物と，鏡像のような関係にあり，均衡を取っている。それぞれの建物は，墓で直交する軸を中心に展開している。教養のある16世紀の専制君主には，資財も権威もあり，未決定のまま残されるべきものは何もなかった。通路を歩き始める時に，右ではなく，左に分岐して，水盤の周りを通る道を選択しても，墓に近づく様子には何の違いはない。

しかし，クランブルックでは，右か左か，その選択によって，大きな違いが生じる。軸は，左側にある家庭的なスケールの住宅施設やアカデミーのストゥディオの優雅に創案された身嗜みの良さと，右側にある対角線状に植わる木々の背後に広がる小さな渓谷とのあいだを調停する，芸術にあふれた幅広い通路を創造した。この渓谷は，アカデミーができる前からある，起伏のある丘陵の統御されていない風景に，わずかに手を加えたものである。サーリネンは，世界を様々に解釈する空間を残している。

ヴォー・ル・ヴィコント，フランス

- **親愛なるドンリン，** クランブルックとタージ・マハルに見られる，軸に対する非常に異なる二つの態度に触れたことを私は嬉しく思う。交差する軸，つまり主要な軸と直交する軸は，特に注目してみる価値があると私は思う。特に歴史のうえで重要な転換点のひとつは，パリの南東にあるヴォー・ル・ヴィコント*9 にあり，伝えられた話によると，若きアンドレ・ル・ノートル*10 は，ヴォー・ル・ヴィコントで軸の直交する（主要な軸に沿って外に向かう）水路を挿入し，それまでの庭園計画から生じる境界を破り，庭園の枠組みから飛び出し，右や左に視界の外に飛び出し，自然の森の中に，それまでの庭園が踏み入れたことのない領域の

17

ヴォー・ル・ヴィコント，フランス

主題 1　到達する軸／彷徨う通路

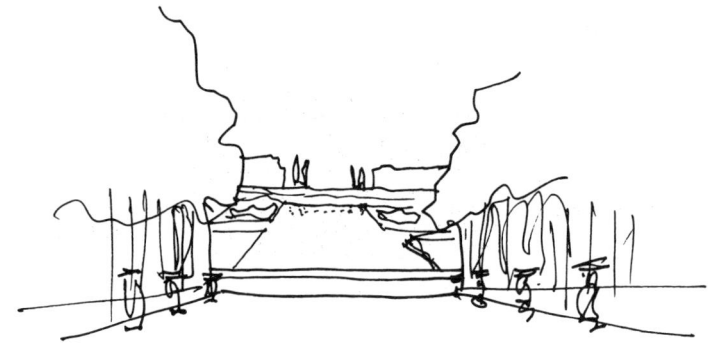

ヴェルサイユ宮殿，フランス

中に入っていった。ル・ノートルは，1662年に太陽王ルイ14世*11 の庭園をデザインするために，ヴェルサイユ*12 に赴き，彼は，行き止りのない無限の彼方に延びて行く軸を成しとげた。しかし，最初に境界を破ったのは，ヴォー・ル・ヴィコントにおいてであった。

バロックの世界では，ドイツのカールスルーエ*13 のように，都市の中に無限遠に向かう通景軸があふれていた。教皇シクストゥス5世*14 が，混沌としていた中世のローマに無限遠に向かう通景軸の溝を削りだしたように，ランファン*15 は，ワシントンD.C.のグリッドの上に，無限遠に向かう通景軸をいくつも重ね合わせた。ランファンのデザインした対角線状の街路や円形広場は，実際に見てみるとワシントンの丘陵の上で，できる限り交差点を丸くして，遠くを眺められるように，十分に考え抜かれたうえで配置されていることが解る。それからおよそ1世紀の後，カミロ・ジッテ*16 は『都市を構築する芸術*17 (邦題：広場の造形)』の中で，無限に拡張する軸に反対する論文を書き，軸にはしっかりとした突き当たりを設け，中世のような囲い込まれた感覚をいっそう強め，無限に拡張することのないように主張する運命にあった。それも，もうひとつの軸の扱いではある。違いは，めざし求める内にある。

私も，カリフォルニア州のビヴァリーヒルズ・シヴィック・センター*18 の設計を通じて軸に関わってきた。この計画は，クランブルックやタージ・マハルとは極めて異なり，軸が直交するヴォー・ル・ヴィコ

閉じられた軸（カミロ・ジッテを参照）

ントとも異なっている。ビヴァリーヒルズでは，既存のもの*19，提案したものも含め，様々に連なる公共の建物を結びつけて大きな風景を形成する趣向が，非常に必要とされていた。私は，1本の軸を選択した。それは，敷地の中にある（南西から北東に延びる）最も長い軸であり，それまで端から端まで，あるいは主要な部分が，通り抜けられたことはない。軸は，ガラス玉を貫く糸のような形となり，それぞれのガラス玉は，楕円形の開放された空間となり，この形は，広場の連なりのように，あるいは，全体が軸に沿って延びていく糸のように，読み解くことができる。

ビヴァリーヒルズの軸は，脚で歩くためにではなく，移動する行為を想い描くのに必要な方向づけをするために，また敷地の様々な断片に構造を与えるために，意図されたものであり，私たちが軸から連想する切迫した力を感じさせる所はない。軸とは対極にあるものが，彷徨うような通路であり，躊躇し，佇み，様々な案からひとつを選ぶように誘うことである。私は，毎年，学生たちにホルヘ・ルイス・ボルヘス*20の「様々な道筋のある庭園*21」を読ませることにしてきたが，この物語に触れることには，いささか躊躇するところもある。この物語の筋書きを手渡すことで，この物語の衝撃力を失いたくないと思うからである。それはさておき，場所には，他の途を進んだ場合に生じる様々な現実にふ

主題 1 到達する軸／彷徨う通路

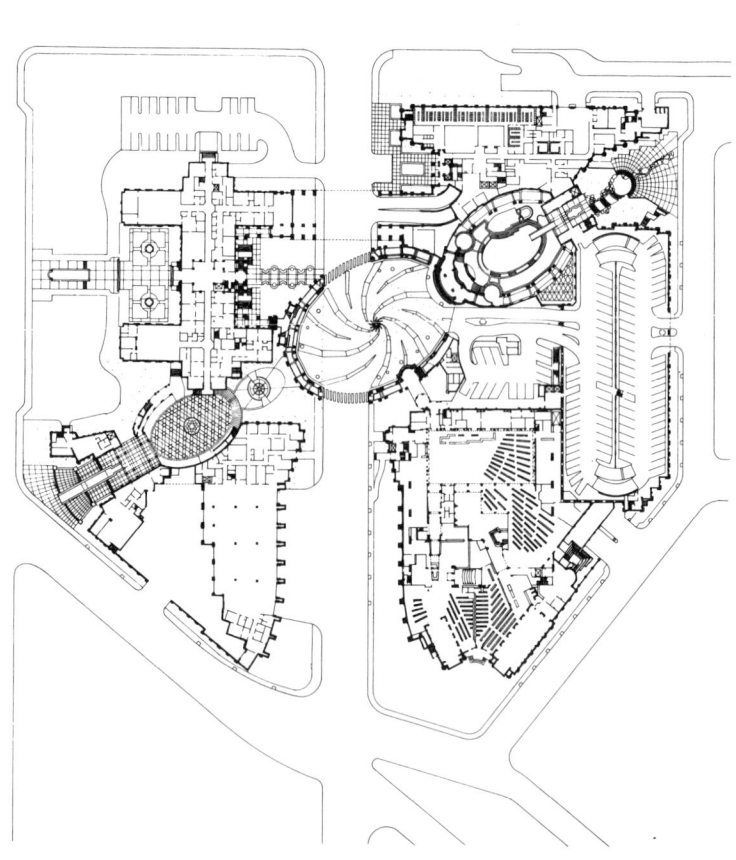

ビヴァリーヒルズ・シヴィック・センター，カリフォルニア州

さわしい形を与えてしまう力が潜在的にあり，その力は，私たちの世界の中にあるように思われる。

　様々に替わり得る現実を調停する，最も公平で最もありふれた，そして，おそらく最も民主的な図像は，もちろんグリッドである。グリッドは，（ミレトス*22 のように）ヘレニズムのギリシアの表面を覆い，16世紀の（プエブラ*23 のような）スペインの植民地では，法律で義務づけられ，19世紀の初頭のアメリカの北東の地域の居住地を計画していたトマス・ジェファーソン*24 の心を強くとらえていた。グリッドの体系があまねく受け入れられている理由は，明らかに財産管理が容易で個々の区画をほぼ等しい価値で売買することが容易だからである。（1836年にテキサス州オースティンの区画ができた時，1区画は5ドル，中心街であるコングレス・アヴェニューに面した区画は10ドル。売買された時には，別の機会に異議の出ないように，同じ価格で売りに出された。）

　当然グリッドも，軸と同じ直線で構成されている。グリッドには，倦怠や躊躇を暗示するところはなく，建て込む場合にも最大限の代替性がある。あまり重要ではない選択肢に重要性を与えた特殊なグリッドもある。そのようなグリッドの中でも，アメリカで変異した注目に値するものは，ジョージア州サヴァンナのためにオグルソープ卿*25 が創案したグリッドであり，イタリアのルネサンス期の理想的な都市の構成に基づいている。このサヴァンナのグリッドは，それぞれの部分が，緑の広場からの恩恵を受けている。広場と広場のあいだを南北に延び広場を迂回する街路には，交通道路を分断した有利な所があり，早い速度で通過する車を妨げている。街区と街区の間を南北に延びる街路は，まっすぐに貫いてゆくが，特に有り難いところはない。街路は，人々の活動を支援する業務やサービスを集中させ，早い速度で通過する車に悩まされている。一方，東西に延びる街路は，思いがけなく手にした価値を維持してきた。広場の側面は，広場に面する建物だけではなく，その建物の脇にある建物にも，その価値を分け与えている。広場に直に面していない家々も，その近隣に贈られた恩恵を共有しているのである。広場の境界ではない街路は，並木道(ブールヴァード)の大通りとなり，広場に狭まれた有利な価値を維持している。このように高められた価値をオグルソープ卿がどれほど予測していたのか，私たちの知るところではないが，今では，この重心のあるグリッドが成功した理由を，ともかくも，この都市のデザインを

主題 1　到達する軸／彷徨う通路

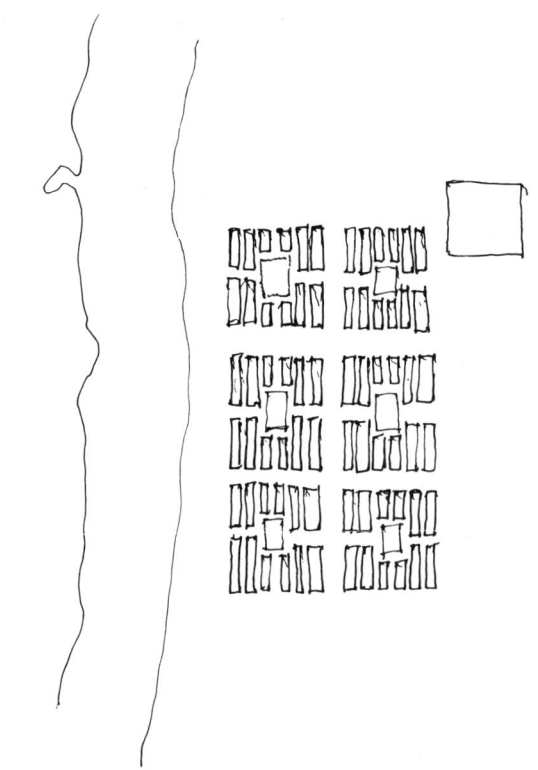

サヴァンナ, ジョージア州

暮らしやすさに置き換えて正確に評価することはできる。

　グリッド，あるいはグリッドの展開が，ひとつの軸に頼るのではなく，軸に対抗し数多くの軸に頼るものであるならば，もうひとつの対極にある彷徨う通路も，同じように演劇的である。通路は，まさしく脚の赴く歩みを補佐できるが，心は，軸線に沿って直進する場合もあり，また彷徨う通路は，脚と心の動きに応じた道行となる。その中でも，最も刺激的な通路は，回遊庭園にあり，通常は，日本やイギリスの湖の周りにある。その中でも，最も豊かな庭園は，物語のように構成されてい

る。イギリスのストゥアヘッドにある湖を巡る通路は，この庭園*26 を歩き回っていた18世紀の博識な人々にはよく知られていた様々なディテールに満たされ，ある物語を伝えるようにデザインされていた。それは，ローマへ向かうアエネアスの物語*27 である。様々なテンポの変化は，その物語の特徴であり，彷徨う通路が，注意深く，婉曲的に，振りつけながら，伝える物語も，時間によって計測されている。当時も今も，誰もがアエネアスの物語を知るわけではないが，庭園に導き入れる部分のディテールや歩調は，いかなる幾何学よりも複雑なリズムを刻んでいる。

彷徨う通路は，翻訳されていない物語を伝えることもあり，庭園の素材のうえに豊かな不思議な魅力を築いていく。東京にある二つの回遊庭園である六義園*28 や後楽園*29 の形式も，ストゥアヘッドと似ている。通路は，島のある小さな湖の周りを巡り，湖畔の際を通り，斜面を上る。ここでは，正しい寸法に整えられた樹葉の集まりのあいだを彷徨い，道筋に沿って，通景軸を開放したり閉じたり，木々の覆い，広い空

ストゥアヘッド，イギリス

主題 1 到達する軸/彷徨う通路

が交互に現れる。通路は，完璧に管理され，微妙な幾何学によって決められている。それは，絶妙な間（マ）の備わる経験の物語である。

「到達する軸」と「彷徨う通路」を理解することによって恩恵を特に受けている建物の類型が，美術館である。人々は，目的をもってあるいは偶然に美術館の中を移動し，予期していた目標に到着することに余念がない人も彷徨う人も，道に沿って歩む快感を楽しんでいる。美術館を訪れた時，人は，建物の中を探検して道に迷ってしまえるように願い，しかし，またいかなる時も自分の居所を知っていたいと願う。よくできた美術館は，その二つの願いを叶えてくれていた。フィレンツェのウフィツィ美術館[*30]は，街路の両脇に建てられている。その街路は，短いが，都市の最も重要な広場に結びつく重要なものであり，川に沿った歩道も延びている。この建物は，初め行政のオフィスを収容するために建てられたが，今ではすばらしい美術館となっている。軸となる街路は，都市の中の目的のある動きを暗示し，大きさや形が様々なギャラリーは，局所的なリズムを組み立て，様々な場所が，例えばボッティチェリ[*31]の絵がある所のように，とどまり，眺めるためにあるが，いつも，その向こうには，軸が構成する大きな空間が控えている。

都市から隔離された理念で空間が構成された，どこか別の場所を眺めている美術館が，ボストンにある。ヴェネツィアを偲ばせる中庭を巡る館の中にある，イザベラ・ステュワート・ガードナー美術館[*32]である。覆われた大きな中庭は，北国の都市の中では異国的な場所のイメージがあり，建物に滞在し内部を巡る際に自分の位置を知る鍵となっている。中庭の縁には環状のギャラリーが巡り，空間は，すべて異なり，動かし難く結びつけられ，直線軸が変様し円周に沿って循環する軸を形成し，庭園の周りを輪のように囲んでいる。これも，彷徨う通路のひとつであることが認識できる。ここでは，最も重要な興味深い事象は，出来事の中にあり，アルコーヴ，柱間（ベイ），あるいは家具の中にある。

コペンハーゲンから程遠くない海岸の近くに，美しく広がる森がある。その森の中に建つルイズィアナ美術館[*33]は，全く純粋に彷徨うひとつの通路で構成されている。通路は，豊かに変化するが決して不規則になることはなく，空間の特徴に固有なパターン，特に角部から眺める森，特別な岩，そして植物の姿に固有なパターンを介して，眺める人を常に引き寄せ，反復することなく優雅に眺める人を常に前に導き，人

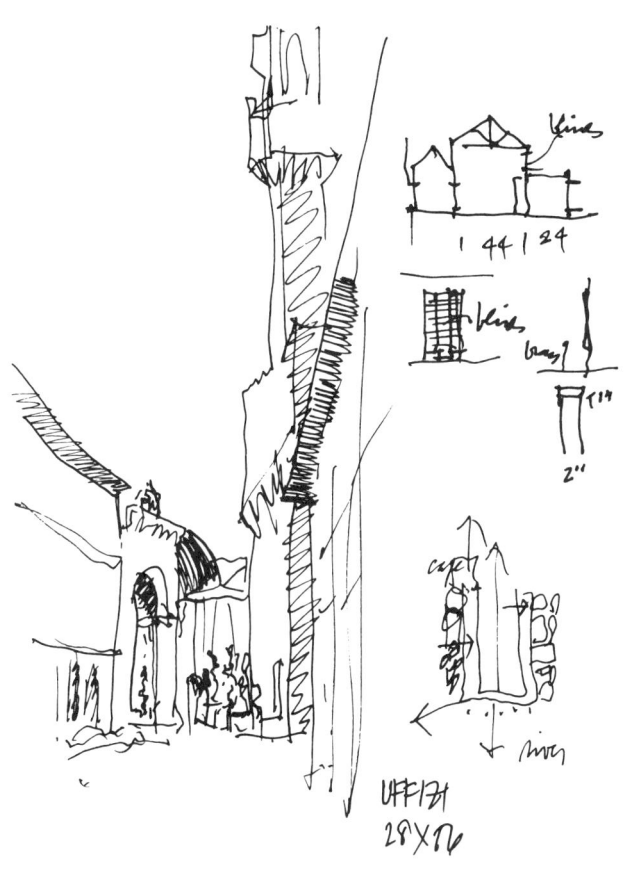

ウフィツィ美術館, フィレンツェ, イタリア

主題 1 到達する軸／彷徨う通路

ルイズィアナ美術館, デンマーク

は，空間に行き渡る時間と一体となり，優雅なリズムがつくり出す経験の中に自分の歩調で導かれていく。

4番めの美術館は，ルイス・カーン*34 がデザインしたテキサス州フォートワースのキンベル美術館*35 である。キンベル美術館は，おそらく二つの相反する性質を最も効果的に結合させている。そこには，構築の秩序に即した規則性があり，平行していくつも横に延びては反復するコンクリートのヴォールト屋根が，動かし難いリズムを生み出している。私たちの頭上のあらゆるヴォールト屋根の空間には，方向性のある動きを明晰に暗示する軸線があるが，その軸は，床の上の方に持ち上げられている。したがって，濾過された光を浴びた様々なオブジェ，絵画，あるいは彫刻の間を彷徨う通路のために，床には驚くほど自由な空間が残されている。明るいテキサスの光は，芸術的な作品から遠く離れたところで反射され，コンクリートのヴォールトの天井を覆うように自

由に漂泊できる。空間は，全体に大変に伸びやかで全く閉じこもるところはなく，構築と支持から生まれる明晰な秩序は，ひとつひとつ平行に並び，次の部分に到達し，誘導よりも着想を与えている。キンベルでは，「到達する軸」の厳格さと自由に「彷徨う通路」は，ほとんど完璧な均衡を保っている。

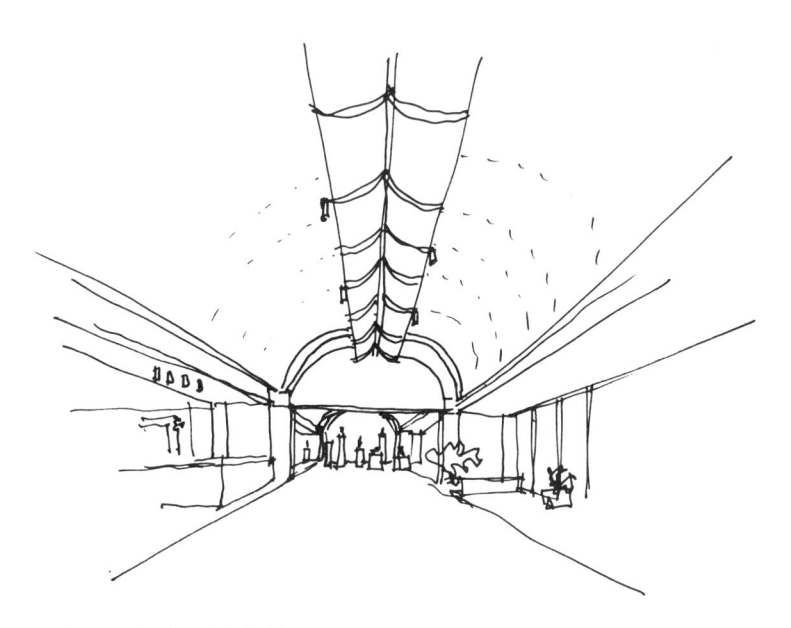

キンベル美術館，テキサス州

公園計画，インディアナポリス，インディアナ州

2 計測する果樹園 / 整えるピラスター

主題 2　計測する果樹園／整えるピラスター

秩序正しく並ぶ木々，列柱，そして窓間壁は，空間という場の中にモデュールを標す。建築でも果樹園と同じように直立する物の間隔は，ひとつの尺度となり，計測することも頼りにすることもできる。柱が空間の中につくり出すリズムのある尺度は，大変に満足のゆくものであり，時には建物の表面も，壁柱(ピラスター)によって刻印され私たちの知覚を整える。

親愛なるドンリン，　私たちの記憶の館の最初の室内は，軸，あるいは線に沿った様々な点などの建築的な要素で構成されている。そして，第二の室内は，平面の上の様々な点で構成されたグリッドを扱うのが適切であるように思われる。グリッドが直立方向に延びると，木々が秩序正しく並ぶ果樹園や列柱や窓間壁となり，空間という場にモデュールを標し，リズムのある秩序を確立し，私たちを引き込む。最も生き生きとした事例は，通常は，果樹園そのものであり，規則正しい木々の間隔が，前方に左右に対角線状に並ぶ木々のあいだにアーケードをつくる。様々に重ね合わされた秩序は，同じグリッドから生まれるが，その中を私たちが歩いて行くにつれて，秩序はあいまいになる。

　コルドバのグレイト・モスク*1 は，私にとって世界中の建物の中で最も不思議な果樹園である。私は，40年を経た今もその扉の前に着いた時の光景を思い出す。扉が開いていたので暗い内部に光が差し込み，私は，その奥の暗やみの中に並ぶ列柱の最初の列を見分けることができた。それが，私が初めて垣間見たイスラムであり，階層(ヒエラルキー)ではなくリズムのある秩序で構成されていた。後にキリスト教徒たちが，この巨大な空間の中に大聖堂を挟み込んだ時にも，それ以前に隣とのあいだに壁を設けアブドゥ-エル-ラーマンの領域を定めた時にも，十分に手間どったであろうことは，よく解る。何年か後，私は，ついにテュニジアのクァイラウワーンに建つモスク*2 を見た。そのモスクは，空間の形式は他に似ているが，さらに純粋でさらに簡単な構築のプログラムから生ま

コルドバの大モスク，スペイン

れた，汚れのない簡素な産物であり，柱の果樹園が途切れることなく続いていた。あまりに明快過ぎて，大いに落胆させられた。

コルドバに建つ（独特のヴォールトやキリスト教徒の無愛想な干渉から生まれた独自性の外には焦点を当てるところもない）あの分断された傑作から生まれた影を凝視した時に戦慄した記憶が，計測する果樹園のプロポーザルを展覧会に出展させたのだと，私は思う。それは，カードボードでできた柱が均等なグリッドに並び，合板でできたアメリカ・ヘラジカの角が木々のように縺れ合い柱の頂部を押さえ，パターンに分かれ，バルセロナにあるドメネク・イ・モンタネール[3]の設計したカタロニア音楽学校に敬意を表している。モンタネールの柱はタイルを用いてパターンに分けているが，私の柱は，ペンキで塗り分けただけである。

果樹園のパターンは，様々である。正方形のグリッド，長方形のグリッド，あるいは正三角形のグリッド，その中でも最も効率よく木々を植えることのできる5点形のグリッドなどがあるが，ここでは論じない。5点形は，17世紀には「天上の都市の神秘の数学[4]」を明らかにする，神秘的な力を備えたものであった。

かつてはモスクであった建物の中庭にある三つの果樹園は，この第二の記憶の室内に入れるべきであろう。コルドバのモスクの前にある中庭[5]の平面には，二つのグリッドがある。ひとつは，オレンジの木々のグリッドであり，木々に水を導く灌漑用の水路の石でできた溝がパターンをつくる。そのオレンジの木々の上に，石の露壇の上を自由に浮かぶ椰子の木々が構成するさらに大きなグリッドが，重ね合わされている。椰子の木の根は，灌漑の水を必要としないからである。セヴィーリャの大聖堂の中庭（かつてはモスク[6]の中庭）にあるオレンジの木のパティオ[7]では，果樹園の3次元的なパターンが煉瓦の舗装の中でさらに強められている。その果樹園は，煉瓦で舗装され，そのあいだに噴水と木々の根本を結ぶ水路が延びている。簡素な煉瓦でできた橋が，いくつも水路に架かり，煉瓦の表面がいっそう連続して見える。それは，水路網の侵食を生き残り，水面を太陽の光が眩しいクレバスの窪みへと引き戻す。はるかに簡素なマラケシュのクトゥビーヤのモスク[8]の中庭の表面は，土である。オレンジの木々に水を導く水路も，小さな土の畝でできている。水路は果樹園のグリッドを補強し，グリッドは平面に規則性を与えている。

33

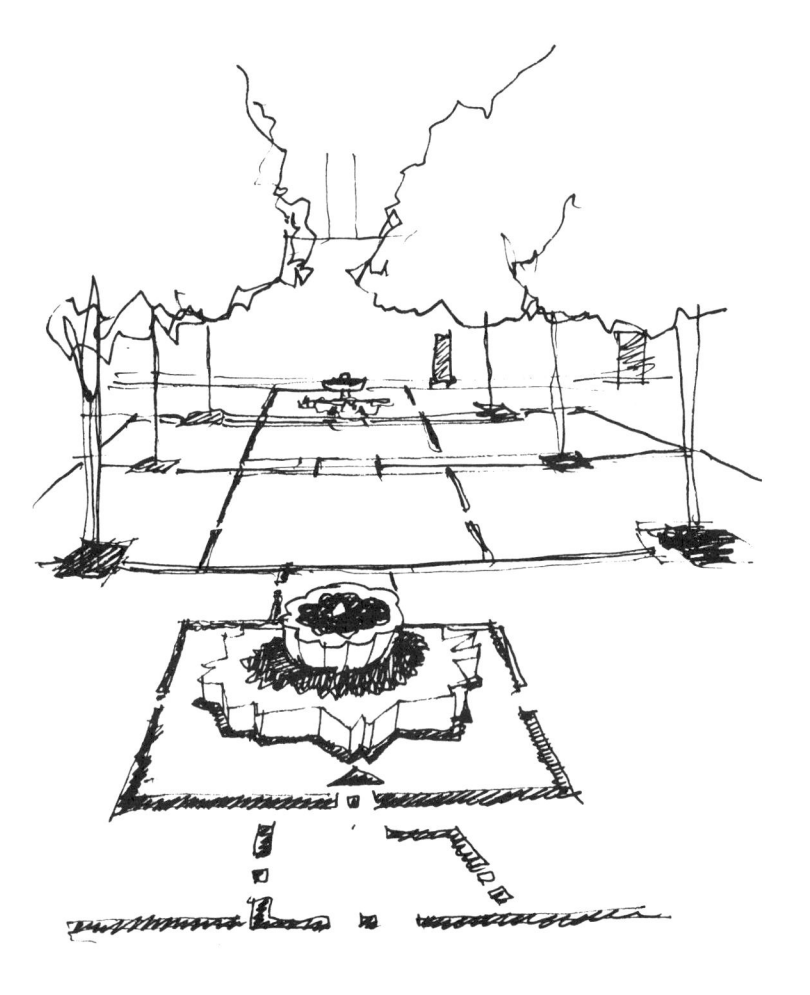

Seville

オレンジの木のパティオ，セヴィーリャ，スペイン

主題 2　計測する果樹園／整えるピラスター

親愛なるチャールズ，　石でできた果樹園が，私たちの収集の大きな部分を占めるのは確実である。南インドには，台脚のように数多くの列柱が続くマンダパス*9 がたくさんある。それは，コルドバのモスクと同じように視野の向こうの暗闇の中へと延びていく。概してこのような列柱は，ひとつの建物の自己主張の結果ではあるが，クァイラウワーンのモスクとは異なり，微妙に変様し内部の場所にヒエラルキーを与えている。例えば，中心となる通廊は，少し幅が広くなり，柱に施された彫刻も複雑なパターンになる。側面に沿った列は，わずかに持ち上げられて踊り場となり，通り過ぎるよりも休息や備蓄や会合の場所となる。柱のあいだに架かる板状の石には，さらに華麗な彫刻が施されている所もあ

千本柱のマンダパス，マドライ，インド

る。板状の石が，わずかに持ち上げられて，微かに光を取り入れ換気を行う所もある。いかなる場合にも，どこまでも限りなく続くように見える列柱の中にいるという経験は，そよ風が入り込むように通常は開放されている，列柱の縁から暗闇の中に浸透していくに従い，変様してゆく。このような場所では，光の量，柱に施された彫刻の図像，そして頭上や足下にある石の表面の特徴がグリッドを構成しているので，自分の

サント・スピリト教会*10，フィレンツェ，イタリア

主題 2　計測する果樹園／整えるピラスター

位置が解る。ル・コルビュジエ*11 の設計したチャンディガールの会議場の中に設けられた，背の高い柱の並ぶ大きなホールは，この空間の原型が最近になって変様したものであるが，表面から神話的な彫刻が省かれている。

西欧の建築の中で，果樹園の空間が明晰である例は，ほとんどないが，計測された柱間が地面に標され，直立した円柱が並び，空間が築かれ，円柱のあいだに梁が架けられた建物は，いくども現れている。規則正しい歩調の備わるゴチック教会の側廊は，リブの枝葉が延びて頭上で交差ヴォールトとなり，果樹園のモティーフに最も近いものである。ブールジュの大聖堂*12 は，背が高く，身廊は，その両脇に延びる側廊の2倍の高さがあり，まるで不思議の国の大きな果樹園の木々の枝の下にでもいるように，空間がゆったり

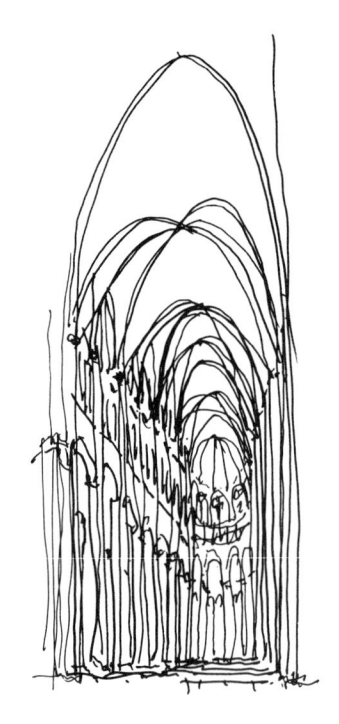

ブールジュ大聖堂，フランス

と神秘的に広がっている。ノルマンディーの海岸に植わる木々は，空間の中を腱のように広がり，ルーアンの大聖堂*13 のリブに驚くほど似ている。しかし，字義どおりに木々のようなリブの網目は，ドイツ，ポーランド，チェコスロヴァキアの教会のホールの中に見いだされる場合が多い。このような教会では，すべての窓間壁が同じ高さに並び，空間に統一された場をつくりだし，多くの場合，リブのネットワークに沿ってヴォールトが架けられ，リブは分断されることなく窓間壁から延び，下で催される集まりにふさわしい木々のような覆いをつくり出している。

しかし，ホール形式の教会は，例外である。多くの大きな建物は，柱の構成するグリッドによって計測され，様々な幅や高さの側廊をもち，明白な位置のヒエラルキーを備えている。例えば教会では，中心に身

Church of the Jacobins, Toulouse

ジャコバン派教会*14，トゥールーズ，フランス

主題 2　計測する果樹園／整えるピラスター

廊，両脇に側廊が置かれている場合が多く，空間の抑揚から生まれる放射状の明晰さがある。私たちは，形象を安定させるために，柱間の空間をつくるシステムの表象として果樹園のグリッドを用いてきた。グリッドが暗示する統一性は，想像しやすい。しかし，この根本的な命題は，大きな多様性を生み出す傾向がある。空間のリズムは，柱や窓間壁によって標され，多くの場合ヴォールトや格天井で覆われてきた。それは，建築の歴史を通じて現れ，様々に異なるリズムの間隔を備え様々に異なるリズムを結びつけ，ある振幅をつくり，潜在的に音楽の世界を特徴づけている，簡素なリズムのビートの上に構成された多様な音楽に，極めて近いものとなる。しかし，素材に秩序を与え，ある大きさに収め，反復させるという実用的な手続きは，この振幅を減少させてしまう「恩恵」を生み出す傾向にあった。

ヴィラ・ファルネジーナ*15, ローマ, イタリア

●　親愛なるドンリン，　空間に抑揚を与えるもうひとつの（垂直方向の表面の）趣向が心に浮かんだ。それは，過去数十年間も使われていない壁柱とそのあいだに設けられるパネルである。ピラスターとパネルは，壁にリズムを標すシステムに形を与え，壁と近くのオブジェの大きさに関係を与え，その見かけのプロポーションを改善し，あるいは，長過ぎる壁の表面を測り，何もない壁を生き生きとさせ，建物の表面を横切り，私たちに意味のある関係となる網目を追跡する。初めに装飾は，視覚的な構造をつくり，リズムの連続を破り，神の命じる量感を重ね合わせ，作曲者の意図を満足させるという雑用を引き受ける。例えば，フィレンツェに建つサン・ミニアート・アル・モンテ教会[16]の愛らしく微妙なファサードの上では，白と黒の大理石で輪郭の描かれたアーケードの姿が，教会の基壇を横切る規則正しい歓迎のビートを定め，儀式を行う教会の形態は，身廊の量感の上高く横切るピラスターによって縁どられ強調されている。一方，ベルリンに建つカール・フリードリッヒ・シンケル[17]の設計した劇場（シャウシュピールハウス[18]）のパターンは，ピラスターとエンタブラチュアの小さなシステムと大きなシステムが織り込まれ，非常に身近なスケールと壮大なスケールを同時に都市的な建物となる大きな表情に与えている。

　それよりも前に，ミケランジェロ[19]は，似たような趣向を用いていた。それは，彼が，ローマ市民の政治の中心となるカピトリーノの丘の頂の再計画[20]の依頼を受けた時である。ミケランジェロは，コンセルヴァトーリ宮殿[21]と広場(ピアッツァ)を横切った反対側に双子の建物[22]を建て，その表面に，小さなイオニア式の柱を並べ，その上にコリント式のピラスターを並べた。この構成は，印象に残るものである。巨大な秩序(オーダー)が，重要な建物に威厳を与え，小さな秩序が，開口と人間のスケールに関係を加えている。さらに大きなピラスターは，エンタブラチュアの荷重を支えているように，そして，窓，柱間，円柱など他の部分は，トラヴァーティンの枠組みから吊り下げられているように見える。

　ピラスターは，建物のファサードのスケールを変様させるために用いられたり，大きな建物を小さく見えるようにしたり，壮大な建物を控えめに見えるようにすることもできる。例えば，ベルニーニ[23]の設計したクィリナーレの丘に建つサンタンドレア・アル・クィリナーレ教会[24]は，初めて見た時は小さく見えるので，大きく壮大なものであるとは思

主題 2　計測する果樹園／整えるピラスター

サン・ミニアート・アル・モンテ教会，フィレンツェ，イタリア

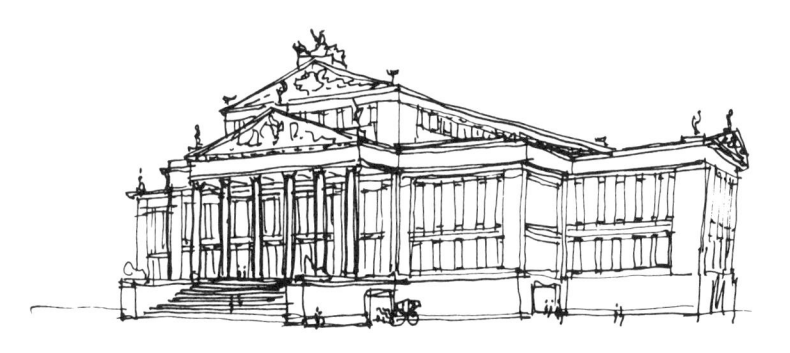

シャウシュピールハウス，ベルリン（カール・フリードリッヒ・シンケル）

えない。それは，二つの平坦なピラスターとコリント式の柱が丸いポーチを縁どり，古典的なペディメントを支える簡素な構成である。このベルニーニのデザインは，極めて効果があり，ピラスターは，ファサードの見かけのスケールを小さくすることができた。平坦な石の部材は，ディテールがなく建物の大きさを感じさせる手掛かりも与えていない。ピラスターの本当のスケールを発見するためには，扉を見なければならない。こうして人は，小さな教会の形式の巨大な特質を実感し，ピラスターは教会に参列する人々を小人にする。

しかし，ピラスターは平坦であるべきではない，ということは，ボッロミーニが，自分のデザインした建物の上で数多くの多様な事例を通じて証明していた。ピラスター，そして不思議にすばらしい柱頭は，押さえ込まれて角部となり，あるいは湾曲されて角部の周りに置かれる。数多くの縁や織り込みのあるピラスターの上に置かれたピラスターもあり，また別の場合には，湾曲され彫刻されて人々が称賛するバロックの曲がりくねった壁に従う。最後には，視線が床から柱頭に，さらにはエンタブラチュアに宿る空想の世界に，そして頭上の丸屋根(ドゥム)の上にまで滑らかに動けるように，ピラスターは，彫り込まれて幅広いフルートが備えられた。

しかし，バロック様式だけが，記憶に残るピラスターを見つけられる場所ではない。新古典主義者たちも，様々なディテールのピラスターを用いていた。近代に入ると，ピラスターは，新しい積載目録や素材に従って変様し，ピラスターのいとこや甥や姪が生まれた。古典的な過去に

主題 2　計測する果樹園／整えるピラスター

コンセルヴァトーリ宮殿，ローマ，イタリア

見慣れていたモティーフは，変様し進展しているが，新しいピラスターは，今でも同じ責務を果たしている。ピラスターは，今でもファサードに全般的な秩序を与え，窓の枠にふさわしいリズムをつくり，構造体を支持している感覚を伝えている。

　心に思い浮かぶ優れた事例は，20世紀に入る前にセントルイスに建てられたルイス・サリヴァン[25]設計のウェインライト・ビルディング[26]である。ピラスターは，（窓間壁にふさわしいクラディングとなり）7階まで直立し，まるで古典主義的なピラスターが上下を押さえて引き延ばされたように，長く表層的である。頂部と基壇は，込み入ったサリヴァン風のテラコッタの装飾が施され，ピラスターの本体は煉瓦でできているので，肌ざわりやスケールを感じさせる。そのあいだの断絶を，豊かなディテールのスパンドレルが埋め，幅広いファサードの全体は，編み込まれた籠（バスケット）のようになっている。街路から眺めると，ピラスターの表面を光が照らし出す時には，窓もスパンドレルも，暗い陰の中に沈み込み，街路に面した壁に，力強い抑揚と感触が与えられる。

　しかし，近代のもうひとつの最近のピラスターの表現は，ミース・ファン・デル・ローエ[27]の建物の中に見つけ出すこともできる。特に二つ挙げるならば，シーグラムビル[28]とレイクショア・ドライヴ・アパートメント[29]である。それは，細いI型鋼が熔接されて，次々に積み重ねられて，都市の空の上まで延びている，最も不純物の取り除かれたピラスターである。見慣れたピラスターとは何とかけ離れていることか。しかし，その役割は何と似ていることか。細い縦縞が，厳格にガラスの表面を分節し，ブロンズや鉄鋼でできた均質のカデンツァでガラスの箱を包み込んでいる。

主題 2　計測する果樹園／整えるピラスター

ウェインライト・ビルディング，セントルイス，ミズーリ州

45

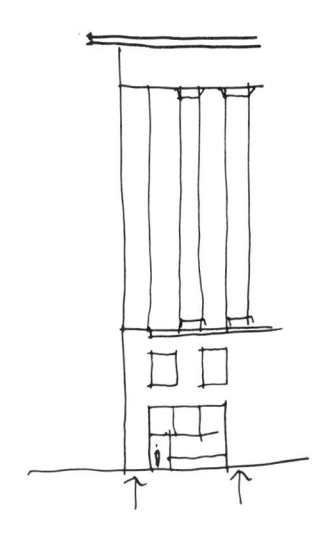

チチェンイツァ，メキシコ

3 　離れる踊り場 / 合流する斜面 / 上り休息する階段

主題 3　離れる踊り場／合流する斜面／上り休息する階段

踊り場，斜面，そして階段は，垂直の方向と協調している。踊り場は，舞台となり，離れた場所となり，斜面は，事象と緩やかに交わり，階段は，私たちの動きを振りつける。上へ下へ移動し休息する時に，踊り場，斜面，そして階段は，私たちに特に自分の存在を意識させる。踊り場，斜面，そして階段は，私たちの脚に合わせなければならない。そのため場所全体には，頼りになる大きさがあり広がりがある。

親愛なるチャールズ， 私たちが描写したように，果樹園から生まれる秩序ある計測は，直接的ではなく婉曲的に事象に位置を与える。こうして，軸よりもさらに抽象的な，観察者の眼と意図された通路に沿って遠く隔たるオブジェとの結びつきに左右されない関係が確立される。そして，レヴェルの変化は，今でも位置の違いから生じる，もうひとつの大きさを導入する。

私たちは，高さから選別された地位を連想する。「階層の最上段にいる」「私はこの城の王である」「最も重要」「高い所」「上る」，あるいは「下にいる」「しいたげられている」「どん底」などの表現がある。このような階層的な区別は，ある程度は，周囲の状況の上にいるか下にいるかによって定まる条件に直に呼応している。上にいる人は，比較的に遠くがよく見えいっそう広い視界を眺め，先手を打つことも目立つこともできるが，それだけ露にされている。下にいる人は，上にいる人を背負うという意味を帯びてしまう場合が多い。それは，また比較的に安全に保護された安定した地面の上にいるという意味でもある。このような区別は，一段一段昇るたびに感じるものではないが，あるレヴェルに達する時，またレヴェルの変化を求める動機が極めて実利的な時に，私たちの位置の上下の変化に呼応して，ひとつの区別が生じることがある。

このような区別を，タージ・マハルのようにとても微妙に用いることもできる。タージ・マハルでは，中心の軸に沿った通路を進むと，様々なレヴェルの違いが，生き生きとした振りつけを加え，また，南インドのマンダパスの千本柱では，聖なる像が数多く置かれている高く持ち上げられた踊り場によって，列柱の果樹園の中に階層が与えられている。

階段や基壇の上の玉座のように，レヴェルの変化が小さい場合もあり，また街の城壁のように，変化がきびしい場合もある。踊り場は，私たちが楽に横切れるように水平につくられた領域であり，都市の文明の至る所に見られる当り前のものに思えてしまうために，それが築かれたものであることを私たちは忘れている。私たちが立つ足元に広がる床は，私たちを自然から切り離し，遠くを眺める露壇は，大変な労力によって地面から持ち上げられている。

険しい斜面の頂に築かれたイタリアの丘の街では，水平な場所は貴重である。私は，短い期間ウルビーノに暮らし，斜面を横切りながら，私たちがいかに平らな場所の上を楽に移動することに頼りそれを当然のことのように思っていたのか，大変よく解った。15世紀後半までウルビーノには，平らな屋外の広場は存在していなかった。街路は，すべて丘の斜面に沿った勾配がある。平らな表面は，建物の内部の床，そして壁に囲まれた一族や修道院の領地の内にあるわずかな露壇だけであった。平らな中庭や露壇は，特権的な領域であるが，小さな場所に限られていた。フェデリコ・ダ・モンテフェルトロ*1 が，一族の領地を拡げウルビーノにすばらしいドゥカーレ宮殿*2 を築いた時，この事態は変化した。彼がつくり出したホールは，それまでになく大きくすばらしく，床は，驚くほど広く滑らかで，途切れる所もない水平な表面のように思われたに違いなかった。彼は，ほぼ正方形の水平のすばらしい中庭もつくり出した。そして，その中庭の周りには，宮殿の部屋が配置されていた。もうひとつの壁で囲まれたより私的な中庭は，ルーフテラスとなる斜面の縁に築かれ，その下には，大きなヴォールトのある部屋があり，そこには馬屋と水槽が置かれていた。しかし，最も革新的な広場は，宮殿と大聖堂のあいだにつくられた平坦な露壇であった。この水平な踊り場の二つの縁に面して，洗練された繊細な扉口が設けられ（その中には開かない扉もあるが），この場所は，宮殿の壁に囲まれた屋外にある応接間のような様子となり，この水平な大きな集会を行う場所は，街の人々に自由に開放されていた。

　モンテフェルトロは，また途方もなく大きな露壇を都市の城門の外側に築き，その街でいちばん低い場所につくられた水平な市場には，ローマから延びた道が入ってきた。このメルカターレ広場*3 の露壇を支える組石造の壁は，場所によっては高さが約12メートルもある。巧みにらせん状に昇る斜路が，メルカターレ広場の角にある要塞の内部に設けられ，広場や馬屋とそのすぐ上にある庭園や宮殿の部屋を結びつけている。

　19世紀まで，ウルビーノでは，水平で領域の広い公共的な空間が新たに築かれることはなかった。19世紀に入り，ドゥカーレ宮殿の庭園と教皇の宮殿は，切り離され，そのあいだに水平な道路とアーケードのある散策路が設けられて，新たに形成された共和国広場（ピアッツァ・レプ

主題 3　離れる踊り場／合流する斜面／上り休息する階段

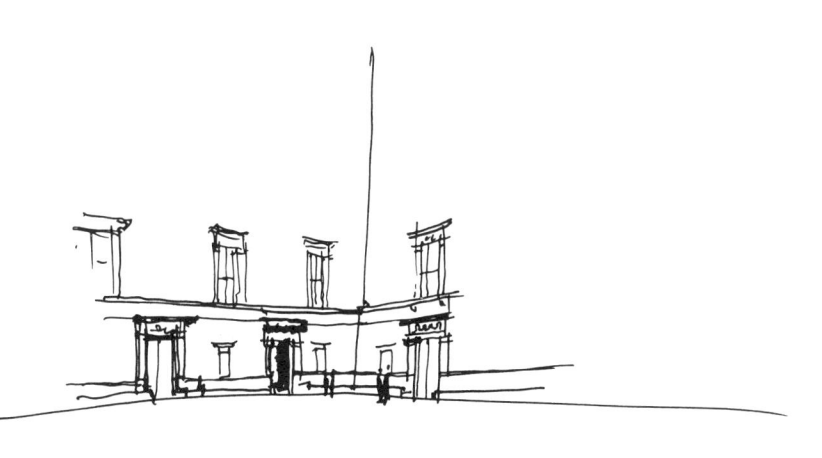

ドゥカーレ宮殿，ウルビーノ，イタリア

ップリカ*4）に結びつけられた。古い庭園の中につくられたこのレプッブリカ広場には，オペラ劇場と苑林がある。この水平な場所と通路のリニアーなネットワークは，世俗的な社会や商業の活動，そして新しい都市の中産階層から生まれた回遊的な生活の中心となった。

　一方シエナでは，コミュニティの集まる大きな場所は，形式化された斜面にある。おそらく，丘の上の街の広場の中で最も有名なカンポ*5は，丘の上の三つの街を結びつけている湾曲した尾根のあいだの窪みとなった，谷の下り斜面に形を与えたものである。街がひとつにまとまってゆくうちに，この尾根のあいだの広がりは，大きなお椀を半分に切ったような形となり，その底の辺りに建つ市庁舎（パラッツォ・プップリコ*6）に面している。カンポは，14世紀に規則正しい表面に整えられ，煉瓦が敷き詰められた。上の尾根の縁に環状に並ぶ繋船柱(ボラード)が，水平な区域を標している。一年中この領域は，周辺のレストランから多くのテーブルがあふれ出し賑わう散策の場である。しかし1年に2度，テーブルは綺麗に片づけられて，外側の輪となる部分は，砂が敷かれパーリオ*7のコースとなる。パーリオは，年に2回開かれる4分間の壮観な馬のレースであり，シエナの近隣の独立した様々なコミュニティへの忠誠心を奮起させ，また世界中から訪れる観光客を魅惑する。お椀のような形をしたカンポは，このような祝祭の機会に人々でいっぱいになる

主題 3　離れる踊り場／合流する斜面／上り休息する階段

Siena Campo

カンポ，シエナ，イタリア

と，非常に公平な場所に感じられてくる。誰もが，前にいる人の向こうに市庁舎を見ることができるだけではなく，集まっている周りの人々を見ることもできる。ごく普通の日には，このシエナ色の煉瓦の敷かれた大きなお椀は，遊び場となり休息の場所となる。夏，北国から来た旅行者たちは，この場所にビーチタオルを敷き，わずかな衣類を身にまとい，そのうえで日光浴を始め，この場所を海岸と混同させてしまう。カンポのすばらしい斜面は，この場所を利用する人を他の人が見えるよう

に傾け，記憶に残る共同体のような場面にすべての人を参加させる。

　ギリシアの円形劇場は，様々なレヴェルや斜面が最も完璧に混淆されていると私は思う。エピダウラス*8 にある円形劇場のような場所では，一段一段の列が，秩序正しい方法で市民を別々に座らせ誰にも明快な眺めをつくり出している。ここには，自然の斜面から生じる擾乱や混乱はない。舞台は，離れた踊り場であり，演技ができる大きく水平な表面である。その上で演じ話すように段取りされた人には自由があり，列席する人々にはその自由はない。二分円の形態は，衆目を集める。そして丘の窪みの中で声が発せられた時に，この大地の形態の根底にある幾何学の目的が，明らかになる。そこに並ぶ階段は，舞台の上で演じられる様々な理念の戯れる芝居を目撃する人々の座席となり，重層的な意味を具体的な形に示す。

　（各段が学びの知恵の樹の枝葉となる理念の数々を収める引出しのように想い描かれた記憶劇場*9 のイメージをジュリオ・カミッロ*10 が創造した時，彼の心の中には数多くの階段が衝撃的に続く劇場のような形態から生まれる明晰さと数多くの目撃者を収容するだけの広さが備わっていたに違いない。）

　（先に貴兄が言及したピラスターを目撃していた）他の誰よりも形態のニュアンスの用い方をよく理解していたミケランジェロは，大胆にし

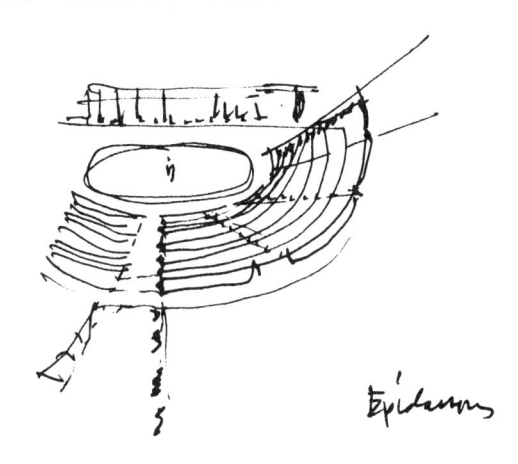

エピダウラスの円形劇場，ギリシア

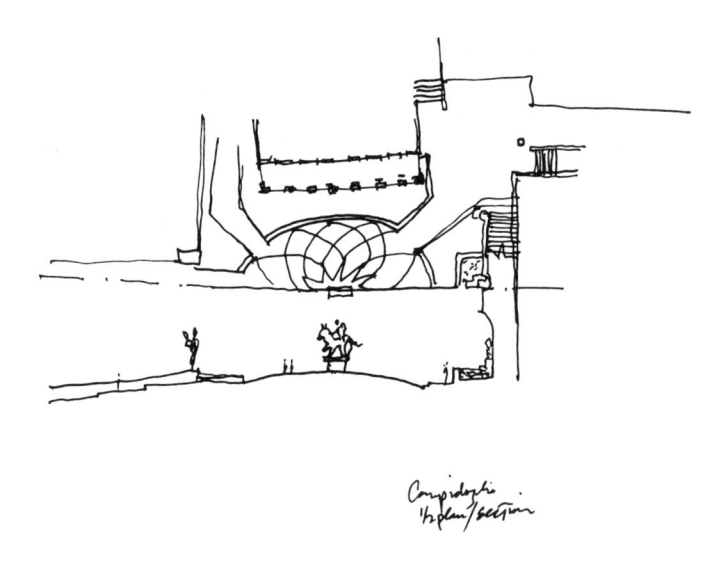

主題 3　離れる踊り場／合流する斜面／上り休息する階段

カンピドーリォ, ローマ, イタリア

かも微妙なレヴェルの変化を用いてローマのカンピドーリォ広場*11 に形を与えた。古代からカピトリーノの丘の頂は, ローマ市民の公共的な生活に非常に重要な場所であった。共同体(コムーネ)の政治的な力が, 教会の権力とは区別されてゆくに従い, その頂は, 16世紀に再び特別な重要な意味を獲得した。敷地の中にすでに存在する非整合的な角度を用いて元老院*12 の建物に面するように台形の空間をつくったミケランジェロの聡明さは, いく度も指摘されてきた。この手法は, それよりも前につくられていたピエンツァの台形の広場*13 と関連している。さらに筆者たちは, 彼が空間に一貫性と共鳴性を与えるために用いた, 様々なレヴェルを重層的に操作する手法について指摘したいのである。空間は, 台形の中に置かれた楕円によって, 結びつけられ, 楕円の外側の縁は中心よりも低い所に置かれ, 楕円の表面は, まるで巨大な卵の殻のように見える。丘の最も高い部分は, 平坦ではないが歩くのにはなだらかである。

　中心の高い所に立つ馬に乗ったマルクス・アウレリウスの美しい彫像*14 が, 古代ローマ時代に到達した行政と芸術の高みを暗示し, またこの場所に属していた文明の驚異を暗示している。楕円の縁の外側に

カンピドーリォ，ローマ，イタリア

は，この広場を構成している楕円以外の六つの異なる部分がある。広場の都市に面している方の突き当たりには，出入口があり，カンピドーリォとローマの街路を結びつける長い斜面*15 に設けられた幅広い階段の先端は，地面と接している。楕円の長い方の両側面の縁には，舗装された露壇があり，数段高く持ち上げられている。その露壇に面するように二つの宮殿が建ち，それぞれの宮殿の露壇からさらに数段上った所にロッジアが設けられている。楕円の反対側の元老院の建物と二つの宮殿の

主題 3　離れる踊り場／合流する斜面／上り休息する階段

カンピドーリォ，ローマ，イタリア

あいだには，それぞれ通路があり，丘の頂から向こう側の斜面へ下っていく*16。楕円のすぐ前には，以前から存在していた元老院の基壇があり，その前に両側から建物の正面に沿って上る英雄的な階段が設けられ，建物の姿は変様された。この階段を上り切ると，建物の中心にある高い踊り場から，遠くを見渡すことができる。広場の高さで，軸を直に受けとめる所には噴水があり，その両側には古代の川の神の彫像が置かれている。大きな飾りの施された壁が，自らを持ち上げる梁となり，この壁を背にして佇むと，視線は，盛り上げられた楕円を横切り，ミケランジェロによって美しく整えられたファサードの表面を伝い，マルクス・アウレリウスの彫像を過ぎ，永続する都市のスカイラインの向こうへと進んでいく。

親愛なるドンリン，　私たちは，踊り場の真髄であるアテネのアクロポリスを忘れるべきではない。しかし，アクロポリスが，世界で最も重要な場所であるという意見には，議論の余地はある。オズバート・ランカスター*17 が『図像のある古典的な風景*18』の中で，随分前に述べていたように，アクロポリスは，古代の社会の様々な記憶の中心にあるのは明らかである。現存する文献の中で，隣に聳えるアクロポリスの3倍の高さはあるリカベットス山*19 について言及しているものはなく，今でもそのことはほとんど気づかれてはいない。多分にそれは，アクロポリスが西欧の文明の発祥の契機となる踊り場を提供し，アクロポリス自体がその踊り場であるが故に，そう指摘することに躊躇してしまうからである。この場所の精妙さの数々は，つとに有名である。この丘を下からプロピュライアまで慎重に振りつけられた道筋に従って上り通路のひとつひとつの曲がり角から眺めると，建物が効果的に見える方向は考慮されていたように思われる。窓と扉は，平面図の上で抽象化された位置にあるのではなく，建物に近づいていく人の視点から眺めた時に，柱と柱の中央にあるように置かれ，玄関のポーチに沿った小さな柱の下にある階段のいちばん下の黒味を帯びた石でできている部分は，見えない象徴的な存在となり場面を変えてゆく日本の演劇の黒子のようである。この黒い石の階段が存在することによって，残りの階段とその上に並ぶ柱が，同じ比例の関係となるように維持できる。そして（白色の）階段の

主題 3　離れる踊り場／合流する斜面／上り休息する階段

アクロポリス，アテネ，ギリシア

　すべての段が，その上に並ぶその段よりも大きな柱との比例の関係を維持し，門が丘の上に向かうように並んでいる。丘の上は踊り場である。
　この踊り場に向かう門は，高みの極みにあり，私にとっては，すべての建築の頂点を極める瞬間である。ここで人は，パルテノン神殿に可能な限り近づくことになるが，それでもパルテノンは，左側にあるパルテ

ノンと均衡を取るエレクティオン神殿との関係から生じる複雑性を備えたオブジェとして理解できる。空間の精妙な配置についての数多くの論考が書かれ，この場所の不思議な魅力を解き明かそうと努めている。古代には，来訪者が十分に近づくまでパルテノンのファサードを眺められないように，壁が視線を遮っていたに違いなかったが，その時には，古代の色彩に輝く全景を眺めることができた。コンスタンティン・ドクシアデス*20 が，『古代ギリシアの空間*21（邦題：古代ギリシアのサイトプランニング）』の中で精緻に展開したすばらしい理論によると，折り畳まれてきた視線を開放する（個人的には私は膝が笑い出した）プロピュライアの中にある地点が放射状のグリッドの中心となり，視野の中にある建物の角部がその円周の上に並び，踊り場の眺めは，秩序が与えられ，閉じられ，完璧となり，そして息切れさせる。この空間は，踊り場であり，今も昔も都市の上に錨を下ろし，遠い昔には守りの堅い要塞として，数千年が過ぎた今では力強い記念碑として，都市の中心となり，空高く，特別な，離れた（何人かの人々のための世界）となっている。

このように微妙に整えられたアテネの丘の上の踊り場は，西欧の文明の歴史の始まりの中心的な舞台を表象している。初めてその踊り場を眼にした時，私はペリクレス*22 の（もちろん，すばらしい英語で話す）声が未だに石の狭間に響き渡っているのを聞くことができた。ペルーの密林の中にあるマチュピチュの山の上にある踊り場は，全くの別世界である。眩惑し戦慄するほど演劇的にウスマシンタ川の上の霧を貫く山々に隠された要塞の真髄は，地上からはるかな高みにあり安全であるが，歩いて近づくことは困難を極め，知力をもってしても近づくことはほとんど不可能な高さにある。この場所は，アテネのアクロポリスの丘の上に構成された人間の構築物と，例えばコロラドのグランドキャニオンの流れの上高く舞い上がる想像の宮殿の中間にある。その違いは，おそらく装飾にある。すなわち，アクロポリスの大胆なドリア式と繊細なイオニア式の秩序(オーダー)が伝える趣意(メッセージ)は，何世紀も経るうちに洗練され完成され，そこに示されている文化に由来する様々な価値や意気込みは明らかにされている。マチュピチュの石の構築物には，個人的な特質があり，私たちに伝わることのない謎いた意志決定が注意深くなされ，心を込めて，巨大な玉石が切られ（完璧に合うように）組み合わされて，今あるがままの姿となった。しかし，私たちは，その特質を，意識できるほど

主題 3　離れる踊り場／合流する斜面／上り休息する階段

マチュピチュ，ペルー

十分に理解してはいない。そこには，同じ人間である私たちに時と場所の深い溝を超えて語りかけてくる図像的なものは何もなく，私たちにはコロラドのグランドキャニオンに見られる突出したすばらしい孤立する切り立つ丘（ビュート）以外には何の手掛かりもない。すべてはビュートのようでありながら，空の上の踊り場は，眩惑を覚えるほど垂直に聳え，その下に渦巻く霧の彼方にある，この場所以外の世界から隔絶され，夢想が憑くオブジェからも隔絶され，鷲(イーグル)の高巣からも隔絶され，現象学的に隠遁されている。

　古代のブルゴーニュの街ヴェズレ*23 は，踊り場であり斜面であり，

いちばん下の広場からロマネスクの時代に建てられた丘の上の巡礼の教会に至る，長く勾配のある簡素な街路に沿う集落である。教会の裏側は，木々のグリッドが覆う露壇によって取り囲まれているが，視界は開放され，露壇の腰壁の辺りで，眼下のパノラマ，彼方に広がるブルゴーニュの風景を見渡せる。果樹園の木々，芝生，ベンチ，その背後にある雨露をしのぐ建物，そして露壇の縁からの眺望と下り斜面という形式は，イタリア，フランス，スペイン，そして世界の至る所にある丘の街で，いくたびとなく繰り返され，必ずうまく作用し，踊り場の縁を回遊する街の人々を，旅行者を魅惑しているように思われる。

　ヴェズレは，西暦の最初の千年が終わる前の時代には，重要な巡礼の中心となる場所であった。当時，人々は，世界の終焉を予感し聖なる場所に向かう巡礼を続けながら救済を求めていた。彼らが谷の下で最初に眼にしたものは，丘の上の高みにある露壇とその奥に建つ教会*24を支える土台であるが，すぐに教会は視界から外れ，斜面に並ぶ街を貫く街路に近づき，街の頂にある小さな広場に着く頃に，教会の西側の正面が突如として視界に飛び込んでくる。人々の気分の高揚は，大変なものであったに違いない。聖ベルナール*25 は，第二次十字軍の祈りをここで

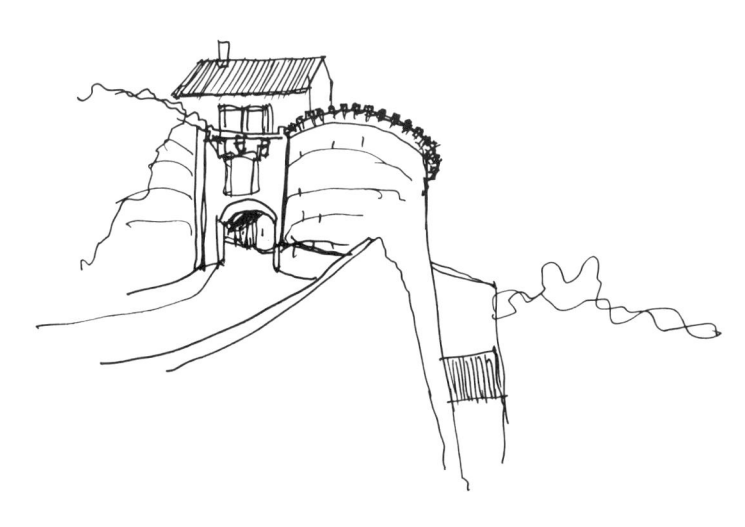

ヴェズレ，フランス

主題 3 離れる踊り場／合流する斜面／上り休息する階段

行った。離れた踊り場とつながっていたこの緩やかな斜面を上りながら，十字軍に参加した人々の情熱は高揚していったのだと想ってみたい誘惑にかられてしまう。

インドの聖なるガンジス川の土手の上にあるヴァーラーナスィー*26 では，踊り場という考え方も，極めて異なる。数えきれないほどの段々が川に向かって下り，階段の途中には数多くの踊り場が設けられている。それぞれの踊り場は，それぞれ礼拝を行う人のための個人的なしつらいである。ここには，間隔と変様に関する課題，そしてレヴェルの増加とともに変様した斜面に関する課題がすべてあり，希望するどのような課題についても学ぶことができる。舟に乗り（ガート*27 と呼ばれる）踊り場を前方に見ながら川下に向かうと，個人のプライヴァシーを包み込む別々の踊り場の上で身を晒しながら祈りを捧げている人々が重なり合う文化的な取決めや空間の配置の組合せが，彼らを覆い隠していることに驚く。不謹慎だが意味深長なイギリスの家畜についての格言が，心に浮かんだ。「イギリスの丘陵に見かける牛たちの並び方に酷いものはない」。まさしく，川の袂に続く階段の上ですばらしいリズムをつくり出し様々に変様するそれぞれの踊り場の上に祭られる数多くの人々の組み合わされた光景ほど，感動的であり間違いのないものはない。複雑性の中で人間が主張できるものは，人生を求める機会であると私は思う。極端な複雑性の中にある機会は極端に優れている。

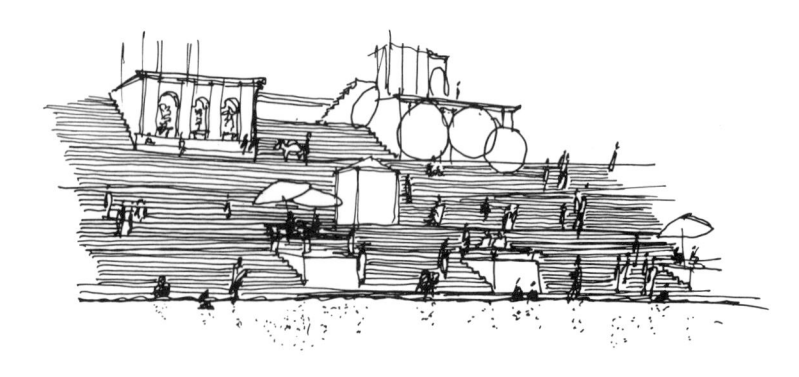

ヴァーラーナスィー，インド

親愛なるチャールズ， 複雑な領域にある階段は，特別な価値を備えているが，そこには二面性もある。階段には，楽しさや表現を求めるすばらしい機会がある。また階段には，建物の要素の中でも最もきびしい法規が課せられている。階段は，身体の様々な動きや可能性と直に結びついているからである。足の大きさに適応し，一段上り身体を持ち上げる際に心地よくエネルギーを消費できるように，階段の蹴上げと踏み面の組合せの変化は，ごく狭い範囲に収まる。しかし，この比較的に狭い範囲の内側には，今でも大変に自由な裁量が残されてはいる。傾きにもなだらかな勾配の斜路から垂直な梯(はしご)に至る幅があり，幅にも船のキャビンに設けられた梯からローマのサン・ピエトロ寺院の前に幅広く拡がる階段状の風景*28（あるいは，サンタ・マリーア・マッジョーレ教会*29 の後陣の反対側のカスケードのような階段）に至る幅がある。また，方向にも簡素な直進する階段から眩暈(めまい)がしそうな螺旋階段に至るまでの幅がある。このような振幅の中から，選択された傾きや幅や方向と階段を下り一息入れる踊り場の間隔が組み合わされて，空間の垂直方向の動きに加えられる振付けが決まる。しかし，緊急の場合には，振付けよりも前に，予測可能な動きが大切である。このような理由から，壁で囲まれた避難階段の形式は，法令によって規定されているとはいえ，世俗的なのである。多くの場合，避難階段の設置が義務づけられている。しかし，非常口に向かうには妥当な，列の間隔を密集させた階段が，不注意とはいえ，場所を通り抜ける様々な動きの標準となるべきではない。

避難計画の制限から解放された時にこそ，階段は，空間の中にいる人々に動きを与え，自分自身を意識する人々の心の琴線に触れることができる。私たちは，楽な動き，気品のある動き，変化に一貫性のない動き，困惑した動き，あるいはとても重要な場所に近づいていることを知

階段，サンフランシスコ，カリフォルニア州

主題 3 離れる踊り場／合流する斜面／上り休息する階段

らせる並外れた特徴のある動きを，身体を通して知る。階段の傾きが急になるほど，階段は私的な場所へ，例えば寝室や屋根裏部屋へ近づく傾向にあるらしい。あるいはマヤの神殿のように，それは，近づき難い場所を意味している。階段の幅が広くなるほど，階段は伸びやかで自由な動きを受け止め，一度に何人かと一緒に上ることもできるようになり，人々やオブジェが一列に並ぶにふさわしい場所となる（カセルタ*30 では制服に身を包む召使いたちが階段に並び，バークリーの私の自宅ではこれから送る品物が階段に次々に並び，ロスアンジェルスの貴兄の家ではオモチャの兵隊たちが両脇に並んでいる）。いくども踊り場に立ち寄る階段は，特に優雅に一息つく瞬間があり，階段の方向にある様々な地点との結びつきが眼に見えてくる。捩れたり折れ曲がる階段は，移動する空間の内側で，視界の消点を移行できる。(そして同時に舞台の上にいるように思える機会も生まれ) 振付けにふさわしい最高の機会が強調されている。螺旋階段は，通常は段に足を掛けるのに非常に注意が必要となるが，そのいちばん上まで到達すると驚きがある。

階段を上り下りする時に，優雅な細い鉄製の手摺子，その上につけられた手の形にぴったりする木製の手摺，粗雑に接合されたパイプの透かし細工の粗野な仕上げ，彫刻された力強く直立する膨らみや連続的に置かれた幅広いキャップのある石の手摺子など，隣にあるものも重要である。それは，建物，庭園，あるいは街路の中にいる人の見え方に基調を与え，階段によって設定された振付けと組み合わせられた時，場所を経験する人に対してなされていた配慮も眼に見えるように証明する。

ローマのスペイン階段*31 を，そのような配慮の事例として役立てることもできる。それは，人生が普通に許容するよりも大きな，場所にふさわしい着想を与えてくれる。平面図を見ると解るように，最も簡素な配慮によって，サンティッシマ・トリニタ・デイ・モンティ教会*32 と階段の下のスペイン広場*33 を結びつけている軸は，精緻に仕上げられている。最も還元的な配慮によって，この階段は，17世紀に悪名高い不正行為の巣窟となり開発されぬまま残っていた丘の斜面を，警察が監視できる空間に変えたと描写されてきた。最も威厳のある配慮によって，ここには，ローマの中でも気軽に集まれる最も生き生きとした場所となるしつらいがあり，大勢の人々が，他の人を眺めるために，あるいは，ただそこにいるために，この階段のある通路に集まってくる。

階段，ピアッツァ・グランデ*34，アレッツォ，イタリア

主題 3 離れる踊り場／合流する斜面／上り休息する階段

　軸は，今でも階段を行き来する見物人たちの頭上を越えて，階段の中心を上っていく。不正行為は，影を潜めていることもあるが，警察や世界中からやってきたカメラが注意深く監視していても，横行していることが多いらしい。人々がこの場所に集まるのは，太陽と斜面があるからではなく，人間の動きがつくり出す様々なリズム，風景の形態のニュアンス，そして古典的な秩序から生まれる洗練された規律正しさが，並外れて繊細に混淆されているからである。軸に関する対称性は，斜面の湾曲する等高線に非常に精妙な形を与える出発点であるが，軸は，丘の頂にあるオベリスク[*35]と二つの露壇の壁の最も前の地点によって，標されているだけであり，非常に幅広い階段の中心線は，斜面の基壇を横切り延びていく。二つの階段は，教会の辺りから何事もなく下降を始め，通路は，二つの壁のあいだを通り抜け，教会とは反対側に二つに分かれ，手摺の並ぶ見晴らしのよい露壇の縁を迂回していく。階段が，緩やかに斜面を下り，落ち着く手摺の並ぶ大きな踊り場は，敷地を湾曲しながら横切ってゆく。ここで二つの階段は，再び敷地の縁の方に向かい，お互いが向き合うほうに，湾曲しながら下り落ち着くと，次の踊り場の中に溶け込んでゆく。この踊り場は，斜面を横切るように広がりながら，下りの階段へと続く。二つの階段が溶け合い，両脇の階段の表面には切子が施され，ひとつの面は微妙に中心に向かい，もうひとつの面はわずかに外側の縁に向かい，敷地の境界の外側に向かう広がりに追従している。このように，かつては土地に形を与えた様々な動きは，今では微妙に彫り刻まれている。人々の様々な動きは，階段自体によって強調され，階段も下の部分が切り取られて，その重合せが強調されている。また，このような様々な動きは，湾曲した階段の踊り場によっても強調され，踊り場は，その下に広がる場所を，幅の広い中心と縁の部分に分け，人々が，房のように集束し分かれて腰掛ける場所となり，行商の人たちが売物を並べる場所となる。いちばん下に着くと，様々な踊り場は，基台の上に置かれた石の金魚鉢のように立ち上がり，湾曲する敷居のような階段と組み合わさり，すばらしい上りの始まりを告げる。

スペイン階段, ローマ, イタリア

ヴェズレ, フランス

4 統御する境界 / 重なる壁 / 選択し変化するポケット

主題 4　統御する境界／重なる壁／選択し変化するポケット

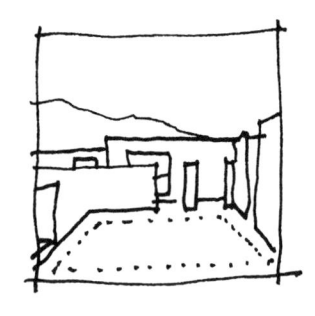

境界は，内と外を分ける。境界が簡素な時，どこにいるかよく分かる。境界が複雑な時も，明瞭なポケットで空間を包み込めば，選択し変化する機会がある。古代エジプト人が神殿を築いて以来，神秘に到達するにふさわしく，人間に最も影響を及ぼす趣向は，隔たりであり，特別な場所を，離れた所に分けてしつらえるために，重なる壁が築かれ，いく重にも重なる玉葱の皮のように，建物の内側に建物が築かれ，壁の周りに壁が築かれてきた。建築の空間も，思考と同じように，簡素な固定された境界によってあまりに強い限界が与えられている。

● **親愛なるドンリン，** 人は，鳥や狼と同じように，常に領域に対して緊張してきた。私が読んだ本によると，鳥は，さえずり，自分たちの領域を標す（つまり，鳥の歌声が届く所にあるものは，すべて鳥たちのものである）。狼は，鳥ほど愛想のよい方法ではないが，おしっこの臭いで，自分の場所の限界を描く。人間は，旗や塔を中心に立て，縁には境界や壁を設け，領域を標す。境界は，時には出入りを統御することもあり，まさしく常に自分たちの領地の縁を明確にしている（近代の都市のように自分たちの領地が，統御を超えて脆弱な野原に入り込み境界が失われることのない限り）。

トスカナ地方にあるカステッロ・ディ・ガルゴンザ*1 は，他に類を見ない境界を備え，その城壁は，今よりも安全が脅かされる事態が頻繁に

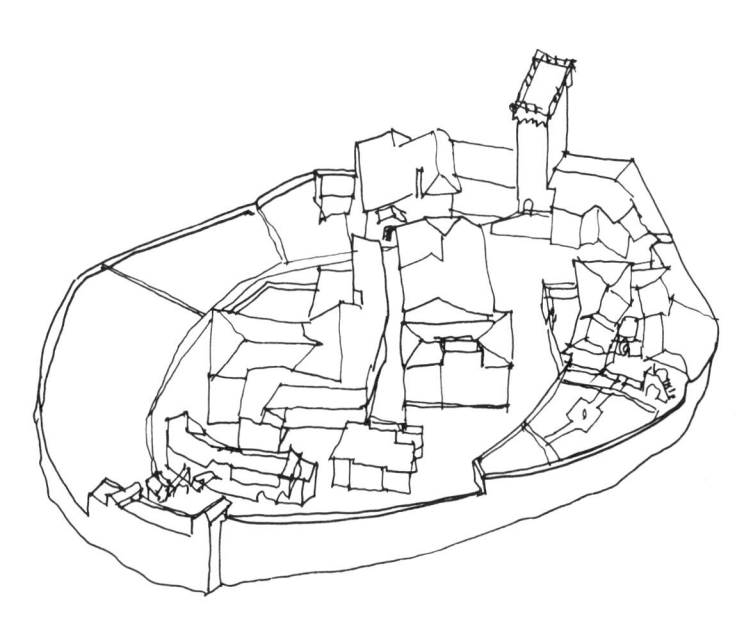

カステッロ・ディ・ガルゴンザ，イタリア

主題 4 統御する境界／重なる壁／選択し変化するポケット

起きていた時代には防御に必要なものであり，今でも想像力に訴えかける，多くのお伽話の中心となるような頂にあり，限界のある中心にふさわしく，力強い囲込みをつくっている。カステッロ・ディ・ガルゴンザよりも大きく，境界となる城壁が無傷のまま残っている都市は，非常にわずかである。限界が眼に見えるというありさまは，私たちの心を今でも動かす。スペインのアヴィラ*2，そしてモロッコのマラケシュ*3 は，城壁のある都市として有名である。

境界線は，時には内側から展開され脚色されることもあった。そのようなジョージアン様式風の部屋がいくつか思い浮かぶ。部屋は，空間の形に固執し，壊れることのない空間の全体性に固執し，限界を設定している。あらゆる壁は完結している。扉や窓などの開口を通して生命や動きが与えられ，その単調さが破られてはいるが，しかし，角部やコーニスの辺りなど脆弱な所は，決して乱されることはない。設計の実務では，連続する床の平面が，部屋の境界を超えてどこまでも広がってゆくことは可能であったが，その場合には，規則正しい表面を補強するために，縁どりのある布地やカーペットを手に入れることになり，さらには開口からにじみ出ないように気を配ることになるだろう。天井は，その境界を縁どり，天井の形に固執するコーニスが要るだろう。あるいは，天井の規則正しい形は，天井にお盆を被せたり天井を覆うことによって，強調される。壁は，おそらくひとつひとつ壁と壁が交わる直角にふさわしく加えられた境界によって構成されていたり，壁に沿って空間を計測するために加えられたピラスターによって構成され，壁は，様々なリズムのあるパネルに分割され，壁が自らの存在，規則正しさ，そして境界の壁の高潔さをも主張する。

囲込みは，このように力強い行為であり，部屋が，別な空間に分かれて見えるように，優雅にしかし意外に思えるように，角部に鏡を設けるような既存の体系を逆転させる方法は，衝撃を与え，規則正しく囲い込まれている部屋という考え方を否定することもできる。注意深く境界の与えられた部屋という，西欧的な期待を挫折させる，もうひとつの例は，伝統的な日本の家屋の中で効果的に移動する襖である。襖は，境界を所々消し去り無限の彼方に放ち，あるいは少なくとも空間を大きく拡げる。伝統的な日本の家に見られる境界の破れが特に演劇的なのは，固定された家具がなく畳の部屋が風景を超えて無限に拡張するような暗示

日本の家

があるからである。内部の縁は，左右に移動する障子によって標され，障子は天気のよい日には取り外すこともできるので，縁どりがなくなり，境界となる平面が新たに設定されることになる。近代の西欧の建物にも，貴方の父上が設計したマリブのリンドン邸のように，境界の部分に限界のない日本的な感覚を追究したものもある。そのような感性は，20世紀に入り細い金属サッシュと大きなガラス板を用いて達成されたものであり，視界を制限することなく一年を通じて熱量的な安逸を許容している。

バロックの時代の作品，特にフランチェスコ・ボッロミーニ*4の作品の中では，全く異なる態度が展開されている。境界線は，空間の周りに折り畳まれ，襞や曲面の中に展開されている。ボッロミーニは，ローマのサンティヴォ・デッラ・サピエンツァ*5では曲面を用いて6点の星型の襞をつくり，壁を連続的にうねる平面の上の付随する出来事に替え，教会の境界に切子面を刻み，装飾を施し，折り畳み，変様させているが，私たちの心の中には連続する表面があり，継ぎ目なく曲がりくねる空間を讃えている。

また庭園も，囲い込まれている場合が多く，砂漠を横切る風から，そして近隣の人々，突如の襲撃から護られている。エデンの園には境界が

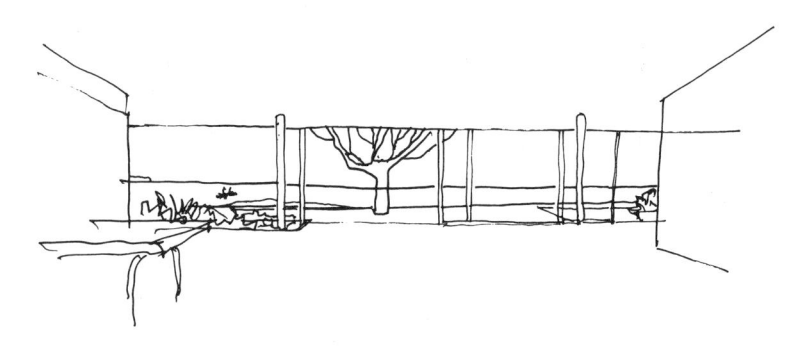

主題 4　統御する境界／重なる壁／選択し変化するポケット

メイナード・リンドン邸, マリブ, カリフォルニア州

あり，まさしく「楽園」という言葉は，壁で囲まれた庭園を意味するペルシャ語に由来している[*6]。庭園の形式は，古代から変わらない。中心には水源があり，そこから東西南北の方角に水路が延び，円を四分割した花壇があり，断固として囲い込む壁が巡らされていた。西欧の中世の庭園は，小さいものが多いが，境界となる壁があり，夢の中で開かれて初めて眺めることになる隠された「秘密の庭園」という理念は，今で

サンティヴォ・デッラ・サピエンツァ教会, ローマ, イタリア

も私たちの空想の中心を占めている。

親愛なるチャールズ，　境界，境界の安全性，そして境界の違反は，私たちの夢の生活の中でひとつの役割を担う。それは，境界が私たちのめざめている生活の中の至る所に見られるからではないかと私は思う。境界は，至る所にあり微妙である。私たちの日頃の行動を統御している境界の多くは，潜在意識の中にあり，ほとんど日常的な呼応の中に吸収されている。例えば，歩道の縁石。縁石は，壮大なスケールでは都市の壁とは対極の縁にあり，その幅6インチの境界が，車，歩行者，歩道の表面を流れる排水に及ぼす統御は，近代の都市の多くの部分に備わる本質的な役割である。壮大なスケールでわずかに周辺だけが盛り上がる境界としては，来訪者が意図された通路から外れて彷徨うことのないように日本の庭師が用いる竹やぶがある。

次に，身近なスケールでは，アメリカの理想的な小さな街に見かける杭垣がある。このような街の歩道の縁は，フェンスが並んでいるか否かは別として，公と私の領域の境界となり出入りや責任の及ぶ領域の限界を示している。境界を横切る行為の扱いに関わる地域の習慣が，場所の具体的な特徴を決める。きちんとした白い杭垣，パターン化されていたり自然に繁茂する花壇，近づくことのできる芝生，あるいはしっかりとした庭園の壁によって縁が整えられている街路は，それぞれ公共性を意識した礼儀正しさや表示が支配する場所，さりげなく近隣のつきあいを演じるための場所，あるいはご近所でも入り難い境界のある通路のような場所となる。

しかし，壁は，中庭，建物，あるいは都市を区切る最も決定的な境界となる。常に私たちの作品を論議する際に役立つ壁のイメージの中には，壁が空間の重なる層をつくり，層の上に層が重ね合わされて，視界が，開口を通して暗闇の中へあるいは外側へと向かうものもある。

確かに，重なる壁は，この記憶の室内の中に含まれるべきである。私の心にとどまるイメージは，建物のイメージではなく貴兄がかつてメリーランド大学で提示した「居住の隠喩」に関する図面のイメージである。この図面の中で，貴兄は，様々な大きさや形の開口をまるで継続してゆく表面の上にあるように立面の中に重ね合わせていた。この一枚の

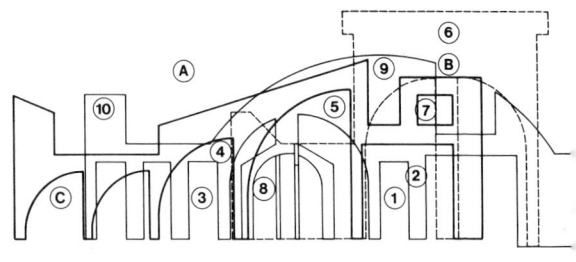

主題 4 統御する境界／重なる壁／選択し変化するポケット

Charles W. Moore
Key Visiting Professor
School of Architecture
University of Maryland

Exhibition
March 5 thru April 6 1972

metaphors of habitation

An exhibition by Charles W. Moore Associates which attempts to build (with walls of Homasote) an illustration of some of the principles on which our buildings are based.
The goal is to provide with simple, cheap, and often identical parts sufficient diversity and specialness to allow every inhabitant to regard his dwelling (and himself) as unique, at the center of his world.
And an important part of the method is to develop **metaphors of habitation**, to **people** structures in the mind's eye, heroically and in miniature to aid real people in participating in the places they inhabit.

In the walls for instance:

1 An ordinary size opening assumes central importance thanks to its location, and some paint

2 A large square opening frames the first, and amplifies its importance

3 A series of ordinary openings becomes an arcade, with intimations of grandeur

4 A series of half arches, not structural but redolent of many other places and times progresses from a size you can measure your body against to a size suitable for the public realm

5 Arches, half arches and rectangles begin to assemble themselves in the moving eye into a set of Palladian recalls

6 Slightly larger, two half arches pull themselves into a country triumphal arch (like the Alamo)

7 A window of appearances, here in miniature, is occupied by Porfirio Diaz

8 An aedicula, or gazebo is here suggested, though unroofed, for real people to stand in (or besides as medieval saints peopled the aediculae in which they stood

9 The large arc at the top of the wall suggests in its incompleteness the even larger circle of which it is a part, to pull the mind past the limits of this room

10 A platform and a tent provide two more signs of habitability

And shining on the walls:

A A carousel shows some European places where the images in the Homasote have existed for some time. They were visited last summer by the University of Maryland fifth year architectural class.

B Another carousel shows buildings of Charles W. Moore Associates, MLTW/Moore Turnbull and Moore Lyndon Turnbull Whitaker

C On the walls are Arnold Kramer photographs taken in the Church Street South 221-D-3 moderate income housing in New Haven

居住の隠喩（ポスターの図版）

　図面には，様々な形の並置そして空間のつながりは空間のあいだにあるという暗示があり，探究すれば報いてくれる建築の存在を示唆している。

　このように切り取られた方法で開口がつくられる場所は，実際にはごくわずかであるにしても，何がこのイメージをそれほど暗示的にさせたのか？　その回答は，実に簡素なものだと私は思う。この図面は，私たちが空間を用い経験する時にいつも起こることを，静的なイメージの中に引き出している。私たちは，縁どられた窓から外を見る時はいつも，開口が気まぐれに限定し切り取った外側にある大きな視覚的な広がりに属する部分に，もうひとつの秩序の様々な軌跡を見ることになる。その時，私たちがわずかに位置を移行すると，視覚の広がりも変化する。私たちに見えるものは形を変え，様々な形の並置も異なる。ポーチ，木々の組合せ，あるいは継続する部屋がある時，私たちが移動するにつれて，見ることのできる視界も，ダイナミックに移行し，極めて公然のものとなり，時には戦慄的なものになり得る。

　さらに，その重ね合わせを通して私たちに見えるものは，移動の方

法，見る方法，あるいは場所に参加する方法によって著しい影響を受ける。つまり，それは，観察者の手に（あるいは脚に）主導権がある。

これは，果樹園に備わる魅力の大きな部分を占めていると，私は思う。そしてこれは，私が大聖堂や教会の中を横切り，対角線の方向を眺めるのが特に好きな理由であることは確かである。身廊に沿って移動すると，身廊や側廊に一列に並ぶ柱は，途中の間隔が省かれて交差しているように見えると同時に，直交する袖廊では多くの方向に誘い出されてゆく。

見通しの小さな建物も，また同じように暗示的になる可能性はある。その場合には，空間に厚みがあることが前提ではある。私たちが空間をただ通り抜ける時に起こる，眺めや見晴らしのダイナミックな移行や重なり合いは，通常は立面や抽象的に構築された図面の中に現れることはない。そのような図面は，空間の中にいる観察者の特定の位置に左右される，透視画法的な眺めが予想を超えて変化する様子を，意図的に安売りしている。

あまりにも数多くの建築家たちは，抽象化された立面が本物だと思い，壁に厚みのない建物を生み出してきた。そのため，壁の重ね合わせは不可能であり，内側と外側の間を移行しても，そこには一枚の壁があるだけである。様々に組み合わされた空間の内側のある所から別の所へ

コルドバの大モスク，スペイン

主題 4 統御する境界／重なる壁／選択し変化するポケット

コロッセオ，ローマ，イタリア

動くのが面白くなるような，様々なニュアンスを削除しながら，そのような建物は，構築された空間の中で自分の位置を選ぶ楽しみを，容赦なく削減している。

　重ね合わされた壁には，もうひとつの類型がある。それは，書き留めておくべきものであるとはいえ，全く異なるものに思われるかもしれない。その壁では，空間ではなく，時間が重ね合わされている。ヨーロッパの都市，特にイタリアの街路の境界には，そのような壁があることが多い。それは，組石造の構築物であり，今まで継続されてきた構築，衰退，再構築，そして取替えという様々な段階の痕跡を示している。

　ローマの壁では，新しくプラスターが塗られた所から古代の石の彫刻の断片が突如として姿を現し，建物の現在の用途とは全く独立したリズムを刻んでいる。中世に初めて築かれルネサンス期に建て替えられたイタリアの都市では，壁で囲まれた大きな領域は，遊戯のプランが重ね合

わされているようである。生き残った組石造のアーチを取り除くことは，優雅に縁どられたルネサンス時代の開口やその後に便宜のために設けられた窓によって，無礼にも阻止されている。このような壁を通じて，本質的に異なる様々に主張する建物の軌跡をたどりながら，心は，時の重なり合う層を通り抜けて過去に戻り，場所の喚起する力を拡げることができる。もちろん，このような重なり合いは，即座に組み立てられるものではない。しかし，私たちは，先在する建物について，建物をつくり出した人々や諸条件について多くを知ることとなり，文献を参照することによって様々な時の隔たりを包み込むことも可能ではある。

私たちすべてが，現在の目的にふさわしく，様々な即興や選択の余地を残すような壁のつくり方を覚えられる事例を構築することは，重要であるように思われる。壁に設けられた様々な開口は，人々が様々な通り芯を選び，建物や風景の重なり合いの中から自分の位置を選び取ることを許容し，内から外へそして向こうへと様々に濃淡を加えてゆく。この類の場所には，おそらく窪みや隅があり，居住者や彼らの愛するオブジェがその空間を主張し，場所全体は，人々や人に似ているもので満たされることになる。むしろそれは，トスカナ様式の絵画に描かれた街の風景が，出来事（そして象徴）で満たされているようでもあり，ムガール王朝の宮殿の壁が，様々な窪み，いろいろな器，花瓶，そして花々の象嵌で重ね合わされているようでもある。かつて宮殿の中庭に人が居住していた時には，それらの品々は，その場所に見られたものなのかもしれない。

この種の壁には，機会と暗示から生まれる多様性があり，黙想と専有の空間が残されている。壁があるがために，私たちは，空間の境界についていくつかの方法で考えることができる。そして，お気に入りの個人的に用いるオブジェで壁の窪みを満たしたり，壁の象徴的な暗示を用いて，壁を自分のものにすることもできる。壁から外を見晴らし，私たちは，場所を個人的に理解する機会を築くこともできる。

すでに指摘した黙想と専有の機会は，私たちが共有する公共空間の境界にも，同じようにあるが，相対的に緩やかである。庭園，芝生，そしてポーチは，伝統的なアメリカの街の道路の境界となり，個々の家族の様々な選択の証しで満たされている。どの家族も，自分たちのやり方で，遊戯，倦怠，儀式，維持，そして表示の場所を創造している。これ

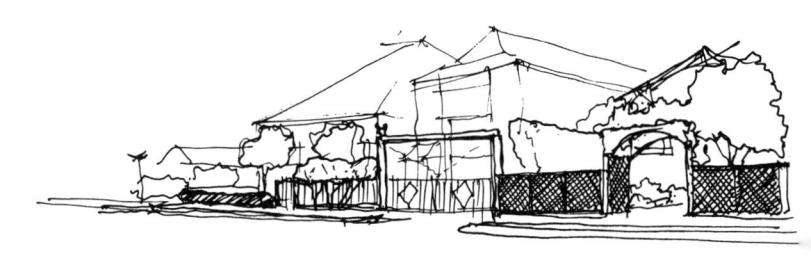

主題 4　統御する境界／重なる壁／選択し変化するポケット

6番通り，バークリー，カリフォルニア州

らの境界は，ゾーニングの単なる必要条件として，無頓着につくられてきたが，それとともに市場で大量に売買される反復的で装飾的な些細なものも，区画の全体の負担となっている。それは，居住者にとっても来訪者にとっても，生活のためになるものではない。しかし，建物と街路のあいだの空間が，フェンス，壁，生垣，そして露壇によって，また，建物を挿入し，張り出し，意図的に転移させることによって，より限定された多様性がつくり出されている時には，明瞭な空間のポケットが，想像力に富む心づかいで満たされた状態になる。街路に沿った家々の居住者たちは，自分の空間を，自分なりの使い方や向上心に適応させる。そして来訪者は，この通路の境界が，個人的で人間的な配慮から生じた込み入った事情によってできていることに気づく。そこには，視覚的な刺激，そして文化人類学的に言うならば，社会的な洞察がある。

　同じことは，都市の街路に沿った壁についても言える。街路に沿った壁は，公共性のある場所である。その境界は，道路の公共的な権利の縁に接して置かれた建物の連続する列でつくられる。このような壁が厚みを感じさせる所では，数多くの相互関係が生まれる可能性がある。歩道に並ぶカフェや屋外の展示に感じる普遍的な魅力，季節とともに変わり季節よりも前に中に置かれた物を自由に眺められるショウ・ウインドゥの楽しさ，移動や交流から生まれる疾風を避け，あるいは雨を避け，入口の壁の脇に設けられた休息の場所で得る心の安らぎ。すべてが大変に満足のゆくものになる。

　都市と海，保護された場所と自然，聖と俗。この壮大な差異の縁にある時，境界は，戦慄的に飛躍する可能性がある。しかし，境界が究極には交渉が可能な領域の主張を反映する時，あるいは境界が人間的な交流

村の街路，ギリシア

の渦中にある場所に生じる時，境界は，概して，重なり合い，織り込まれ，厚みをもち，再考される機会を備えるべきである。

ポートアンジェルス*1，ワシントン州

5 縁どる開口 / 前兆となるポータル

主題 5　縁どる開口／前兆となるポータル

ポータルは、私たちを歓迎し内に引き入れる。玄関や門は、奥に控える場所に期待を抱かせる。壁の中の窓は、顔の中の眼のように、内側の生活に想いを馳せらせる。窓や開口は、内側からの眺めを縁どり、不要なものは省き、必要なものを強調する。上手に縁どられた眺めは、世界を近づけ、思慮に欠ける不器用な縁どりの窓の桟は、世界を遠退かせる。

● **親愛なるチャールズ，** もしも境界が，そして多くの壁が，場所にふさわしい領域を固定するならば，開口の特徴は，境界や壁がもたらす経験に直に影響を及ぼす。開口や位置が，部屋と部屋，内側と外側，そして光と闇の結びつきのパターンを決める。外から眺めると，壁の中の開口が，最も強いリズムを打ち出し，建物の顔である表面を横切り，そして壁の中の開口が，内側の生活を（ガラス張りの店舗のように）露にし，その活動を通じて直に物語り，あるいは奥に控える空間の特質を暗示する窓のパターンや形を通じて，推論によって物語る。窮屈な小さい空間では，プライヴァシーが最も重要となり，広い場所では共通の用途が巻き込まれる。芸術家の部屋の幅広い明かり取り窓。電話の交換室の壁。

2 View of courtyard looking toward common room.

ユニヴァーシティ・アヴェニュー集合住宅*2，バークリー，カリフォルニア州

主題 5　縁どる開口／前兆となるポータル

　したがって，開口の設け方は，非常に重要な問題である。開口は，少なくとも4通りの方法で考慮されなければならない。それは，移動し，あるいは，ある空間から別の空間を見る方法であり，光，空気，音の源を統御する方法であり，建物の構造の組織の中に空隙を設ける方法であり，建物の特徴を説明し同類の建物との比較を暗示するパターンをつくる方法である。すべての建物が，この4通りの考慮のうちのひとつの方法の様々な要求だけに，あまりにも簡単に応え，他を犠牲にする場合が，あまりに多い。

　伝統的な西欧の多くの建物では，組石造，あるいは木造の部材で組み立てられた，建物の塊が，内側と外側を明確に区切り，透き間のない境界となる。建物は，望まれない雨，風，あるいは襲撃を締め出し，内側に静寂と予測の可能な室内をつくり，塊の内やあいだにある開口は，透き間のない境界を柔軟な統御のシステムに翻訳する。

　一般的に，塊は，荷重を地面に伝える。つまり屋根，梁，あるいは上の階の床に加わる力を集め，地の中に流すのである。建物の組織の中にある空隙は，もちろんこの力の流れを混乱させることなく構成されなければならない。組石造の場合には，これは，要求のきびしい原則ともなるが，ゴチックの時代の石工の達人たちは，それをすばらしく繊細な芸術的な形に変えた。彼らは，支配する秩序を塊から空隙に逆転させ，それまでにない光の特質を備え人が自由に動ける内部空間をつくり出した。初期の組石造の構造では一般的に，壁は荷重を吸収し何とか地面に分散させる膜のように用いられていたが，ゴチックの石工の達人は，木造の納屋を建てる現代の大工のように，線形解析学のパターンを建物の量感に応用した開口の枠組みをつくり出した。この解析は，ゴチックの時代に極められ，透明性のある壁や広々とした空間を創出する機会が，大いに人々に与えられた。建築の歴史は，膜と骨組みのあいだに生じた観念と技術の葛藤を通して，描写できるだろう。文化の違いによって様々に重みが変わる，ほの暗い塊と自由な開口の均衡の取り方は，使える素材に基づいている部分もあるが，より根本的には内側を外側から決然と分離する方法に基づいている。

　現在，大規模な構築物の多くは，骨組みを利用して建設の費用を押さえ，構造体から独立した膜を用いて内側と外側の分離を保証している。この構造と外皮の分離は今世紀の中葉には大いにもてはやされた。そし

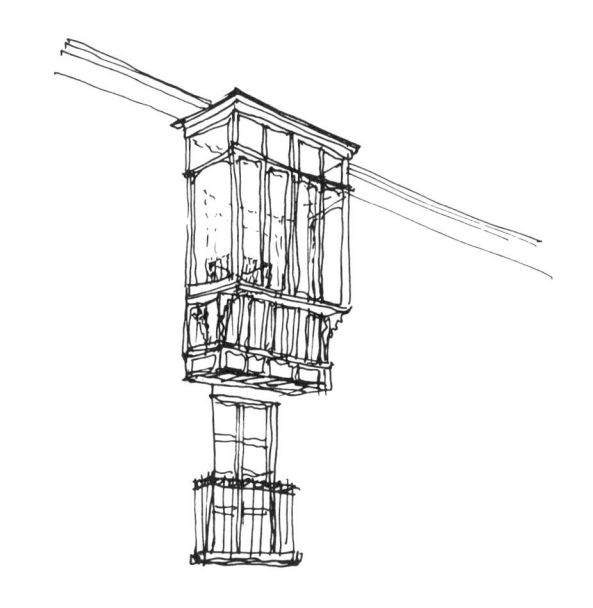

窓, トレド, スペイン

て至る所に見られるようになったガラスで覆われたファサードは, 意味もなく均等に設けられた構造的な開口に透明性を与えている場合が多かった。この膜の内側から外側を, あるいは外側から内側を, 見なければならない理由があったのかどうか。(しかし, この膜に異議を唱える理由は, 数えきれないほどあった)。このような20世紀の教条主義的なガラスの外皮のために, もうひとつの重要な様相を見失ってきた場合が多い。それは, 適切な開口のシステムであり, 光と空気の通過を統御し調整する能力である。

　ルイス・カーンが, ローマのアメリカン・アカデミーに滞在していた時, 彼は, 光のニュアンスに感心しながら, 自分の部屋の中で同僚に普通ではないと思われるほど長い時間を過ごしていた, という話が伝わっ

主題 5　縁どる開口／前兆となるポータル

ている。ローマの窓に備わる数多くのフィルターを透過すると、そのような光のニュアンスをつくることも可能なのであった。それは、内開きの一組の窓に収められている。窓にも、少し壊れて半開きのものから、全部開いているもの、そして窓と同じように外側に、大きく、あるいは小さく開閉する、窓の外側に独立した雨戸などもある。窓には小さな割板があり、水平から垂直に調整すれば、直に入る濾過された光から、床に反射し天井に届く光、光の全くない状態へと微妙に変調することもできる。内側にはもっと簡素な統御の組合せがあり、開閉する固いフラップを用いて、ガラスの表面を大きく、あるいは小さく覆うこともできる。いくつものフィルターを用いる際に、生まれる微妙さと多様性は実に不思議である。開いている状態も、閉じている状態も、私たちを取り囲む境界の中で私たちが利用できる単なる選択のひとつにとどまるものではない。

窓、ファルネーゼ宮殿*4、ローマ、イタリア

開口（特に窓）の寸法と形、そしてその間隔は、建物の顔を構成するのに最も有効な手法の中のひとつである。アルベルティ*3 による非常に優れた窓の大きさの基準がある。それは、二人の人が窓の脇で会話ができるくらい、窓は十分に大きいほうがよいというものである。一般的に窓の形は、壁の向こうの空間の特質、窓の相対的な大きさ、窓が必要とする光やプライヴァシー、そして部屋の階層の中での窓の位置などに

サンタ・マリーア教会*5, カンポ・マルツィオ, ローマ, イタリア

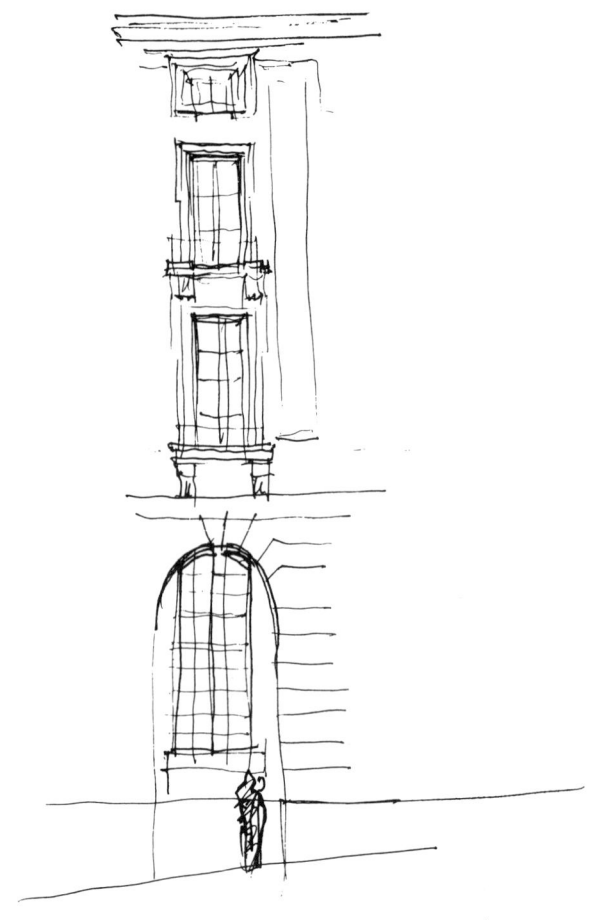

主題 5　縁どる開口／前兆となるポータル

ファキュルテ-ドゥ-ドゥルワ*6（法学部），パリ，フランス

固有性を与える。至る所に見られるオフィスビルの無表情の帯のような独特の開口，狭いバスルームの窓のような補助的な開口，大聖堂の面会室の特別な柱間(ベイ)のように，あるいは身廊や側廊に設けられた薔薇窓のような壮大な開口となる。

開口の多様性との戯れは，基本的な重要なリズムを確立し，大きさを調整し，建物の表面にその内に繰り広げられる生活を映しながら，特に興味深い出来事をつくり出す，すばらしい喜びとなり，建築家を作曲家や物語の作家の心境に近づけることもできる。

しかし，最もすばらしい喜びは，貴兄のパインマウンテンの家*7のように，場所に由来する開口が，空間の内部の経験を構成する時に訪れる。ダイニング・テーブルで仕事をしていた時，視界の周縁に（いつでも気晴らしになる）三つの異なる眺めが，松林の奥に拡がってゆく可能性を備えた空間に，私は驚いた。左側の眺めは，太陽の光の当たる背の高い松の木を抜けて，彼方にある丘の青いシルエットに向かい，もうひとつの眺めは，下階のリヴィング・ルームを抜けて下り，険しい渓谷に接する窓の外に向かい，右側の眺めは，テーブルを横切り日の当たるデッキと逆光の中に見える松の葉の茂みに向かう。右と左にある一組の開口には，それぞれに何とはなくその先に何があるか予測のできる引戸があり，幅広いデッキに向かって開放されているが，ダイニングの空間の反対側にある。開口によって，空間は，すばらしく軽く自由になり，日中ならば，ほとんど何時でも，陽の光を取り入れるか，遮り日陰にするか，直ちに選択ができる。開口は，部屋の中の光の均衡を連続して保ち，側面から，そよ風をとらえる。一方，見下ろす眺めは，並外れているが，数多くの安易な途に迷い込んでいたら，この眺めは失われていたことだろう。リヴィング・ルームから見た時に，ダイニング・ルームが密閉されていれば，どこも見ることができない。部屋のあいだに設けられた開口が，今までどおり床から36インチの高さの手摺の所から始まれば，下が見える眺めはない。大きな窓は，リヴィング・ルームの右側の壁の低い所に設けられているが，真ん中に設けられていれば，簡素な独創性のない常套的な構造計算に順応するが，渓谷を見下ろす眺めはない。しかし，この場所の中で私の記憶に残るものは，まさしく間近にあるこの渓谷の眺めであり，それ以外の何物でもない。この大きな窓が部屋の隅になければ，建物の東側を渓谷の眺めに向かって下る通路のよう

主題 5　縁どる開口／前兆となるポータル

住宅, パインマウンテン, カリフォルニア州

に連続する開口や階段のすべてのつながりは, 意味がなくなったとは言えないまでも, 矮小化していたことだろう。

　眺めを縁どる開口は, 窓とは限らない。建物の構造体そのものの中に演出された溝, あるいは庭園に連なる壁の内に設けられた開口も, 眺めを縁どることはある。スペインのトレド*8 では, 街の縁近くにある最も重要な広場は, 高く持ち上げられている。広場の側面の中間の辺りに, 都市らしいこの広場の空間に形を与えているアーチの巡らされた建物があり, 彼方に広がる荒涼とした風景をアーチが縁どり, この土地のきびしい現実を忘れないように, カフェやボデガ*9 でのおしゃべりから生まれる丁寧な振舞いの中に突き刺している。

　カリフォルニア州サンタバーバラ裁判所*10 では, さらに壮大なアーチが, 建物の玄関近くの側面を開放し, 広い芝生の中庭に向かう通路となり, その向こうに聳える山の眺めを否応なく縁どる。この大きな身振りによって, 海岸から山を見るしつらい, スペイン文化の遺産の響き合い, そして, 芝生と対峙するアングロ文化の丁寧さが, ひとつの眺めの中に一緒にされている。もう何歩か前へ進むと, ピクチュアレスクな監獄と, コミュニティの祝祭にふさわしい露壇の芝生の眺めも加わる。様々な種類の開口は, 周囲の建物の壁を変調している。壁は, 小さく隠

サンタバーバラ郡裁判所，カリフォルニア州

されたものもあるが，その多くは，裁判所の法廷を結ぶ，戸外の通路に面している。すべては，郡の司法の中心となるものを芸術的に考慮しているのである。サンタバーバラから着想を借りて，私たちは，ワシントンD.C.のいわゆるポータルサイト*11 にふさわしく，首都(キャピトル)に付属したポータルの縁どりを想い描いたことがあった。それは，この都市のイメージの中心となる辺りの場所の経験に構成を与えながら敷地の開発を組織する際に，役立つものであった。

主題 5　縁どる開口／前兆となるポータル

ポータル・サイトのスケッチ，ワシントンD.C.

● **親愛なるドンリン，**　サンタバーバラのアーチやあなたのワシントンのプロポーザルによって，あなたは，私たちをポータルの領域に引き入れた。ポータルは，この世界に，その向こうに，視界を開くだけではなく，その世界に参加する人を現実に歓迎する。

歓迎する行為，そして期待すべき趣意(メッセージ)，つまり精神的な高揚や紛れもない恐ろしさを伝える行為は，過去のほとんどの文明の中で建築の重要な機能であった。20世紀のあいだ，その重要な機能はわずかに不足し，人々が共通して抱く近代的な建物に対する苦情は，玄関の扉が見つけ難いという表現に込められた。それよりも前には，場所に入る行為に由来する芸術は，考慮されるべき関心を集めていた。エジプトの彫刻家は，石の墓の側面にポータルを彫り込み，旅立った精神だけが出入りできた。扉は，じきに嘆願者たちを受け入れ，内側の世界あるいは向こうの世界の様相を知らせる。フィレンツェの洗礼堂に付属するギベルティ[*12]のデザインした扉は，おそらく最も有名であるが，(私が大好きなヴェローナのサン・ゼーノ・マッジョーレ教会[*13]の扉のように)初期の傑作の中には，共有された記憶から生まれる世界の始まりの不思議が，より簡潔に示されているものがある。

西側の正面，シャルトル大聖堂，フランス

　趣意は，まさしくポータルの上にある必要はなかった。例えば，フランスのオータンの大聖堂*14 の玄関口の上には，天国の行為とはるかに動的な地獄の行為の違いを分ける荘厳な神イエス・キリストからの思し召しを受け取る場所がある*15。はるかに力強く静かなシャルトル*16 の正面では，柱がポータルの両脇に建ち，まっすぐな，まさしく石でできた建築の聖人たちの集まりを支えている。

　ポータルにも，建物から離れて自立する強さがある。ローマの凱旋門のアーチは，本来は勝利した英雄たちが通り抜け，凱旋する場所として造られたものであり，それ以外の人々は，通常は周りを取り囲み観察するだけであった。日本の鳥居も，立ち入ることの重要性を象徴するように自力で建ち，この役割を成しとげている。ローマの凱旋門のアーチよりも簡素で標準的な形の鳥居は，すばらしく詩的な高さにまで立ち上がることもできる。巨大な鳥居が満潮の厳島*17 に立つ様子は，すばらしい。厳島は日本の内海にあるが，この場所は船が通り抜けるのは難しい所にある。

　はるかに控えめな所では，（特にいくつかの都市の）住まいの玄関の

主題 5 縁どる開口／前兆となるポータル

古代ローマの広場(フォルム)／フォロ・ロマーノ*18, ローマ, イタリア

扉が, 家の内側の特質の証しとなる。心引かれるジョージアン様式ですべての扉が構成されたダブリンの市場のポスターは, よく知られている。コネチカット州の小さな都市であるストニングトン*19 では, 19世紀の初めに大きさも控えめであまり深みはないポータルの卓越した収集品が集積し, ポータルのあるべき姿について人々の合意は揺るぎないものとなっていた。しかし, 個々のポータルは, 職人の配慮が特別な場所に適応されて生み出された, 独特なものである。

ポータルは, ポーチを要求することもあり, その時には, 立ち入る過程は, どれほど短くとも時間の中で起こる何かになる。アメリカのポーチは, 空調機器ができる前は特別な場所であり, その公共性のある領域は, 家族が専用し腰掛け新鮮な空気を求め隣人と優雅に挨拶を交わすことができる場所であった。ポーチは, 固有なエネルギーにあふれた幾何学の展示の所となり, 住まいに暮らす家族たちの肖像画をかける所となることもあった。

木は, 19世紀の中葉から20世紀の初めにかけて, アメリカの家庭的な建築の中で際立って用いられた。木は, 空想にあふれた展示の際に, 内部でもなく外部でもない移ろいやすい構造をつくり出す際に, 特に上手

バンガローのポーチ，テキサス州

に役立った。木の部材を旋盤の上で回転させて，輪郭に変化を与え，平坦な板にドリルで穴を開けてパターンをつくり，板の縁に渦巻きの模様を精緻に加え，あるいは木の構造体を組み立て，入口の軸に沿った通路を囲むようにしながら，大工たちは，マサチューセッツ州マーサスヴィニヤード島のオークブラフス[20]のメソディスト教会のキャンプ地に小さく控えめなバンガローを建てた人たちのように，装飾の腕前をポーチに投資し彼らが取り入れた簡素な構築の手段を十分に超えた，熱意と想像力による言葉を話しかけてくる。ポーチは，キャンプの街路に並ぶアンサンブルとなり，コミュニティを賛同する精神から生まれた物語を生

オークブラフス，マサチューセッツ州

主題 5 縁どる開口／前兆となるポータル

ヅィンマーマン邸, ヴァージニア州

き生きと語りかける。

　ウィリアム・ターンブル[21]が設計したヴァージニア州フェアファックスのヅィンマーマン邸[22]の周りを囲む格子でできた大きな壁と太陽の光を遮る何層にも重なるポーチは，もうひとつの例である。ポータルが，大胆なポーチに変様し家の声となり，その家の大きな形は，場所を追想する私たちの心の中で響き合う。フロリダ州シーサイド[23]のポーチは，さらに慣例を踏襲し，場所に由来するカデンツァを大いに設定し，まさしく初期の南国の建築の要素には率直に心に訴えかけるものがあった様子を発見する楽しさによって，熱帯の気候の新鮮な空気から生まれるあの誘惑が，この辺りにも，重なり合わされている。

　最も楽しげなポーチは，おそらくニューヨークの建築連盟のために私たちが協働して準備した展覧会に出展された，アリス・ウィングウォール[24]が様々な観察に基づいて想い描いたストラットフォードの断片[25]のようなポーチであろう。それは，ポータルや車輪に沿っていくつにも分割された（可動の建築物は，フォルクスワーゲンのバスに似た階段のように仕上げられた）ポーチ・バスで，太陽の軌道，季節の趣き，あるいは現在の近隣の状態に従って，位置を変えることができるもので

ポーチ・バスのスケッチ，画：アリス・ウィングウォール

あった。

　至る所に見られる古典的なペディメントが，公共的な建物の正面を飾り正統性を主張するのと同じように，ポーチは，奥に控える社会的な施設を紹介する時には，厳格で形式的で威嚇的になることもある。またキンベル美術館のように，ポーチは，建物の内側の特質を明確に説明することもできる。キンベル美術館では建物の優雅な構造体のモデュールが，開放された戸外の送迎のポーチの中に露に並び，場所を構成しているスケール，方位，そして構造の明快さを直接的に記憶に残るように語りかけている。

　開口が，建物の眼ならば，ポータルは，口であり隙間であり，その向こうにあるものを最も伝えることができる。

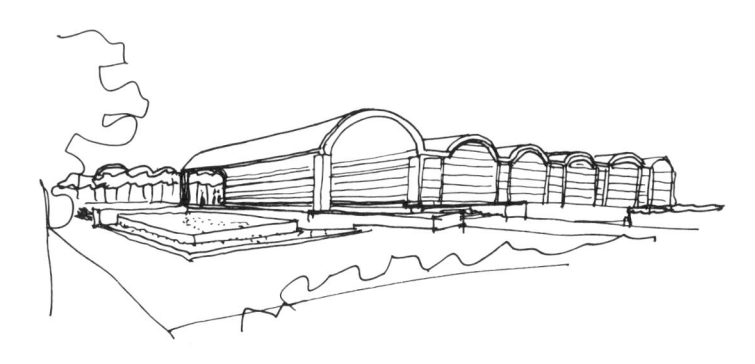

キンベル美術館，フォートワース，テキサス州

主題 5 縁どる開口／前兆となるポータル

芸術アカデミー*26, フィラデルフィア, ペンシルヴァニア州

ニューポート，ロードアイランド州

6 包囲する屋根 / 中心となるキャノピー

主題 6 包囲する屋根／中心となるキャノピー

水平の屋根は、雨を集め雨漏りすることが多い。斜めの屋根は、雨をよけて家の外を流れ去る水に合流させる。それだけではなく、斜めの屋根は、眺める人に建物が聳え立つ大きさや拡がる方向に由来する歓迎の意を表す。そして、屋根は、建築家に品位のある構成を授ける。屋根も、要約すればキャノピーである。四本の柱をキャノピーが覆う繊細な園亭である小神殿（アエディキュラス）は、人間の歴史を通じて、キリスト教の聖人、ヒンドゥー教の神、ユダヤ教の新婚の夫婦、そして男性らしさが拡張されていたエジプトのファラオの家の象徴であった。そして最近では、小神殿は、庭園のガゼボとなり、楽団や演奏台や家主の家の象徴でもある。私たちは、小神殿のような四柱式の寝台が、世界の中心を創造する最善な形態であり、世界の前提となる広がりの中にある家族にふさわしい形態だと信じている。

親愛なるドンリン，　私にとって，建物の中で最も刺激的な部分は，屋根である。まず第一に屋根は，建物の範囲と形を描写し，街の中で場所を定める手助けをする。そして，屋根は，平面図の幾何学を確立するように誘導する原則となり，デザインの全体の過程に秩序をもたらす手助けをする。

　字義どおり「包囲する屋根」は，建物を包囲し覆いを架け建物を描写する，物理的な行為に関係がある。象徴的な意味で「包囲する屋根」は，建物の用途と価値について多くを語りかけてくれる。慣習の数々は，遠い昔に確立されていた。ギリシアの街の長老には切妻の屋根が与

設計競技のために描いたスケッチ

えられたが，その他の人々の家は水平の屋根であった。長老は，伝統的に正面のポーチの柱のあいだに架かる切妻の屋根の下に腰掛け，正義を施行し統治した。それは，屋根の形によって独特な場所の中の位置によって強められていた。それから何世紀も後のヘレニズムの時代には，神性は王制と混淆され，生きている身体は，彫像に代わり，彫像は，屋根の頂の下にいる人物よりもはるかに高くなり，「お目見えの窓」の中にある。

　丸屋根，尖塔，入母屋屋根，隅棟，小屋などの独特のシルエットは，建物が特定の広がりを備え独立した重要なオブジェとして確立される手助けをする。私たちは，建物がどこまで広がるのか，建物が何であるのか，ある程度まで見ることができる。どの建物でも，最もはっきりと眼に見えて記憶に残るありさまは，シルエットである。めざましいシルエ

主題 6 包囲する屋根／中心となるキャノピー

トリニティ教会, ニューヨーク, ニューヨーク州

ットは，その構築物に独特の重要性を賦与する。例えばニューヨークのウォール・ストリートにあるトリニティ教会*1 は，勾配の急な切妻の屋根と尖塔を備え，両脇に建ち渓谷をつくる摩天楼よりも存在感があり，近くにあるトレジュアリイ・ビルディング*2 の切妻の屋根の神殿も，周囲のはるかに背の高い建物よりも格段に優れている。

　屋根は，建物が包囲する広がりを描写する。このことが認識され，描写を操作する可能性が生まれる。強調する括弧のように振る舞う屋根をいくつも配置すれば，数多くの建物を，ひとつの建物のように読み解くことはできる。あるいは，ひとつの屋根で覆うほうが望ましい空間より大きな建物は，数多くの屋根で覆うこともできる。ルイス・カーンが計画したニュージャージー州トレントンのユダヤ教コミュニティ・センター*3 の計画案は，実現しなかったが数多くの子孫を残した。この案は，把握しやすい大きさの柱間(ベイ)で構成された建物ひとつひとつに，ピラミッ

(ルイス・カーンによる)トレントンのユダヤ教コミュニティ・センター・プロポーザル

ド状の帽子を被せたような様子を描写している。カーンが設計したテキサス州フォートワースのキンベル美術館も，同じように並行する独特のバレル・ヴォールトが連なり，別々に光を採り入れ屋根のヒエラルキーを抑えている。その建物の中にある不思議な魅力（確かにその建物には不思議な魅力がある），つまり細い溝のあるヴォールト屋根がテキサスの昼間の光を採り入れ，反射し速く動く小さな雲の影であふれている様子は，建物を包囲する屋根を消滅させたことに由来する部分もある。

　キンベルは，周縁にある偉大な建物である，と私は思う。しかし，私が特に魅せられているものは，その対極にある様々な状況を包囲し覆うだけの簡素な屋根の形である。それは，1962年にカリフォルニア州モントレイ郡のジョブソン氏の山小屋*4 を設計した時に始まった。小さな家の中心となる天窓の光が入る小神殿（アエディキュラス*5）から，ピラミッド状の屋根が四方に下り，4本の柱の近くに睡眠のための

中2階を設けることが可能となり，そこから小さなダイニングに向けて，背の高い釘のようなセコイアの木々に面した垂直の様々な窓がまっすぐに下り，さらに幅広くさらに低い腰掛ける領域に向けて，ベンチを覆う窓が水平に延び，さらに低い位置にある小川に渡されたデッキに面するドアに向けて下る。私たちは，同じ考え方を（入選はしなかったが）カリフォルニア州知事公邸の設計競技の応募案でも試みてみた。この案では，巨大な寄せ棟の屋根を手前で切削することによって，2階の応接間に背の高い窓を設けることが可能となり，1階の居室を覆うように四方に低い軒を延ばし，ガレージを窓周りから突出させている。どちらの計画案でも，屋根は，建物を描写し（中心との隔たりの）位置と高さが直に関係する力強い原則を行使している。私たちは，ジョージア州サン・シモンズ島のホテル・ザナドゥーヌ*6 のために，大きな寄せ棟の屋根を提案したが（建てられることはなく），1989年にようやくウィスコンシン州ラシーヌに大きな屋根の家を完成させた*7。背の高い寄せ棟の屋根が，対角線状の形態の上に広がり，2階のリヴィング・ルームから四つの翼部に向けて下り，広がりに応じて低くなってゆく。

屋根を構成することもできる，すばらしい素材についても，述べるべ

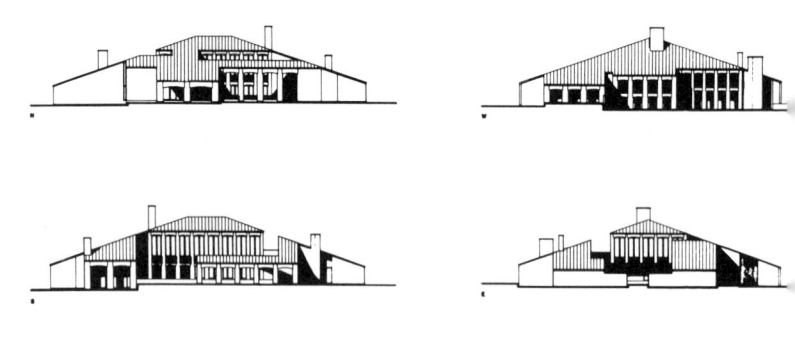

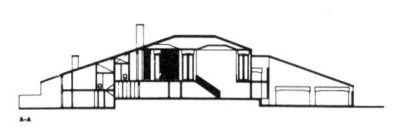

カリフォルニア州知事公舎，設計競技計画案

ジョンソン邸, ラシーヌ, ウィスコンシン州

きだろう。それこそが, 私たちの記憶に場所を与えてくれるからである。地中海地方の円筒形の屋根瓦が想い浮かぶ。北欧のスレートは, スイスのアルプスやノルウェーに見られるように, 時に巨大である。日本やイギリスに見られる茅葺の屋根は, しなやかで柔らかなシルエットになる。そして, 滑らかなアメリカのシングルは, 小さく切られて魅惑的なパターンになる傾向がある。スタンフォード・ホワイト*8 が設計したロードアイランド州ニューポートのカジノ*9 の塔には, 少なくとも5通りのシングルのパターンがある。カリフォルニアの納屋は, 長いシングルである。そして, 私は, トタンの波板が大好きである。子供の頃, 私は, (未だ訪れたことのない) オーストラリアのポートダーウィンで, 亜鉛メッキの波板を集めて監督教会*10 の大聖堂の建物のデザインを依頼されることなど空想していた。

　魅惑的な屋根並みが, これまでにいくつも建てられてきた。(「内に宿る縁(えん)」でも触れる) シャンボール城*11 の煙突や小塔 (タレット)*12 から生まれる夢のような世界。煙突が高く聳え, まるで人間が屋根の上に並んでいるように見える。あるいは, またノイシュヴァンシュタイン城*13 のように, 中世の騎士物語に心酔していたルードヴィッヒ2世のお伽話の宮殿は, 私たちの想像力が普遍的であり多様であることを思い知らせてくれる。世界中の子供たちが, 屋根の架かる心地のよいオウチの絵を描くことができるように, 誰もがお伽話に出てくる宮殿の様子を知っている。

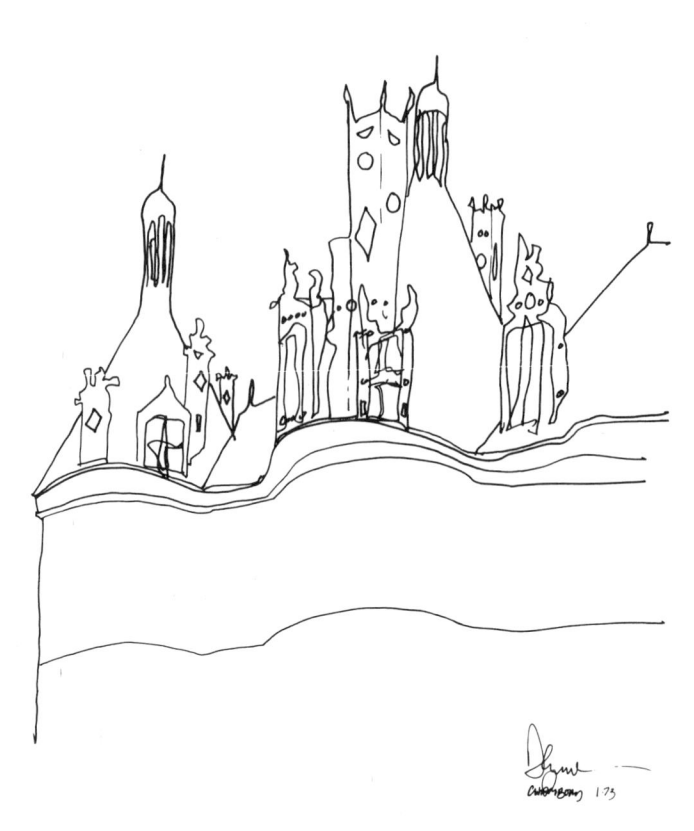

主題 6 包囲する屋根／中心となるキャノピー

シャンボール城の屋根の上，フランス

ノイシュヴァンシュタイン城，ドイツ

主題 6　包囲する屋根／中心となるキャノピー

● **親愛なるチャールズ，**　この記憶の室内の議論の中で，私たちは，屋根が架かる内側と似た空間を忘れてはならない。私たちが頭上に見るものは，位置を確立する力強い手段にもなる。丸屋根の中心，ヴォールトの交差，荷重を支えている様子が眼に見える複雑な構造体などは，どれもみな，私たちが構築物の中で自分の位置を判断する際の手掛かりとなるものである。

　歴史の中で頭上に確立されてきたパターンは，この点で特に説得力がある。床の上では，人，家具，そして設備などが境界線をあいまいにすることが多いが，上にある空間の輪郭線は，視覚的に塞がれることはなく通常は明晰であるからである。ヴォールト，丸屋根，あるいは3次元的な形の縁は，容易に把握し概念化できる。貴兄は，『家の場所*14（邦題：住宅とその世界）』の中で，私たちがこの点について指摘し，頭上の空間に深くとどまる複雑で象徴的な形は，床の上で毎日活動する人々を妨げていない様子を観察したことを思い出すだろう。私たちは「神話は床から離し上に高く掲げ」機能という動脈を塞ぐことなく，新たな興味や意味を展開させるように提案した。

　上にある空間は，特に高い所にある時には，はっきりと眼に見えるが，通常は視界の円錐形の外側にある。その結果，上にある空間を注目させる必要があり，物理的に頭を上に傾けさせる行為が必要となる場合も多い。上にある空間の形は，通常の視野の外側にあるが，上を見上げ，注視する視野の中心を上に移してみると，並外れて生き生きとした律動的な様子が見える。そして，私たちは，その形が示唆する量感の内側にいる自分の位置を知る。

　人々や様々な用途を積み重ねるために建てられた建物では，小さな敷地の上に数多くの層が高く重なり，上にある空間の生まれる可能性は減少し，建築家は，天井が上階の床の裏側にも優るものであることを忘れ，さらに正確に表現するならば，天井は，かさばる構造体，ダクト，配管，照明器具，そしてスプリンクラーで満たすために技術者に譲り渡された充満状態の空間の裏側にも優るものであることを忘れてしまう場合が多い。しかし，高層のオフィスビルでも頭上の表面は，技術者の戦利品と化していた忘却の空間から救済され，場所づくりに効果を発揮する趣向となることもできる。格天井や浅いヴォールト天井は，戦略的に定められた位置に彫り込まれ，前室をつくり，ランドマークとなる特別

パッツィ・チャペル，フィレンツェ，イタリア

な空間を強調し，仕事を行う一般的な空間の流れの内側の場所に，解りやすい構成を与える手助けをする。

　空間の量感は，初源的な小屋のように，祭り事を行う丸屋根のように，地面から空の下側に届き，世界の中に自分の場所を標す特別な力が備わる。例えばフィレンツェのパッツィ・チャペル*15 では，丸屋根とともにペンデンティヴ，ヴォールト，そして円形の透かし彫りが，球形から生まれた音楽の調べを奏でているかのようである。ヴォールトの空

間は，私たちの世界では，あまり見かけることはないが，その表現の潜在力は，今も重要な場所に特別な意味を与えるために用いられている。また，ヴォールトは，大きな玄関ホールの中に屋根のように置かれ，その上に塔のように重なり，あまり幸運に恵まれない部屋の数々は，その玄関の固有性を拝借している。

このような空間の中でも，19世紀の最もすばらしい空間のひとつが，大きなヴォールトで覆われ天井に星座のパターンのようにダウンライトが埋め込まれているグランド・セントラル・ステーション*16のコンコースである。この空間は，高遠として眺めは壮大であり，ニューヨークという都市の最も重要な公共空間の中のひとつとなり，あらゆる人の描くマンハッタンの地図の結節点である。

このように眺めの大きな部屋は，都市の中でもあまり見かけることはなく，大きければよいというわけでもない。巨大な都市でも，焦点となる場所は限られてくる。マンハッタンの南側にあるバッテリー・パーク・プラザのウィンター・ガーデン*17 は，ごく最近試みられた非常に背の高いガラス張りのアトリウムであり2本の塔の足元から滑り出てきたような様子に見える。このガラスのギャラリーは，その幅いっぱいに延び，太陽の光を濾過し，極めて不定型な空間の中に採り入れている。光は，数層のショッピング街に漏れ入り，ガラスを通り抜けて戸外の歩行者の散策路に届く。このようなガラスのアトリウムは，ある感激を心に焼きつける衝撃的な価値を備えた，非常に脚色された空間となる。しかし，透明なイメージには，あいまいで把握し難い所がある。それは，おそらく，意図的に与えられた営業促進をめざす普遍的な衝撃力であり，専門店の空間を目立たないようにして，隣接するすでに確立された地域のランドマークとなるあらゆる空間の影響を拝借している。この空間の目的は，複合施設を広さと光から生まれた揺らめくイメージで包み込むことであり，建築の歴史を支配してきた明晰で中心的な地区をつくり出すことではない。

私の本の中で，大きなキャノピーで覆われた最も大きな部屋は，ハギア・ソフィア*18 である。このハギア・ソフィアが，当時，最も偉大と思われていた理念に奉仕するために建てられたのは，もちろん偶然の一致ではない。キリスト教の神に敬意の念を表し532-537年に東ローマ帝国の皇帝ユスティニアヌス*19 が建設させたハギヤ・ソフィアは，その後

主題 6 包囲する屋根／中心となるキャノピー

に何世紀ものあいだオスマントルコ帝国のイスラム教の聖なる空間として使われた。

しかし，ハギア・ソフィアの空間から生まれる超越性は，内側に奉られている教義とは関係ない。その超越性は，むしろこの構築物を築いた人々が，巨大な量感を囲い込み相互に結合するヴォールトの量感の連なりをつくり出し，空間を横切るように石でアーチを渡した驚くべき大胆さに由来している。ガラスのモザイクで覆われた表面は，柔らかく連続する煌めく膜のように，環状に並ぶ開口から流れ込む光の線によって，最も上にある丸屋根の基壇の辺りで切断されているように見える。この最も上に広がるキャノピーは，床のはるか上にあり，明らかにヴォールトを架けたすべての努力から生まれた頂点であり，常にこの場所を経験する手掛かりとなり，空間の中を移動する時に眼が絶えずその表面を追跡してゆく。この幾何学は，脇のヴォールトや量感のある窓間壁の下を通り過ぎる時にも，心の中にとどまる。

丸屋根よりも求心的なものはない。すべての表面は，焦点となる中心を指示する。表面がハギア・ソフィアのように非常に高く薄く大きい時には，包み込む様子が生まれ，その下にあるすべてのものは，庇護されているような雰囲気を感じる。表面が低く小さく縮められたキャノピー

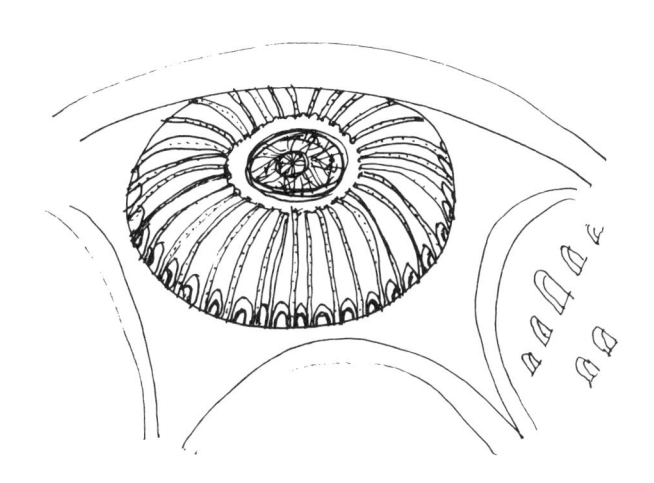

ハギア・ソフィア，イスタンブール，トルコ

主題 6　包囲する屋根／中心となるキャノピー

ハギア・ソフィア，イスタンブール，トルコ

の場合には，さらに正確に焦点が中心に合わされ，中心となる場所がひとりの人間によって占有されることもある。E. ボールドウィン・スミス[20] の研究によれば，古代の芸術に見られるキャノピーの初期の表現は，首領や国王の頭の上に掲げられて日陰をつくり地位を示す祝祭的な覆いとなるように描写されていた。キャノピーと中心と占有者の関係から生まれる幾何学は，まことに根源的なものであり，数多くの文化の中でいくたびも繰り返されている。例えば丸屋根がいくつも見られるムガール王朝の墓では，外側にある丸屋根は，中心に安置された王家の遺体を奉る標となり，あるいは宗教的な建築に由来する小さな神殿のミニチュアでは，四本の柱とキャノピー（あるいは，それが彫刻や絵画で表現されたもの）が，聖人，精神，あるいは神聖な場所に由来するイメージを縁どる。

　キャノピーのミニチュアは，私たちを再び小神殿に誘い，ジョン・サ

ムガールの墓，インド

マーソン卿*21 が展開した建築における「あたかも (as if)」という仮定法の議論へと誘う。著書『天上の館*22』の中でサマーソン卿は，建築の内側に建築のある表現のミニチュアの効用の歴史を解説した。彼は，ポンペイの壁画が，空想的な構築物，多くの柱，楣(リンテル)，アーチ，キャノピーなどの構造体でできたフォリーであふれていた様子を調査した。このような趣向は，窪み(ニッチ)に受け継がれ，神話の人物を住まわせ，さらに

ヒンドゥー教の寺院のキャノピー

装飾的な枠組みに受け継がれ，啓蒙的な手稿を囲み，さらにサマーソン卿も満足しているように，ロマネスクの建築に引き継がれていった。このようにして，窪み，トレーサリー，そしてヴォールトの体系は，（様々な力や衝撃による支援も加わり）ついには精緻なゴチックの骨組みに到達した。数多くの層が重なり合うひとつひとつの柱間は，天上にキャノピーが舞う4本の柱の周りを囲むものなのだと想像することもできる。天上の都市となるすべては，軽やかで，多彩で，輝かしい。

サマーソン卿は，このようなモチーフの繰り返しを，子供の遊び道具や成長する家具でできた大きさの変わる空想のお家に喩えた（彼はピアノを例として取り上げたが，テーブルや布で覆われた椅子の方が現在ではありふれているかもしれない）。このように，子供たちは，自分のスケールの世界を求め，普遍的に自分が十分に適応しない大きな世界の中で自分の存在を拡大する。

建築でも，同じような趣向を用いて，それ以外の趣向では統御することも難しい天国のような大きく広い領域を，心に招来させてきた。それは，キリスト教の古典的な伝統に限られるものではない。ヒンドゥー教の神殿の塔の形態は，神聖な都市を想い起こさせると同時に，ヒンドゥー教の神話の極致であるメール山の頂に連なる聖なる山々を連想させるように配慮された縮景(ミニチュア)を，複雑に写しとりながら精緻につくられたものである。

しかし，子供のお家のように身近に置かれた構築物には，さらに連想的な力がある。構築物の様々な要素を実感できるように身体に近づけると，ますます建物に包囲されたように意識される。透視画法の効果も，様々な要素を手元に近づけ，視野の中で支配的な役割を担うように仕向けている。その効果は，支配的だが安定していない。遠くを眺め位置を変えれば，この衝撃を取り除くことも変更することもできる。縮められた構築物の内側にいることが，自分の動きの重要性を拡大する。それも，お城の王様になるもうひとつの方法ではある。

アーグラ郊外のスィカンドゥラにあるアクバルの墓*23は，小神殿のありさまをどちらも巨大にしたものである。この他に類を見ないすばらしい作品は，インドの伝統である，この地に固有なヒンドゥー教の伝統とアクバルの先祖が少し前に採り入れていたイスラム教の伝統が溶け合う，並外れた構築物である。墓は，階段状のピラミッドである。各層の

海岸の神殿*23，マハーバリプラム，インド

主題 6 包囲する屋根／中心となるキャノピー

Mathas
Mahabhipum
Shre temple

海岸の神殿，マハーバリプラム，インド

アクバルの墓，スィカンドゥラ，アーグラ，インド

縁は，小神殿の園亭によって標され，園亭と園亭のあいだに空間が確保され，隅部と中心には卓越性が与えられている。このように園亭は，ヒンドゥー教の神殿の根本的な構成のパターンに従い，宇宙的なマンダラのダイアグラムの上に配置され展開し，舞台は後方に退き，直交し対角する軸線の上で様々な形態の操作が行われている。ヒンドゥー教の神殿は，字義どおりに，すべての縁に小さな小屋が並ぶ階段状のピラミッドのイメージで建てられていることがある。この墓では，このようにムガール王朝の統治者たちを統合するのに最もふさわしく，小屋の代わりに優雅な四本の柱の園亭が置かれ，一層イスラム宮殿に固有な姿になっている。その軽やかな構築物の上に，見事なキャノピーが賦与され，ディテールが彫刻され，暗黒の神秘的で初源的な力よりも，涼やかなそよ風，詩作，そして戯れが暗示されている。それは，まことに壮麗な場所であり，そこから，庭園を眺めることができる。園亭は，私的な繊細な構築物であり，周囲に開放され，それぞれに中心を定めながら，明らかに大きな秩序に従って配置されている。優れた教育を受けた人たちは，その配置とともに宇宙を包囲することができた。

墓の頂の露壇は，その他の露壇と異なり，縁がアーケードと繊細な大理石の穿孔されたグリルの壁で囲まれている。下の露壇は，中心に踏み込めない量感があり外側を眺める赤い砂岩でできた場所であるのに対して，ここは，内側を眺める空虚な（とはいえ二つの石棺がある）隔離された場所である。この頂の階の中庭に備わる氷のように一意的な完璧性は，外の世界の眺めを遮り，下の露壇にある数多くの縮景や楽しげなシルエットを承知したうえで，それらとは対照的な様子で，依然としてすばらしい直交軸で構成され，庭園の原則に従っている。かつては繁茂していた庭園には，今でもこの宇宙の縮景がある。

サマーソン卿は『天上の館』で，小神殿は過去のものとなり，近代の建築は，近代の生活の現実の問題を調整する際に，その調べがあまりにも真面目になり過ぎて，想像力にあふれた戯れにエネルギーを費やすことができないのだと示唆した。私たちも当時ではないがそう思った。それは，小神殿の不思議な魅力が，自分たちの様々な作品にとどまるように，私たちを急がせた時であった。そして私たちはこれからもそう思う。それは今ではなく30年後，想像力にあふれた戯れから生まれる力が，真面目な建築の中でより中心的な主題となるであろう時である。

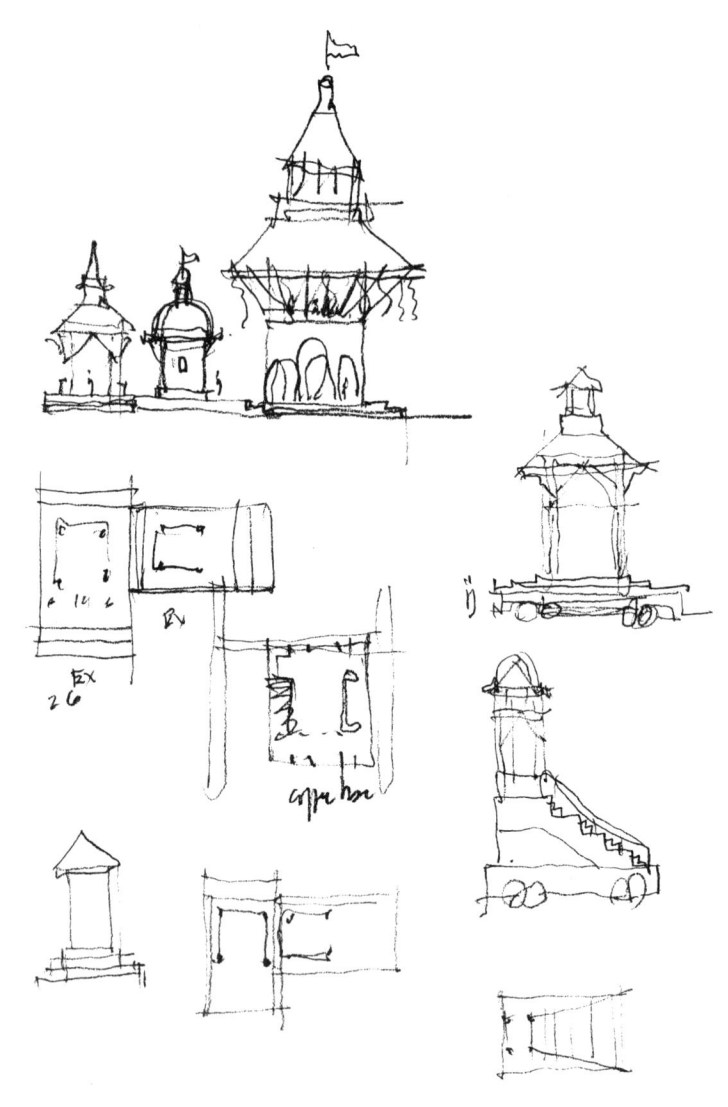

主題 6 包囲する屋根／中心となるキャノピー

設計競技のために描いたスケッチ

オリンピア，ギリシア

7 見渡す標(しるし)／内に宿る縁(えん)

主題 7　見渡す標／内に宿る縁

記念碑，塔，オベリスク，ピラミッドの類は，衆目を見渡し，中心を標し，空間の権利を主張し，その隣にあるべきものを私たちに伝える。あまりにも多くの標が競い合う時，本当に重要な標が陳腐化されあいまいにされ，標のインフレーションが誘発される危険もある。身近なスケールでは，家具，彫像，円柱，煙突など人間の大きさに近いオブジェが，占有する人々の仲間となり，私たちが場所の内に宿り住まう手助けをし，私たちが不在の時，私たちの代理を務める。

親愛なるチャールズ， 縁となる境界は，領域を統御する最も世俗的で最も決定的な手段であるが，最も目立つのは，標である。旗竿，オベリスク，そして塔は，すべて重要な形をした屋根と同じように，立ち上がり，数えられ，居住する人々の代理となり，衆目を見渡し領域の中心を標しながら，土地の権利を主張する。

ガルゴンザは，貴兄が指摘したように，隙間のない城壁が組み合わされ，周縁に正確できびしい限界を与えている。城壁は，周縁を実体として確立し，外からも内からも，この場所から生まれる経験を堅く統御し，物語の本に出てくるようなガルゴンザの塔のきびしいシルエットは，その周辺に自らの権利を打ち立てている。

しかし，それは，この塔が，非常に特別な並外れた形をしているからではない。ガルゴンザは，トスカナ地方の塔のあるべき普通の姿を19世紀に完璧に再構築したものである。塔として聳えている所が重要である。塔は，街を支配するように立ち，遠く離れた街から見られることも（街を監視することも）できる。塔は，城壁と同じように，かつては防御に決定的な役割を担い，今では主に固有性を表明する標となり場所の中の自分の居場所を計測し，大きく動く影によって時間を測定する時に必要な中心でもある。

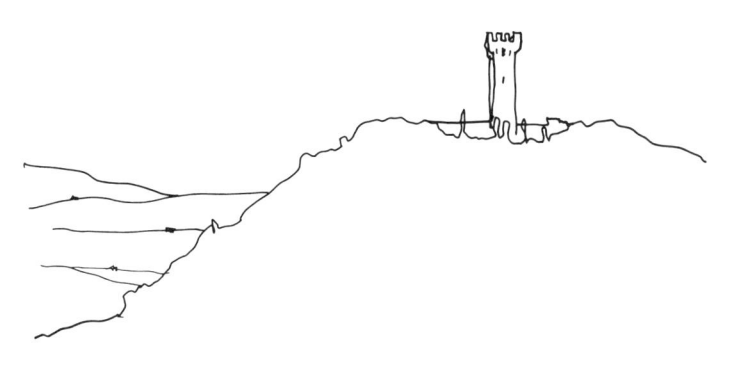

カステッロ・ディ・ガルゴンザ，イタリア

主題 7 見渡す標／内に宿る縁

　さらに精緻で，さらに高く，さらに優雅な塔が，ガルゴンザに匹敵する標となり，シエナの中心に象徴的に立っている。シエナの塔は，都市の丘の頂からではなく，都市の窪地から立ち上がる。トッレ・デル・マンジャ*1 が，カンポ広場からこの並外れた高みにまで立ち上り，丘の頂の上に建つ大聖堂*2 の丸屋根(ドゥオモ)のすばらしい姿と肩を並べているシルエットは，遠くから眺めることができる。それは，市庁舎(パラッツォ・プッブリコ)の隣に塔を築いた誇り高い寡頭制の行政府*3 にとって重要な問題であったのだろうと私たちも思う。シエナの数多くの権力のある家系は，塔に見渡す存在感があることを正しく理解し，塔を築きコミュニティの中での立場を表現していたことを，私たちは知っている。そして，自治都市(コムーネ)が，おそらくは反逆罪，あるいは政治的に妥当性を欠く協働を行った罪で，ある家系をきびしく処罰しようとする場合には，その家系の塔を倒壊させたことも私たちは知っている。復讐は，復讐を招き，常習となり，塔はごくわずかに残されるだけになった。トッレ・デル・マンジャと大聖堂のあいだに生じる緊張した平衡状態を妨げるものは，今は何もない*4。

　しかし，近くのサン・ジミニャーノ*5 では，房のように集束して建つ数々の塔が，今でもこの都市に忘れ難いスカイラインを与えている。都市の屋根の上に高く聳える組石造の細い柱塔の数々は，無秩序に並置されている。このように混乱した威厳の中に建つ塔は，様々な寺院の塔が集まり汎神信仰を組み立てている北インドのカジュラーホ*6 やブバネーシュワル*7 の神殿の複合建築に通ずるものがある。サン・ジミニャーノの組石造の塔の内部は，部屋ほどの広さがあり空洞である。北インドの塔は，塊に近く人間が使える空間はない。それは，簡素で純粋な標であり，下に置かれた四角い石室に収められた小さな仏たちの像から生まれる様々な生命の力が石に具現されている。ひとつひとつの仏は，その周りの領域の権利を主張し重なり合い，様々に存在感を組み立て，強いエネルギーと意味のある神秘的な広がりをつくる。

スカイライン，シエナ，イタリア

サン・ジミニャーノ，イタリア

　ヒンドゥー教の神殿の山頂（シカラ*8）の塔は，特に標として効果的な形に進化し，その特有のシルエットは衆目を見渡し，構造体の角や表面を調整する形態を細やかに反復させながら見渡す力を拡張し，支配する力のある様々な姿のシルエットを想い起こさせながら，礼拝者たちを基壇の下にまで近づけてゆく。

　ヒンドゥー教の神殿の都市は，オフィスの塔がその立場を競い合う現代の私たちの都市の姿と似ている所もある。ヒンドゥー教の複合建築の階層は，明晰であり，私たちの都市の中で競合する商業施設のスカイラインは，確かに明晰ではない。

　現代の商業施設の塔は，複合された趣意（メッセージ）の犠牲となる場合が多い。背が高く生まれつき見渡す存在である塔は，誇り高い望みを抱くオブジェである。しかし，アメリカの多くのダウンタウンに建つ塔は，都市を築く類型のひとつであり，理念的には近隣の市民の一員でありたいと望む建物である。標となるために，建物は，他の建物から離れ，遠くから自立したシルエットに見えるように，通常は隣と近接していても緩衝の空間を設けなければならない。その結果，第二次大戦の後に豪雨のように建てられた塔状の商業オフィスビルは，基壇に空虚なプラザを備え建物と建物のあいだが離れ過ぎて混乱し，街路とは拮抗する眺めの空白な空間をつくり出してしまった。1920年代には，細身の標となる塔の頂はスカイラインの中で目立つように場所の固有性を示すように伸び，しか

主題 7 見渡す標／内に宿る縁

シカラ，ブバネーシュワル，インド

し建物の塊は街路の縁を築き共有された都市の空間に隣の壁と区別し難しい形を与えることを助長するように，数多くの建築家たちが建物を正しく構築していた。このアプローチには，すばらしい礼儀作法がある。都市の中で目立つ標は，建物の存在を表現するが，それは，街路を行き交う人々の注目を集めるためではない。ボストンにあるユナイテッド・シュー・マシナリー・ビルディング[9]は，そのような事例の中でも私の大好きなもののひとつである。ニューヨークのクライスラー・ビルディング[10]は，今も最も優雅な建物であり，建物の頂部の先端が細くなり勢いのある優美な形となり，ニューヨークという都市を理解するのに必要なランドマークとなっているが，建物の基壇の壁は，マンハッタンの街路のカデンツァに優美に加わっている。

実際に脇に寄るべき標となっているのは，サンフランシスコのコイト・タワー[11]とフェリー・ビルディング[12]のような建物である。テレ

ユナイテッド・シュー・マシナリー・ビルディング，ボストン，マサチューセッツ州

グラフ・ヒルの頂にあるコイト・タワーは，眺望がよく公共性も高く最も華麗な場所を標し，湾の周辺地域の情緒の中心であると言ってもよい。フェリー・ビルディングは，橋が架かる前からサンフランシスコとその周辺のベイ・エリアのコミュニティを結ぶコミューティング・フェリーの発着点となり，都市の中で並外れた役割を担っていた。そして，今もそうである。大勢の人々は，この通路を抜けて街路や路面電車で外側と結ばれ，路面電車で坂の上にある都市の中に導かれていた。その尖塔は，勢いがあり当時はあまり見かけないほど背が高く，マーケット・ストリートのまさしく突き当たりに建ち，この都市の重要な場所の標であった。サンフランシスコには，今では高く大きな量感を備えた塔が過剰にあるが，フェリー・ビルディングは，マーケット・ストリートの軸線上にあり（市の条例で水の縁には高さ制限があり）水辺の高層ビルから遠く離れているために，直立し静止した公共性のある特有の標となっている。

131

主題 7　見渡す標／内に宿る縁

クライスラー・ビルディング，ニューヨーク，ニューヨーク州

● **親愛なるドンリン，**　貴方が述べた簡素で純粋な標は，私たちの時代の最も特徴的で演劇的なシルエットへと案内する。スカイライン。それは，もうひとつの役割を担う塔で構成されている。つまり，敷地の上に利用可能な（ホテルやオフィスとなる）空間を積み上げてスコアを稼ぐ役割である。しかし，敷地から隔たると，大きな都市の記憶に残る形を眺められる，というボーナスがある。ニューヨークのスカイラインは，最も有名である。優美な塔の数々が，都市の固有性を伝える様子を観察してみよう。シルエットをつくり場所に固有性や特質を与えるのは，建

コイト・タワー，サンフランシスコ，カリフォルニア州

物の頂部であることに留意すべきである。塔の基壇は，貴方も指摘した通り，街路の風景の中で最善の振舞いをする。スカイラインは，それぞれ自立した標となるようにデザインされた摩天楼の（計画されていない連鎖のような）アマルガムである。中には現実に標である塔もわずかにあるが，多くの塔は，特に最も背の高い塔は，「機能的な」空間となり，ほとんど偶然に標となってしまった。その意志決定の基礎となるものは，融資の結果であり厚顔無恥であり芸術であるが，玄人には到底承服しがたいものがある。ワールド・トレイド・センター*13 の背の高い直截な塔が，街のスケールを変更し，それまでの配慮を蔑み取るに足らないもののように思わせてしまう前は，ニューヨークはよい所だと私は思っていた。一方，ロスアンジェルスでは，新しい最も背の高いファースト・インターステイト・バンク*14 が，それまで極めてとらえ所のないように思われていたスカイラインの構成に尖塔を加え一貫性を与えてい

主題 7 見渡す標／内に宿る縁

る。サンフランシスコの人々も（1960年代や1970年代の暗い直截な箱のような，私にとってはトランスアメリカン・タワー*15 のような）他の塔とは違う目立つ部分に対して自意識が強く，細やかな新しい手法を設立しスカイラインのデザインを統御している。しかし，未だ建てられていないシアー・アルマジャーニ*16 が頂部をデザインしたシーザー・ペリ*17 の建物*18 のような例外もあり，頂部のデザインに関するデザインコントロールの積極的な効果は，未だに非常に明らかではない。

シアトルのスカイラインもすばらしく，特に背の高い二つの塔の風変わりな形が，周囲の低い建物とともにひとつの構成をつくり出している。私は，特にヒューストンの非常に背の高い建物の数々が好きである。それらは，凝縮された満足のゆくスカイラインとなり，象徴となる建物のない都市にふさわしいダウンタウンの象徴となっている。

南西部を車で横断した時の記憶を想い起こしてみた。多くの街に新しく端麗な細い20階建てくらいの高さの摩天楼が建っている（通常はひとつなので本当の標になる）。その中には，近年に建てられた太く背の高い建物の並ぶ街区の喧騒の中で，今でも繊細で優美に静止している姿を見せる，フェニックスのルース・タワー*19 のような塔もある。

ニューヨークやサンフランシスコの湾，シカゴの湖畔，香港やシンガポールの水辺。これらの都市のように，スカイラインを離れて眺める場所があるとよい。このような数多くの標がつくり出すスカイラインが，私たちの時代の最も記憶に残るイメージを形成しているのは確かである。

もう少し「見渡す標」の室内にいよう。私は，訪れたばかりのフロリダ州シーサイドのイメージに満たされている。シーサイドは，私たちの多くが育った街の見慣れたイメージの数々を用いて海岸の近くに街をつくる試みであるが，実によくできているように思われる。もちろん，ノスタルジアに耽溺しているとか，縮小された街のスケールは可愛らしさのきわどい縁に迷い込んでいるという批判もある。しかし，シーサイドは，数多くの理由によって成功している，と私には思われる。その中でも最も留意すべきは，「見渡す標」の巧みな用い方である。

慎重に統御され規模の縮小された街は，海から少し離れた陸地にあり，街を構成している家々の多くは，円蓋(クーポラ)を建ち上げ空の中の標となり，住み手は，そよ風の吹くデッキの上に立ち，そこから街や水を眺め

シーサイド，フロリダ州

135

園亭のスケッチ

ることができる。このアンサンブルは，標が多すぎて統御できないという批判を受けるのではないか，と私も想像する。おそらく，半分くらいの家には，望楼，塔，あるいは空の標となるような場所がある。しかし，家々が場所を標す衝撃は，とても真摯で熱意にあふれ，人は，容易にこの過剰を許し歓喜してしまうのである。カステッロ・ディ・ガルゴンザのように上から見る時の衝撃は，近くや遠くから見られる時の衝撃と拮抗している。この街のベルヴェデーレの数々は，例えばサン・ジミニャーノの塔に比べたら，はるかに控えめであるが，同じくらい熱烈さにあふれているので，慎重に統合され街になろうと大志を抱くこの海辺のヴァカンスの村の中で，最も人々の心を引きつける特徴のひとつとなっている。

●　**親愛なるチャールズ，**　標(しるし)は，大きな地形の中で旗のように立ち重要性を示しながら，社会的な施設，所有者，あるいは理念の領域を主張する。小さなスケールでは，標と同じように働く要素は，数多くあり，友好的な振舞いで場所を満たし，居住者の代理となる。

　その中でも彫像は，建物に居住する人々の最も明白な代理となる。彫像は，中世や古典主義の建物に姿を現す時，建物の上に立ち図像的な重要性を担い，場所に必要と思われる課題を配慮し，思い出すように私たちに迫る。そのように振舞いながら彫像は，場所に韻律を定め人物の大きさを示す。人物の大きさは，膨張されたり縮小されることも多く，その際には図像学の力やパトロンの財力が必要になる。建築と彫刻の融合は，長い様々な歴史があり，かつては近代主義の教令によってきびしく取り締まられていたが，今では不確実ながら修復に向かいつつある。フィレンツェは，都市に住まう彫刻の最も有名な本拠地である。それは，寡頭制の権力や市民の誇りの中心であるヴェッキオ宮殿[20]の閾の辺りにあるシニョリーア広場[21]に超大で完璧な姿勢で立つ，ミケランジェロのダヴィデ像[22]によって象徴されている。ダヴィデと彼の仲間たちは，時代や英雄主義から生まれた大きさを広場に加えている。私たちは，しばらくのあいだ，ジーンズや膝までのズボンの旅行者たちと英雄らしいプロポーションの彫像で賑わう領域に共に住まう人間となる。数々の彫像の中には，ヘブライの神話の人物[23]，身体の彫刻に完璧な

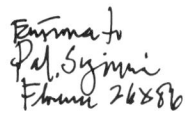

ヴェッキオ宮殿，フィレンツェ，イタリア

形態を与えた最初のギリシアの彫刻家，ミケランジェロ自身や彼と同じ時代を生きた人物たち，彼を激励したメディチ家の人々*24，そして，若い共和国の市民たちなどがある。ダヴィデ像は，この若い市民たちを象徴するために彫られた。

　フィラデルフィアの基礎を築いたウィリアム・ペン*25 の像は，彼が築いた公正な都市の中で，ダヴィデ像とは非常に異なる役割を担い，街路の中で市民とともにあるのではなく，市庁舎の塔の頂上に立ち，都市の中心を見渡している。最近まで，彼の像よりも背の高い建築を建てることはできないという市の条例があり，ディヴェロッパーの野心に対して，この特別な場所に似つかわしく完璧な限界を設けていた。もはや限界はなく，限界は破られ，この都市も他の都市と同じように，塔の複合建築が無秩序に好き勝手に建つようになる自由がある。しかし，しばら

主題

7 見渡す標/内に宿る縁

彫像，ルーアンの美術館*25，フランス

くのあいだは，景気の後退によって，高層建築を建てようという意気込みも静まっている。

　ボストンには，特に市民に親しまれている彫刻の見事な伝統があり，私たちは，この都市を観賞してゆくうちに，礼儀正しく置かれた様々な彫刻との縁を深めていく。民衆を先導した愛国者サミュエル・アダムズ*27 の像は，数多くの革命的な修辞学の本拠地であったファニュイル・ホール*28 と，この場面に新たに加わった大き過ぎる市庁舎*29 とのあいだに置かれた台座の上に立つ。ボストン・コモン*30 には，数多くの著名な人物の彫像が至る所に置かれている。ボストン・パブリック・ガーデン*31 の南の縁にも，市民に親しまれた名士たちの像が，あいだを置いて木々の中に見事に並んでいる。バック・ベイを西から東に横切るように，コモンウェルス・アヴェニューを散策すると，ほとんど街区を渡るたびに，通路に住まうその場に似つかわしい教訓的な人物たちが呼び止める。私の最も大好きなのは，奴隷廃止論者ウィリアム・ロイド・ギャリソン*32 である。彼は，通路の中ほどにある大きなブロンズの椅子に腰掛けている。台座となる石に，次のように刻まれている。

ポータル，ルーアン大聖堂，フランス

「私は，明言を避けることなく，釈明することなく，一寸たりとも引き下がることなく，真面目に意見を聞いてもらう所存である」。

　最近になると，高貴な感傷も似つかわしい縁も，伝導する力が薄れてきた。マグス・ハリエス[33]がウィットを交えて回想しているように，ボストンの伝統的な青空市場であるヘイ・マーケットは，いつも混乱しブロンズ色の紙や野菜のカスが踏み固められて通路の舗装のようになっていた。クラエス・オルデンバーグ[34]が抽象化したミッキーマウスは，ウィットのある可動のしっぽと本体が鎖でつながれ，中で遊びたいと想わせるほど大きな形となり，ヒューストン公共図書館の平坦で味気ないプラザに活気を与えている。捩れたものであれ，力強いものであれ，彫刻は，私たちの環境の中に思考の証しを移植し，人間らしい目的や人間に対する同情とともに場所は構築されていると信じたいと願う心持ちとの縁を結んでいる。

主題 7 見渡す標／内に宿る縁

　そのような様々な縁が生まれる契機は，開口の大きさや形，そして建物の表面の窪(ニッチ)みの中にさらに多く見いだされる。それは，今でも彫刻された居住者のいる19世紀の数多くの公共建築の窪みから，建物の窓や扉まで様々である。それらに助けられて，私たちは，場所に由来する構築物を用い暮らしに由来する数多くのきざしで表面に動きを与える人物を想い描くことになる。建物の中で人間の大きさに近づく要素の数々は，喚起的なものになり得るということは，ウィリアム・ターンブルがクリスマス・カードに描いたパラーディオ*35 のヴィラ・ポイャーナ*36 の玄関のスケッチが，見事に暗示している。(そぎ落とし支柱ではなく) 古典主義的な円柱は，この方法では特に効果的である。それをアリス・ウィングウォールは「人と親しむ円柱」と呼んでいる。私の大好きな円柱は，ヴァージニア大学*37 の芝生の境界となっている円柱であり，トマス・ジェファーソンは，学生たちの教室の前に広がる緑の縁に沿って，小さなトスカナ式の円柱を行進するように並べた。その小さな柱は，教授たちの住まいのポーチを形成する大きく威権のある秩序(オーダー)によって，等間隔に区切られる。その住まいには，様々な分野の教授が授業を行う教室も付属している。このように組み立てられた円柱は，他に類を見ないほど丁寧に端正な領域を確立し，親しみやすさと規範となる情熱が混ざり合う様子は，芝の上で行われているフリスビーやビアパーティーにま

ヴィラ・ポイャーナ，イタリア (スケッチ：ウィリアム・ターンブル)

ヴァージニア大学，シャーロッツヴィル，ヴァージニア州

で行き渡り，それは，今では「アカデミーの村」に優雅な彩りを加えている。

　もっと人と親しむ静止した柱は，シエナのカンポ広場の縁に並ぶ繋船柱(ボラール)である。繋船柱は，見事な彫刻が施された簡素な石の柱で，寄りかかったり何かを脇に置くのに都合のよい完璧な寸法で直立し，頑丈にできているので，パーリオの開かれる時に馬のレース場となるカンポの外側の縁に設ける障壁を支えることもできる。

　直立した列に備わる行進するような特質を深く明らかにしてくれるものは，もちろんアテネのアクロポリスにあるパルテノン神殿をおいて外にない。パルテノンでは，正確に形成された白い大理石の柱が緊密に並び，神聖な住まいの周りを取り囲んでいる。大理石の装飾の帯(フリーズ)とともに行進する儀式を描写し，大理石の柱は，配慮と目的に共鳴した場所をつくり出し，西欧の精神を魅惑してきた。ジェファーソンは，その行進す

主題 7 見渡す標／内に宿る縁

Campo 8.26.87

カンポ，シエナ，イタリア

る特質を，さらに優雅に多様な手法を用いてヴァージニア大学に再び創造した。その後に，ジョン・ラッセル・ポウプ[38]の順番となり，ジェファーソン・メモリアル[39]の中で，彼は，ジェファーソンよりも強靱で優雅で考古学的にも正確な柱式の円柱を用いて，ジェファーソンの彫像を覆うロトンダの周りを囲んだ。さらに厳粛なリンカーン・メモリアル[40]においては，行進する円柱は，緊密に並び供え物を持つ人々の代理を務め，威厳と荘重さのある雰囲気をつくり，Tシャツやスナップ写真の猛攻撃の毎日を生き抜き，今でも合衆国の最も差し迫った公共的な集会にふさわしい場所となることができる。

　エジプト，ヒンドゥー，そしてギリシアの建築では，直立した太い煉瓦や組石造の円柱は，人間らしい（さらに正確には神聖な）存在を連想させる様々な意味が織り込まれ，例えば，王座に腰掛けたラムセス一族

炉辺, ニューメキシコ州

のようにアブシンベル神殿*41 の正面を支え，南インドの神殿の柱のように分割された内側から神の姿が現れるかのように彫刻され，そしてアテネのアクロポリスのエレクティオン神殿の神秘的で穏やかな女神柱となり，女性的な様々な人物像は，神殿の奥や側面に向かって壁が段々に建つ奇妙な形のポーチの屋根やアーキトレイヴの重みに耐え，あたかも成文化されていない隠された力の存在を証言しているかのようである。

　炉辺とその上に伸びる煙突は，別の種類のものと縁(えん)があり，身体の象徴であるよりも，食事や雨風をしのぐ覆(シェルター)いの本質である家族の団らんの火の象徴となっている。炉辺は，家族や友人たちが集う場所となり，人間らしいつながりの象徴となり，また世界の根源的なエネルギーに想いを巡らせる象徴となる。前が開放された火炉が形式化された暖炉は，その不思議な魅力を今でも十分に備えているので（省エネルギーのガラスの扉で密閉されていなければ）私たちが部屋に住まう時には助けてく

主題 7　見渡す標／内に宿る縁

ストラットフォード・ホール，ヴァージニア州

れる。暖炉は，日常生活の中では，椅子，ソファ，そしてテーブル等が向かう焦点となり，部屋に誰も居なくとも，そこに人間が居たことを想い起こさせてくれる。17世紀や18世紀の壮大な領主の館(マナーハウス)では，暖炉の周りや前飾りが，繊細な彫刻で暖炉を縁どり持て成しと洗練の気持ちを込める，職人たちの関心を特に集めていた。

　ひとつひとつの煙突は，下にある暖炉の標となり，土地の上に場所の領域を示しながら力強い縁組みをつくることもある。屋根の上に立ち上がるべき要素である煙突は，必然的に建物のシルエットの中で図となる。目的を果すために場所を得た煙突は，空を背景として，力強く屋根の内側にある空間の秩序を暗示する形となり，記憶に残るイメージとなる。目的もない煙突が，偶然のように屋根から突出する時，場所のイメージは混乱する。貴兄のお気に入りの事例である，ヴァージニアにあるストラットフォード・ホール*42のふた組の煙突の群は，最も圧倒する力がある。煙突は，周りに拡がる植民地の中で，ひとつの力強い手法で標となり，それぞれの煙の群は，直立する四本柱の小神殿の形態となり，煙突の群が館の両脇の翼部を示し，屋根の頂で館の幅を受け止めている。貴兄とウィリアム・ターンブルがシーランチのラッシュ邸*43に採用した彫刻的な煙突は，さらに控えめだが，同じように力強い煙突の事例であり，煙突のシルエットを用いながら，草原の縁の上で力強く主張する上に伸びたような建物の形態を引き出している。ターンブルが「煙突の格子」と呼ぶヘイル邸*44の上に建つ煙突が，シーランチの草原のはるかに下で，風や太陽の光を遮る窓の渡り廊下という考え方と煙突に必要な高さを結びつけ，簡素な小さな切妻屋根の家は，ストラット

ラッシュ邸, シーランチ, カリフォルニア州

145

ヘイル邸, シーランチ, カリフォルニア州

フォードのような姿に変わり, 海に向かう斜面で懸命に場所を示す標と
なっている。

マリーズヴィル，ケンタッキー州

8 戯れる光 / 出没する影 / 和らげる陰

主題 8 戯れる光／出没する影／和らげる陰

空間と形態は光の中で理解される。古代のギリシア人も知っていたように，光は，空間と形態を明晰にする。光が中世の大聖堂のステンド・グラスを透過したように，光は，神秘的な隔たりを広げ高めることもできる。南ドイツのロココ様式の教会のように，光は，有りあまる自らの光が照らしだす場所で，絶えず動き変化することができる。光は，煌めき，斑になり，表面を横切ることも，ネオン管から閃光を発することもできる。「太陽は，建物の壁を照らすまで自分のすばらしさを決して知らなかった」とルイス・カーンは語った。私たちは，光がなくては空間を意識できないし，趣の異なる影や陰がなければ，光を理解することはできない。影はオブジェに付きまとう亡霊であり，光の不在である陰は，熱心すぎる太陽の光から私たちが隠れる場所になる。

親愛なるドンリン， 光があり，私たちは，光の中であらゆる建築を識別する。そして様々な種類の光があり，光は，建築を浸し，まさしく軽く愛撫し，あるいは踊り戯れる。光は，空間を擁護し，空間の重要性は，光の言葉で表現される。

三種類の光を描写すると役に立つかもしれない。それは，すべて私たちの太陽という光源から生まれる現象であり，太陽の光線が人工的に延長されて生まれる現象であり，人間の記憶の中で定められた三つのフィルターを透過した光である。それを「パガン（ギリシアの多神教）の光」，「幽玄の光」，そして「戯れる光」と呼ぼう。

ギリシアの神殿，そして古典主義的な繰り型（モールデイング）は，いつまでも太陽の光の中に浸り，光源である太陽は，毎日（火の馬車に乗って）天空を横切り，常に変化を続けていくが，天気のよい地方では，その運行は，正確に予知できるものである。古代の人々，特にギリシアの人々は，明晰な光から生まれるニュアンス，そして新たに発見された幾何学から生まれた文明に魅了されていた。その完璧な繰り型の連なりは，影を投げかけ，秩序を与え，神聖な建物の基壇，円柱，エンタブラチュア，ティンパナムに生命を与えた。彼らは，さらに，ドリア式，イオニア式，コリント式という三つの秩序となる「柱式」（オーダー）を初めて発案し，建物に由来する気分や記憶を区別した。剛健で頑健なドリア式の柱の形は，予備の影に依存し，エキヌスの凸型の膨らみやまさしく円柱の柱式を強調し，エンタシスにあふれ，基壇ではいかなる影にも強勢されない。対照的に，優雅で，あまり剛健ではない，もっと流れるようなイオニア式とコリント式の柱の形は，さらに精緻な明暗の対照（キアロスクーロ*1）の中で，太陽との光と影が複雑に入り交じっている。しかし，どれほど古代の趣意（メッセージ）が神秘のヴェールで覆われていようとも，地中海の太陽の光の下に建つ栄光の姿は明晰であり，影の縁は光にあふれ輝かしく正確である。

北国の森の霧の中では，ギリシアと非常に異なる光の特質が現れる。それを幽玄の光と呼ぼう。もちろん太陽は，北国でも明るく明晰に輝き，ギリシア神殿は，霧で覆い隠されても，北国に優勢な気配に特徴を

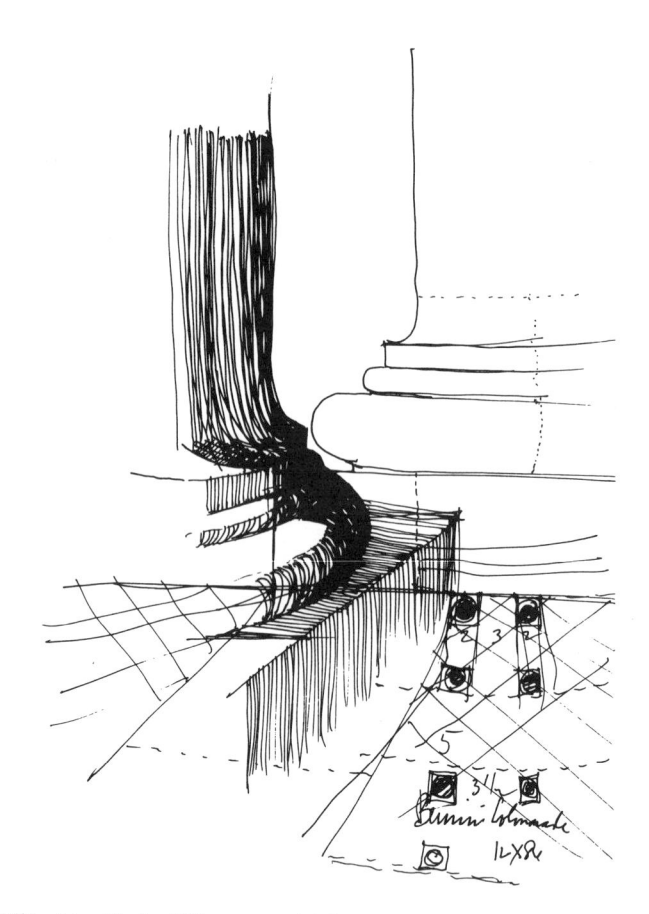

主題 8　戯れる光／出没する影／和らげる陰

列柱, サン・ピエトロ広場, ローマ, イタリア

与えている異なる光に備わる効用を酷く切り下げることはないことも，私たちは知っている。幽玄な光は，オブジェを包み込み，したがって影は鋭くはなく，光は，輝くというよりも白熱する（が柔らかい）。

特に13世紀のステンド・グラスは，北国の柔らかい光を活用し，私たちのために，その不思議な魅力を定義し直していた。建築家は，あえて小さな石を眩暈のする高さに積み重ね，壁に垂直な方向に窓間壁をつくると，壁をすべてガラスにすることも非常に高くすることも自由にできた。そしてガラス制作の職人たちは，それまでになく豊かな青や赤の色彩のガラスを発案し，よく知られた物語の挿絵をつくり，世界の始まりの記憶を共有した。北国の柔らかな光は，信じられないほど豊かな赤や青のガラスを透過して来る。そして，様々なガラスは，白熱し，装飾も趣意も光のシャワーもすべては，同じ時の中にある。パリのサント・シャペル[2] は，ステンド・グラスに支配され，幽玄の光を最も濃密に体験することになる。一方シャルトル大聖堂には，微妙な光のシャワーを浴びる所がある。例えば，ヘンリー・アダムズ[3] は『モン・サン・ミシェルとシャルトル[4]』の中で北側と南側の袖廊の薔薇窓を比較している[5]。北側には，フランス国王フィリップ・アウグストゥス[6] のトレイサリーから生まれる垂直な線の数々や灰色の光が，窓の円形の鋭い角部から生まれる頑健な幾何学の基礎となり，さらに流れるようなトレイサリーの曲線が袖廊の薔薇窓の着想を与えた王子ルイ8世の妃ブランシュ・ドゥ・カスティーユ[7] の栄誉を讃え，その薔薇窓の隙間から太陽の光が揺らめく。

幽玄の光は，未だに輝きを放つこともあるが，私たちの時代には，戯れる光に出会うのほうが多い。とはいえ，その最も刺激的な事例は，18世紀の南ドイツで生命を吹き込まれ，その中でも注目されているのは，ディ・ヴィース[8] のツィンマーマン兄弟[9] が設計し，スタッコの職人たちが仕上げたものである。

その小さなすばらしい教会は，光を魅惑し，弾ませ，引き裂き，炸裂させる箱であると実利的に考慮することもできる。光は，南側の大きな窓から白い内部に入り，おそらくは，外に広がる草原の上に積もったばかりの雪の表面で弾みのついた光も中に入り，白く太い窓の枠で，反射され，光線となり，身廊の縁に環状に2本ずつ並ぶ柱に向かう。それぞれの柱の断面にフレアが加わり，光は，柱を包み込みながら成長し薄ま

151

主題　8　戯れる光／出没する影／和らげる陰

ロンシャンの教会，フランス

り，その微かな輝きは，円柱の表面が最も暗い闇の中に滑り込む前に，最後まで残る明るい線に向かう。その光は，輝くことも白熱することもない。そして光は，窓の枠，円柱，そして身廊の北側の壁を横切るように戯れ，驚かす。背の高い聖人たちの像が太陽の中に立ち，その背後に控える壁に影を投げかける。そして再び，光と影は戯れ，著しく素早く影は暗くなり，聖アウグスティヌス[*10]の像にあたり，彼を横切るように滑りながら，明るい光線が躍動的な立体感のある表面に当たる。その非常に短い時間の中で，いく条もの太陽光線が重要な人物像を照らし出すが，それは顔の一部だけであるかもしれない。そして，光線は戯れ，おそらくは，掛け布の折り返しの上を横切る。身廊の中では，太陽の光が黄金に輝き，白い壁や像を横切り，踊る。聖なる場所の前には，円柱と壁が少しあり，それぞれが豊かな暗い色彩の上に影を投げかけ，光が聖なる場所を透過するにつれて，影は深まり，光がアーチの開口のあいだを彷徨うにつれて，影は吸収されてゆく。

今世紀の初めに崇められた（ル・コルビュジエのような）建築家たちは，自分たちの建物を，定常的で啓示的な「古典的な光」の中で見ていた。今この室内では，「戯れる光」，踊り変化する光に特別な関心が向けられている，とはいえ，すべての光は，私たちの遺産となるものであり，すべての光を，私たちは使うことができる。

親愛なるチャールズ，光は，微かに和らげられているとき爽快である。生命のあるものは，その表面に光を受けると，生き生きと見える。陰と影は，光の強さと方向を測る助けとなり，その暗闇によって，反射した太陽の光輝を強調する。

　影は，亡霊であり，光の不在がつくり出す像である。貴兄が描写したヴィースのように，影は，移動し壁を上り角に宿り，とらえ所がない。影は，昼間に出没し太陽の通過を標す。建物の上の影は，句読点のようでもあり，小さな張出しは強調され，リズムも強調され，凹みや窪みは露になり，太陽の前で地面が捩れてゆくように，すべては時間と幾何学という容赦のない同一の原則に従って，行進してゆく。

　最も刺激的な影は，細長い要素が壁の表面や街路の舗装の上を横切るように，影を投げかける時である。列柱の中の円柱は，自分の背後に控える暗闇と対照的に，前に進むように立ち，柱と角度のある軌跡は，舗装との隔たりを測り，ある時は壁に直進する。シエナのような場所では，夏の太陽は，建物の軒の形を街路の中心に直に投げかけ，暗い舗装を横切る太陽で照らされた狭くでこぼこした通路を織り込む。その後に同じ線は，隣の建物を誘いこみ，眼に見える相互関係をつくり出しなが

トッレ・デル・マンジャの影，シエナ，イタリア

ら，都市の神秘を強調する。しかし，シエナの中でも最も圧倒的な影は，鷹揚なトッレ・デル・マンジャの影である。周囲からはるか上に立ち上がり，大きなカンポ広場を横切り影を投げかける様子は，時を追跡し湾曲した斜面を横切る日時計（グノーモン）の柱のようである。塔の影は太く，人々は，影の中に集まり，影が通過してゆくあいだ，そこでしばらく佇むことも，影とともに動くことも，影を通り過ぎることもできる。影という存在は，広いカンポの表面に出没し，都市のもうひとつの姿を構成する，細い影の宿る街路を想い起こさせてくれる。

　時折，明らかに太陽の光が猛烈で容赦のない場所では，影と陰は，最も望まれる特質であり，建物をつくり木々を植える際に追究すべき積極的な目標である。別の室内で果樹園とともに論題に挙げたコルドバのモスクやインドの千本柱のマンダパスの石がつくり出す空間には，まさしくそのような意図があり，太陽の熱が直に当たる場所から離れた陰の領域をつくり出している。マンダパスには壁のないものも多く，貴兄も知っているように，建物のどれほど奥に居るかは周囲の暗さで解る。陰の強度は，その領域の縁の辺りの明るい太陽の光との対比で測られる。

　陰は，影よりも優雅である。陰に像はない。陰は，光の軌跡の遮蔽ではなく，光の不在である。木々の茂みは，陰をつくる。木々の茂みと同じように構築され，斑な陰のネットワークをつくる園亭やパーゴラは，特に木々が定着しない場所や厳格な統御が秩序正しく行われている場所にこそふさわしい。陰は，反射された光と混ざり合い，周囲から様々な彩りを採り入れることも，またアルハンブラ[11]のライオンの中庭のように近くに佇む水盤の揺らぎに反射する光によって生気が与えられることもある。もう少し前の時代の文化は，陰に対して非常に精妙に接し，光と同じように豊かに分節し操作する特質を備えたものとして暗闇を扱っていた。最も圧倒する力のある暗闇の事例は，外の焼けつくような太陽の光とはあまりに対照的に暗く，その暗闇に眼が慣れるまでにかなりの時間が必要な，ヒンドゥー教の神殿の内部にある。その暗闇に眼が慣れてくるに従い，彫刻され分節された世界が姿を現す。すべての表面には，神殿の外側にあふれる活力から生まれた反響を保つように，図像や繰り型が施されている。さらに天井には，複雑な花模様のパターンの彫刻が何層も重なり合うように施され，床から反射された弱く青白い光から深まりと振動が引き出されている。イスラム建築も，反射された光と

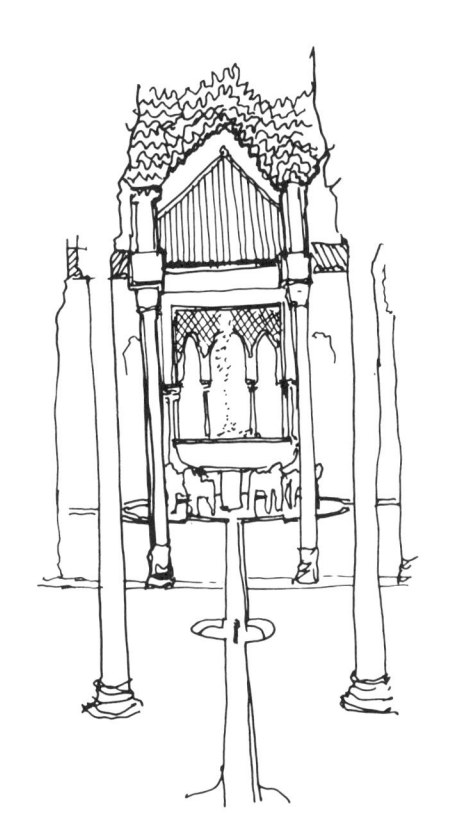

アルハンブラ，グラナダ，スペイン

戯れる表面で満たされている。煌めくタイル。表面にリブを加え陰をつくる繰り型。そして最も注目に値するアルハンブラに見られるように，太陽の不在を独創的な手仕事や微妙な抑揚で満たしている入り組んだ鍾乳石のようなヴォールト。魅惑的な要素の数々は，陰に生気を与えるためにあり，生き生きとした陰は，心を和らげてくれる。

- 構　成

サン・マルタン・ドゥ・カニグ教会*1, フランス

9 定める部屋 / 光の中に漏れ出る空間

構成 9　定める部屋／光の中に漏れ出る空間

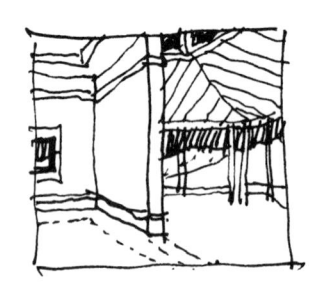

建築の空間は，哲学者の空虚な空間とは異なり，実感できるものである。空間は，心地のよいプロポーションを保つジョージアン様式の部屋のように，満足のゆくきれいな限界のある部分に分けられ十分に眼に見えるように調整される。人は，建築の空間を楽しむことができる。もしも，空間が隅から外へ逃れ，光の中に高く上げられ，暗闇が周りを閉ざす閉所恐怖症から解放してくれるならば，人は，おそらく今よりも空間を楽しむことができる。ビビエナ一族やピラネージなどのバロックの透視図は，私たちを空間の中に引き入れ，持ち上げ，その奥に連れ出し，私たちの想像力を眩惑させる。空間は建築家の媒体であり，空間を扱う仕事は最も報いが大きい。

親愛なるチャールズ， 私たちがこれまで描写してきたすべての主題は，場所をつくり，場所に記憶に残る特徴を与え，心と物を結びつける非常に重要なものである。ところで記憶の館の最も基礎的な状態は，室内である。屋内と屋外に定められた空間は，ひと組の活動や理念を他から隔離し，部屋と中庭は，建築から生まれる室内となり，私たちの類別を助ける。様々な形や大きさの室内は，自ら推奨する用途を許容し，または，推奨する用途に限界を与えるには大き過ぎたり小さ過ぎたりする。大きな部屋は，人々を集め，身近な大きさの部屋は，貴重な瞬間の覆いとなり，厳格なクロイスターは，人の心に秩序を銘記し，草木の茂るパティオは，秘密を宿す。パウダー・ルームは，ダイニング・ルームでは考え難い行為を孤立させ，ホワイエは，外に居る状態から内に居る状態に移り変わる空間（あるいは時間）を統御する所となり，時には衣装を替えて新しい出会いにふさわしい，心の準備をする所にもなる。

部屋と中庭は，私たちの期待を高める，記憶をとどめる素子(セル)である。記憶を上手にとどめるために，部屋と中庭は，思い出す（思い出したいと思う）ことができるようにそれ相応の形が慎重に与えられ，意図された活動とは関わりのない自由な動きをも許容できるように了解され，そして望ましくない雑音，臭い，あるいは気に障るもの，つまり適切ではない感覚的な現象，形成されてきた思考や印象を破壊するものなどから庇護されなければならない。

部屋の大きさと囲込みの度合は，部屋の特徴を定める重要なものであり，壁，床，天井を定め，部屋の中に設けられる開口の位置を定める方法も同じように重要である。最も明快な部屋は，簡素な幾何学的な図になる。平面は，正方形，長方形，あるいは円形となり，量感は，立方体，平行六面体，あるいは半球円柱となる。しかし，単純な形態が建築になるとは限らない。四角錐(ピラミッド)の内部は，満足のゆく以前の空間であるが，三角形の部屋もないわけではない。

概して，私たちは，部屋の壁が垂直であることを好む。それは，壁に沿って何かを直立させたり，何かを測るためでもある。最も満足のゆく部屋の天井には，何層かの襞があることが多い。丸天井，ヴォールト天

構成 9 定める部屋／光の中に漏れ出る空間

ペンブロウク学生寮の中庭*2, プロヴィデンス, ロードアイランド州

井, 勾配天井, そして格天井は, 内に住まう人の周りに形が与えられていることを暗示している。部屋は, 私たちの愛着を保持するために, あたかも私たちの姿を, あるいは私たちの中にある英雄的な姿を保持するためにつくられたように思わせる必要がある。そこにプロポーションとコンテクストの戯れがある。幅広く天井の低い部屋にも, 天井までの隙間を確保できるほどの高さはあり, 数多くの人々を収容するほどの広さもある。しかし, もしも, その部屋が, わずかな人たちのために意図された空間ではなく, 空間の縁にある天井がさらに高く幅の広い空間に向けて開放されていない場合には, 押し潰されるような狭苦しさを感じて

しまうことだろう。これまで何世紀ものあいだ，多くの人々を収容する大きな部屋は，住まう人々に必要な空気を確保するためではあったとしても，常に天井は高かった。換気設備が登場し，わずかの経費も惜しむ建主は，天井の高さを削減した。これまで何十年ものあいだ，愚かしいことだが，酸素が十分に満たされてはいても，精神的には窒息しそうな平坦な舞踏室やターミナルの空間が過剰に生み出され続けてきた。

記憶に残る上品な空間には，直に定められる限界があり，その量感には，部屋にふさわしい自由な行為やお互いに慎重に計測され，関連を与えられた境界を区切る形を受け入れる余裕が十分にある。しかし，そのような部屋は，壮大で排他的な分類に似ている，と貴兄は言うだろう。感銘深く，しかし，だるい。もしも，空間が人々の注目を持続できない時，それは，だるいだけである。壁のプロポーションがうまく中に何もない部屋は，満足のゆく落ち着きを備え，音楽ではよく知られている和声の整えられた間合いを基調とした調和を意識させることもある。表面は，扉，窓，壁柱（ピラスター），そして繰り型によって分割され，同じプロポーションを繰り返す形，あるいは，互いに釣合いの取れた形となり，計測する眼の好奇心を刺激し，永続的な特徴を心に銘記するように誘う。それでも，プロポーションが垂直にも水平にも希薄で寸法にも変化がない場合には，空間は強情で神経に障る。プロポーションも寸法も黄金率に近い時，空間は穏やかで揺るぎない。正方形の場合には，静的になる。数多くのプロポーションの体系があり，どれも役に立つが，必ず必要とされるものでもない。自分の眼を信頼することである。

しかし，多くの部屋には，何もないわけではない。部屋は，私たちの行動や私たちが用い賞賛する品々を覆う室内として使われる。内に保持されるテーブル，ランプ，椅子とともに絵画，記憶すべきもの，支度など心に由来する様々な事象によって，部屋は，魅惑的になることが多い。特に大事にしてきた家具，貴兄の先祖の肖像画や私の父の机のようなオブジェ，バンコクの寺院の模型，シーランチ・コンドミニアムの寄木細工のテーブルは追想を育む。そのような調度の品を見ていると，様々な考えが浮かんでくる。どのようにつくられたものなのか？　誰が所有していたものなのか？　あるいは何を警告するものなのか？

しかし，そのような部屋の特質は，空虚な中に存在することはない。どの部屋も，隣り合う空間から分離された空間である。様々な部屋を結

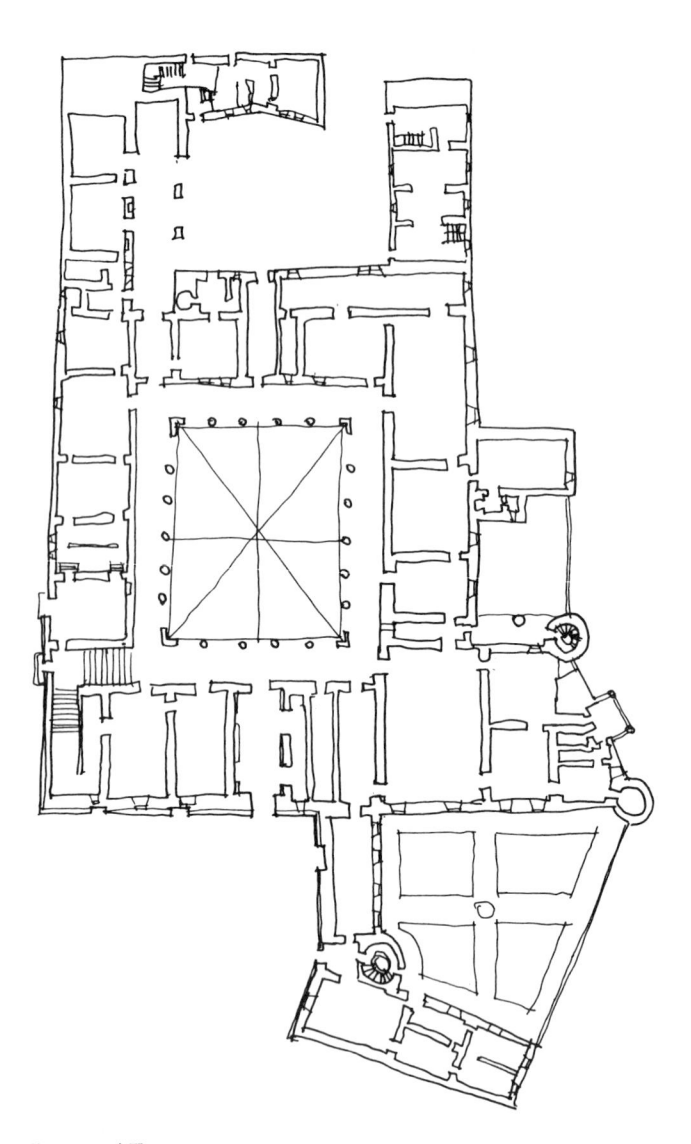

構成 9 定める部屋／光の中に漏れ出る空間

ドゥカーレ宮殿，ウルビーノ，イタリア

合し分離することで確立される空間の近接や連なりは，空間を知覚する私たちに力強い影響を与える。様々な部屋が興味深く収集されている様子は，特にウルビーノのドゥカーレ宮殿の中に見ることができる。この規模の宮殿にふさわしく，部屋の大きさや形の多様さは，注目に値する。そこでは，すでになされていたように，公爵の宮廷の人々と彼らが順番に出会う街の人々のあいだで許される相互関係の様々な類型が分類されている。部屋の大きさ，部屋の相互関係のパターン，そして部屋の空間構成やディテールの精妙さに学ぶべきところがある。

　すでに触れたように，最も驚かされる最初の部屋は，街に面する前庭である。その境界のうち二つの側面には壁があり，驚くほど洗練された扉や窓で飾りつけられている。扉や窓は，内と外という明確で解りやすい区別を維持し，歓迎する威厳のある雰囲気をつくり出し，この広場が実質的に宮殿の最初の部屋であることを暗示している。

　宮殿の最も重要な部分に向かう玄関を入ると，広場に面した五つの扉のひとつを抜けて，ヴォールト天井のホワイエの中に入る（先ほどよりも多くの扉の枠がその長さに沿って標され許容された大きさ以上の開口を暗示している）。そして，さらに奥にある有名なアーケードの中庭に入る。このすばらしく明晰な空間は，中庭の縁を巡る円柱の上に架かるアーケードから派生する「問題」に対して，最も信頼できる形態を与え，多くのルネサンスの建築の本にも取り上げられている。その問題とは，アーケードの二つの壁が隅で交わりひとつの円柱の上に載ると，円柱の上の表面の規則的なリズムが消滅し，隅が不安定に見えてしまうところにある。ここでは，隅に窓間壁をつくり，大きな厚みと密実

ドゥカーレ宮殿，ウルビーノ，イタリア

構成 9 定める部屋／光の中に漏れ出る空間

さを与えて、その問題を「解決」し、この手法は、その後も継承された。窓間壁の視覚的な強さは、大きな秩序の壁柱によって補強され、中庭という四隅のある部屋が、周辺に連続して巡らされたアーケードを支配している。

宮殿の中を明瞭な室内の形式に沿って上る階段がある。踊り場を挟む二つの長い道のりは、密実な壁で分けられ、その突き当たりには明快な縁どりが与えられている。2階に上がると、様々な広間(ホール)が中庭を囲み、開口は下のアーチに合わされ、部屋は中庭の三方の外側の縁に並び、どの部屋も隣と扉で連結され連続している。最も階段に近い、第四の側面には、大広間がある。それは、幅13.5メートル、奥行31.5メートル、高さ12メートル近いヴォールト天井のある部屋である。この巨大な部屋には、広場に面した外側の壁に設けられた三つの大きな窓から光が入り、窓とは反対側の壁の両脇には、廊下の側廊に通じるアーチ形の開口の出入口があり、それぞれの脇には大きな暖炉があり、部屋の大きさが推し測られる。これは、明らかに宮殿の中の集会の間である。この部屋は、君主の部屋、公爵夫人たちのために用意された室内へと続いている。

君主の部屋は、わずかに幅10.5メートル、奥行18メートルほどの広さだが、大広間、通廊、中庭の西側に連なる部屋、公爵のために用意された私的な室内の続く部屋から出入りできる、様々な意味で宮殿の中で最も特権のある部屋である。その二つの大きな窓から、馬屋の上に築かれた私的な庭園を眺めることができる。庭園には大きな暖炉があり、そのフードには並外れて自由な陽気に戯れる楽しげな天使たちの非対称的な装飾帯がある。庭園には、理想的な都市を意識させる透視図の寄木細工

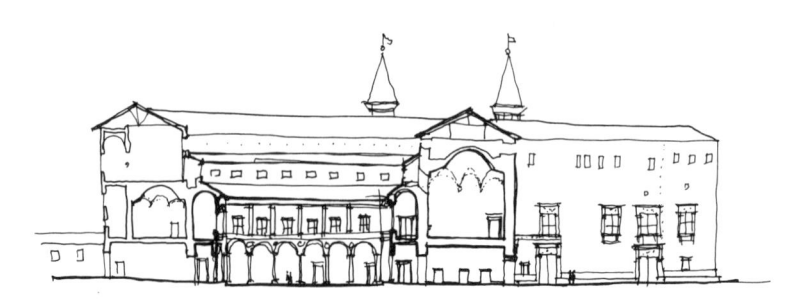

ドゥカーレ宮殿、ウルビーノ、イタリア

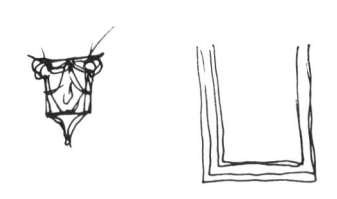

ドゥカーレ宮殿, ウルビーノ, イタリア

で嵌め込み表現した木製の扉を抜けて入ることになる。

　この部屋の向こうには, ここから, あるいは下階の室内やサービスの小部屋に下り塔まで上る螺旋階段からのみ出入りできる, 公爵のための私的な部屋が続く。公爵の様々な部屋には, ほとんど正方形に近い部屋がひとつあり, さらに大きな長方形で構成された空間と丘陵の斜面の角度, 等高線に沿って曲がりくねる大きな壁のせめぎ合いから生まれた,

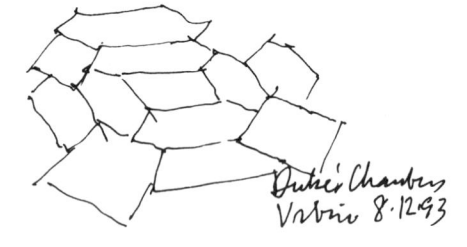

構成 9 定める部屋／光の中に漏れ出る空間

ドゥカーレ宮殿，ウルビーノ，イタリア

ドゥカーレ宮殿，ウルビーノ，イタリア

小さく柔軟で不規則な窪みのような部屋の集まりや様々な室内がある。様々な小さな室内には，興味深いチャペルや有名なストゥディオーロ*3 がある。ストゥディオーロの不規則な空間には，フェデリコ・ダ・モンテフェルトロが公爵となりルネサンスの開花に必要なパトロンであった時代の王侯貴族の文化に似つかわしい，楽器，道具，本，そして図像などが透視画法の中に示された驚くべき木の象嵌のパネルが並んでいる。

さらに，この室内の向こうには壁がある。壁の外側には居城の二つの尖塔があり，そのあいだに優雅なバルコニーが張り出している。バルコニーの上には格間で飾られたヴォールト天井が架けられ，内側の壁柱は背後に控える壁を計測し，バルコニーの隅に建つ2本の優雅な円柱が眺めを縁どる。そのバルコニーに立ち，ローマに続く道を前にして（間違いなく貢ぎ物やお金を期待しながら）背後に様々な図像，記憶，そして彼の知る大いに統御された世界の課題が室内に収められた部屋の数々を控えた，モンテフェルトロ公爵にとって，その眺めはまことに満足のゆくものであったに違いない。

親愛なるドンリン， 私が気に入っている部屋を魅惑的にするもうひとつの方法は，境界を変えて，壁，天井，床，そして特に，隅の部分を膨張させて，隅部の辺りに，視界の外に，暗闇の中に，あるいは最も広く光の中に，部屋の内部の空間が逃げてゆける余地をつくるものである。ここで初めて，哲学者の空間や音楽家の空間や国土拡張を主張する人の空間とは異なる，建築家から生まれる空間を心にとどめることができ

構成 9 定める部屋／光の中に漏れ出る空間

パンテオン，ローマ，イタリア

る。建築家の空間は，建築を構成する最も重要なものである。空間は，親密に占有し，操作し，あるいは自由に隅の辺りから消滅させることもできる実質である。空間は，何もない虚空ではなく，中国人が気(qi)と呼ぶものに似ている。気は，空間と精神のあいだにある何かを意味している。ある時期，中国の絵画では，空間は竜脈(long mo)と呼ばれていた。竜脈は，おそらく画家，鍼治療士，あるいは都市計画家にとって価値のある，強調やエネルギーをいっそう生き生きと暗示している。そのような人々にこそ似つかわしい，この批評的な空間は，その他の空間の涵養となる。

建築の歴史の中で重要な最初の大きな内部の空間は，ローマのパンテオン*4 である。それは，まさしく内部の空間であるが，そのいちばん上に光を採り入れる穴が開けられているので，把握できる空間が生き生きと動いてゆく。19世紀の私の大好きな空間は，上品な金属の箔のように19世紀を引き立てた，ロンドンにあるジョン・ソーン卿*5 の自邸の朝食の部屋*6 である。それは，小さな部屋であるが，壮大に思われる。部屋の四つの壁は，天窓の光に照らされ上の方に視界を滑らかに広げるように，壁から離れ上から吊るされたハンカチーフのような丸屋根のような天井を超えて上に続く。壁には絵画が掛けられ，光の中で壁は姿を

ジョン・ソーン卿自邸，ロンドン

消すが，その光源は，露にならない。丸屋根の中に設けられた小さな明かり窓が時折，実際の光源のありさまを偽っていることを自ら証明する。あの暗いロンドンの街路の中で，光は決して明るく輝くことはないが，町屋(ロウ・ハウス)の仄暗い内部の思わぬ奥深い所で眼にする鮮やかな輝きは，まことに不思議に魅力的である。

　この世界にある光の中に拡散する様々な部屋を収集した最もすばらしい空間は，18世紀のドイツやイタリアから生まれていると私は思う。ローマのビビエナ一族[7]は，眼も眩むような演劇の舞台のデザインをエ

構成 9 定める部屋／光の中に漏れ出る空間

(ピラネージの) 牢獄のエッチング

ッチングに描写した。その空間は，床から浮遊し境界のない地上の世界の中に上って行くように思われる。同様の主題を展開している，ジャン・バティスタ・ピラネージ*8 の牢獄のエッチングも，見る者を圧倒する。しかし，ここでは，前景となる陰鬱な受難の場所は，あまねく上方の光の中に解放された空間へ物理的に近づく途から切り離され，光から生まれる自由は，否定されることによって，ますます鮮烈なものとなっている。しかし，重力は，イラストレーターよりも建築家に対して猛烈にきびしい規律を課しているために，ビビエナやピラネージの図版のよ

ディ・ヴィースの巡礼教会，ドイツ

うに壮大に聳える建築は，極めて稀である。

　壮大に聳えている建築は，ごくわずかにある。前に触れたディ・ヴィースに建つ小さな教区教会は，晴れた日には，空間の交響楽を奏で光の中に聳え立つ。二重に壁が巡る楕円形の身廊は，三連の格間の聖なる場所の中を見入り，聖なる場所は，側面を壁が二重に巡るヴォールト天井の空間から離れている。身廊の内側の環は，2本ずつ並ぶ円柱で構成されている。円柱は，前に述べたように垂直に細く目地が隆起し，光を引き延ばし，太陽の軌跡に従い，最も暗い陰が始まる直前に，突如として最も明るい輝きを放つ。

　しかし，先の文章は光について書かれた。ここでの最も重要な問題点は，壁のある部分を引き裂いてつくられた空間が，光の中に固定されてはいないところにある。空間は，光の中で生命を得て，光が，天井に絵具で描かれた黄金の主役たちの住む無限の空に上るにつれて，溶解してゆく。

　空間の炸裂するエネルギーが壮麗に満たされたヴィースの教会は，現代性を備え，空間を装飾する別の音色を奏でている。ネーレスハイ

ム*9 の教会の内部の円柱は、壁に拘束されることなく、人間の頭よりも高い基壇の上に立ち、その白く大きな円柱は、明るく輝き、私たちの把握力を超え始めるかのように思われ、もうひとつの世界の中に上り、光り、ピラネージの牢獄の地上に近い辺りのように自由になる。

ビビエナ一族による空想的な空間は、ジェノヴァの数多くの宮殿にほとんど空気のように姿を現した。典型的な玄関は、低い街路のレヴェルにあり、壮大な階段の間に上がると、上に向かう通路があり、さらに丘陵を上り、中庭に入ると空の中にいる。このように光の中に上ってゆく動きは、宮殿を優雅に飾る数多くの派手なディテールよりも、はるかに記憶に残る。

最近では、アトリウムのあるホテルやオフィスビルの興味深い事例がいくつもあるが、エレヴェーターが出来て初めて積層された建物が実現した20世紀初頭にも評判となった。デンヴァーのブラウン・パレス・ホテル*10 のような誇り高いホテルの経営者たちは、広々としたアトリウムを満喫する壮大な感覚を奨励していた。しかし、ホテル事業も経済効率に重きを置く窮屈な方向に移行し、天井も低く平らになった。1967年ジョン・ポートマン*11 は、それまでのホテルの形態を打ち破り、22階建てのアトリウムに設けられたガラス張りのシャフトの中を点滅するランプのついたエレヴェーターが行き来するハイヤット・リージェンシー・ホテルをアトランタに建てた*12。この斬新な空間は、即席の成功を収めた。その「何とまあ」とつぶやいてしまう場所と批評家たちも指摘したアトリウムの中に一歩足を踏み入れると、床を見つめていた疲れ果てたビジネスマンたちは、光り輝くエレヴェーターが上って行く様子を見上げ、「何-と-まあ」と溜息をつき、ブリーフ・ケースをエレヴェーターの床に置く。束の間の不在の後に、経験される建築は、人々の心に戻っていたのであった。

セントジョージ*1，ユタ州

10 繰り返す類型 / 往来する秩序

構成 10　繰り返す類型／往来する秩序

親しみ深い主題や空間構成の類型を繰り返すことは，場所に秩序を与える助けとなる。今でも，無邪気な心で見れば，窓や扉の天端を合わせたり，平面図の中に規則的なモジュールをつくる中に秩序は見いだされてきた。その行為は，邪気とはいえないが，秩序を構成しているとも筆者たちには思えない。モノの秩序は，衆目に報いるべきであるが，衆目を求める必要はない。パターンは，一目で良く解るが，私たちが場所をより微妙に理解するよりも，私たちに場所を評価するように執拗に迫る。自然の世界は，秩序について多くのことを教えてくれる。それは，反復する究極的には退屈な単純な秩序ではなく，私たちもその内に暮らしている，複雑に関係し合う秩序である。混沌(カオス)の研究を通じて世界の理解を深めている数学者や物理学者もいる。そして，混沌とは，微妙な，繰返しのきかない秩序であることが解った。

親愛なるチャールズ，　これまでの記憶の室内の数々は，すべて空間や形態を構成する特別な手法で築かれ，特定の場所に備わる特徴に対する愛着を喚起させている。私たちは，これから場所の全体に構造を与え，場所を心の中に保持する助けとなる様々な関係性に注目してゆこう。

　場所に関するその他の重要な意見や認識の数々も，すべて房状に集束した包括的な構成となり，私たちの反応や期待に必要な最も根本的な基礎を確立している。それは，ある方法で配慮された様々な要素から成る集束であり，城や教会，住まいや倉庫，高速道路や遊歩道などの場所のありさまを私たちに教えてくれる。このような関係性の集束は，通常は類型と言われ，慣習的な使い方あるいは私たちの経験を通じて，同じ組合せの用途に使われる同じ類の秩序の中で同じ組合せの関係性が，いくどもいくども繰り返されてきた所に生じてくる。一群の建物を取り囲む防御的な門と塔の備わる塁壁は，城の類型であり，空間の大部分を占める大きな広間の前に儀式を行う玄関が続き，塔の近くに十字架が標されている建物は教会である。

　集合して類型を形成する様々な要素は，建物の目的やパターンを進展させる文化の特徴とともに姿を変えるが，概して類型は，構築物に近づき通り抜ける独特の方法と，部屋の大きさ，近接性，明確な量感とシルエットを結合させている。広場の中に建つ裁判所は，アメリカの多くの地域に共通して見られる公共性のある類型である。住まいにはいくつもの類型があり，その違いは，ごく普通の家族に与えられる空間の量，住まいの築かれている気候の特徴，住まいを建てようとする居住地の密度などから生じる。一戸建ての一家族住宅は，この国のあらゆる街の至る所に建てられているので，私たちは心に想い描いたり簡単な絵を描くことができる。表と裏にポーチがあり，様々な組合せの部屋には，ここから出入りする。すべての側面から光を採り入れることができるので有利な，1階以上の造りが多く，家の量感の中心に屋根の頂や尾根が架かり，シルエットをつくる。一方，都市の住まいである町屋の玄関の典型的なポーチを入ると，ホールがあり，片側には階段があり，その脇に細長く部屋が並び，表と裏からのみ光を採り入れ（中央に光庭がある場合

構成 10 繰り返す類型／往来する秩序

一戸建て住宅と町屋の類型

もあるが），屋根の形は明瞭ではなく，壁に比較して屋根が家の形態に影響を及ぼすことははるかに少ない。もしも壁よりも屋根が優位にあれば，隣り合う家々の屋根が結合された大きな屋根が，多くの家々を一度に包囲している。倉庫という類型では，建物の大きさ，商品を出し入れする大きな開口，めり張りのない空間や窓などが優位にある。（木造，煉瓦造，鉄骨造，コンクリート造などの）構築の体系は，構築物の特徴を決定する傾向にある。同じように，納屋にも，地域の構築の慣習に関連した包括的な類型がいくつかある。しかし，どのような場所でも，納屋の基本的な類型は，斜面，微気候，あるいは特定の用途にふさわしく調整されるだろう。

　類型には，私たちの知覚に重みを加える力があり，見慣れたものや想い起こされたものがつくりだす様々な層の上に，ある場所を経験して得た知覚を加え，その経験を確かめ増幅させる。近代主義者たちは，新しい優れた世界を創案する自らの能力に自信をもち，類型に対して敵意を抱いていた。類型は，検証されていない慣習や頑固な関係性の具現であり，新しい経験を生み出し，技術や社会の組織の変化がもたらす様々な可能性によって利益を得るであろう，形態や空間の創造の障害となるものだと彼らは見なしていた。その他の人々は，変化の歩調に眩惑され，また近代主義が創案したいくつかの成果に狼狽し，変化を食い止める手段として，人々の知恵の集積という絶対に確かなものから生まれた形態を取り入れる物づくりを誘導する手段として，類型の成文化に注目している。さらに，伝統的な類型は文化の記憶のひとつの形態であると考え，空間構成の類型から変化を許容しない典拠を引き出そうと願う人々もいる。

納屋，アンダーソンヴァレイ，カリフォルニア州

　筆者たちは，空間構成の類型が繰り返されるところに記憶の力が働いていることを認めた方が納得がゆくように思う。身の回りの様々な状況に左右されながらも，私たちは，記憶の力に軽く触れたり，その先を行くことはできる。見慣れたものから生まれる様々な効用も，場所に置かれるべきものの目的に左右される。ある場所を居心地よく感じることは，感じない場合よりも効用がある。時を超えて長生きするパターンの内側で仕事ができることは，恩恵を受けることが多い。創意に富む調整機能から生まれた重要な「情報の制御」に必要なエネルギーを節約するほうが，風車に闘いを挑んだドン・キホーテのように，社会や経済の組織から生まれた仮想の敵と闘うよりは，人間として生産的であることは多い。

　伝統的な類型の数々を調整する利点は，通常は，それらがすでに複雑な様々な力に呼応して展開されてきているところにある。様々な類型は，数多くの異なる利害関係の混淆したひとつの状態を示している。ひとつの要因に慣れない重みを加えたり，特別な敷地の条件に適応するように変更され調整されても，類型は，類型の全体を成り立たせてきた配慮の数々の混淆とした網目との結びつきを保っている。確立された類型を良識をもって使用し調整することは，単一の目的の建物を創造する行為に対抗することである。一方，ある類型をあからさまに複製すること

構成

10 繰り返す類型／往来する秩序

は，あまりにも簡単すぎる。新鮮なるものは，常に秩序正しく敷地に適応し，思わぬ付随的な要素と結びつき，パターンが不完結になり，あるいは量感が付加され，パターンと十分に競い合い，喚起する力をめざめさせ，新しい機会を開示する。

　類型は，幾何学的なパターンや秩序を与えるその他の趣向と同じように，建築家の活動の到達目標ではなく，出発点となるべきである。建物に具現化されている精神の秩序は，居住者が見つけ出しその利点を活用するためにある。精神の秩序は，建物を利用する人々によって発見されるべきものであり，建物を利用する人々の重荷となるべきものではない。不幸にも，私たちの世界の建物は，不作法に主張され心なく固執された簡単すぎる理念によって特徴を与えられ，不注意につくられ認識し難い建物と暴力的で支配的なありさまの建物のあいだを揺れ動いている。私たちは，構築に由来する未熟な混乱と，人間の経験には無関心な抽象化された知性に訴えかける建築の狭間を選択すべきである，と建物たちが語りかけているように思われる。

　ルイス・カーンの幾何学は，強調された秩序を考える時にも，そして必然的に議論されるべき歪曲された秩序の深淵さという問題を考える時にも，直ちに心に想い浮かぶ。ルイス・カーンの幾何学は，もちろん古典主義的な伝統に由来する自ら規則を定める純粋な形態から派生し，ボザール流の修練を経て，ネオ・プラトニズムという知性の遺産によって育まれてきたものである。ネオ・プラトニズムの合理的な明晰さは，理念的には日常のありさまから構成される不完全な世界の内に生来に継承されている（が近づけない）ものである。フィラデルフィアのペンシルヴァニア大学の A. N. リチャーズ・メディカル・センター[*2] のために設計した建物で，彼は初めて「使われる」空間と「仕える」空間という説得力のある明確な識別を存分に主張した。それは，建物の主な活動を収容する空間と，場所の経験から分離できる機械室，収納，トイレットなどの補助的な特徴のある空間との階層を際立たせている。仕える空間は，後の建物にも見られるが，この時は場所に大きな構造を定める要素として用いられていた。その要素の意味は，内側に収められているものから派生するのではなく，より大きな集合体の中での位置に由来していた。リチャーズ・ビルディングでは，仕える空間は，研究作業に必要な室内に柱のない明快なストゥディオのような空間の外周に置かれてい

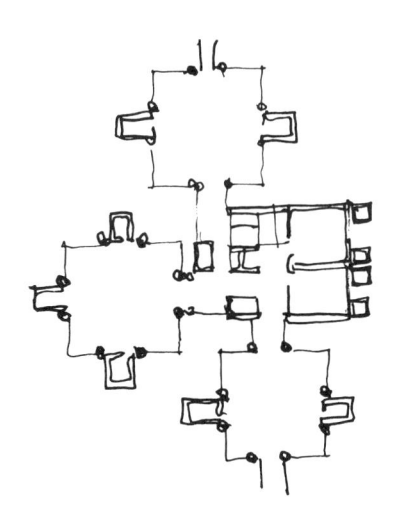

A. N. リチャーズ・メディカル・センター, フィラデルフィア, ペンシルヴァニア州

た。その後も様々な建物の設計で，この識別は引き続き精緻になり，どの事例でも様々な部屋の分類を用意し，大きな空間や小さな空間を相互に関連するパターンの中に集合させて，大きな全体の中で予測しやすい位置を空間に与えていた。

何年か後にラホヤに建てられたソーク研究所[*3]では，パターンはほとんど反転している。適応の可能性や偶然性のある研究所の大きな空間は，脇に沿って自立して連なる書斎の空間を支える柱の背景となり，小さな書斎の空間たちは，この構成の中で図的な重要性を担い，個人の書斎から生まれる創造的な力を示すように，研究所で行う実験という道具を用いて何かを確かめる役割とは対照的に配置されている。ここでも，そしてリチャーズ・ビルディングでも，場所に備わる力の多くは，様々な空間を分類し空間に形態を与え建物の要素となるように，それぞれを包摂的なダイアグラムの内側の場所に配置する方法から生まれている。本来ソーク研究所の複合施設の一部分として計画されていた集会棟[*4]にふさわしく，カーンはそれまでと同じようにと私には思える，最も説得力のあるダイアグラムをつくった。様々な部屋は，階層の与えられた正方形の中に房状に集束し，共用の広場の周りに並び，どの部分も異な

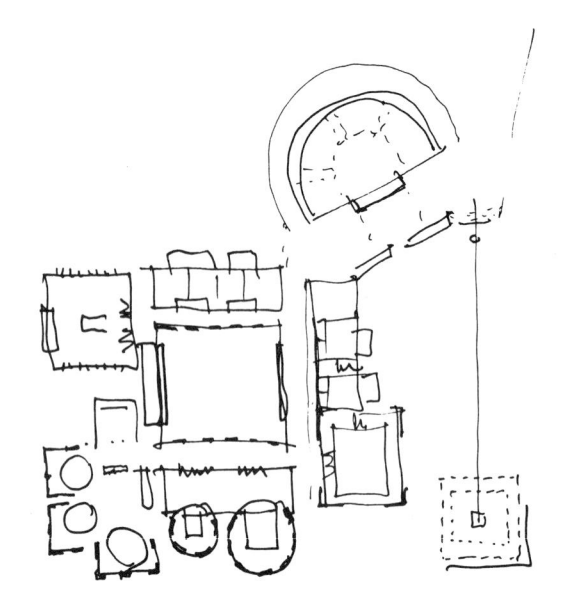

構成 10　繰り返す類型／往来する秩序

ソーク研究所集会棟，ラホヤ，カリフォルニア州

る用途を収容し，異なる外観となるようにつくられている。位相幾何学的な図像の中での位置，縁に限界のない自由度，そして予め意図されていた用途の特徴に応じて，ひとつひとつの部屋に形が与えられている。それは，簡単すぎる幾何学に従順であるように強要するところはなく，重要性を添える，ある秩序を暗示している。

● **親愛なるドンリン，**　ルイス・カーンの秩序の話からは少し横道に逸れるが，彼が行ってきた様々な研究の中で，私にとって最も圧倒する力を感じさせるものは，ゴールデンバーグ邸[*5]である。この家で彼は，普遍的な状況と特別な状況のあいだに生まれる均衡とはあらゆる点ではるかに異なる均衡を探究し，簡素な断片を用いて，単なる直接的な呼応から生まれる秩序を超越した，はるかに多様で複雑な秩序をつくり出している。かつてカーンが，ひとつひとつの垂木を空間の大きさや形に合わ

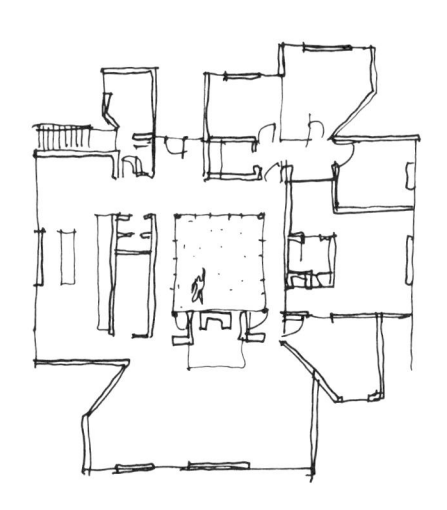

ゴールデンバーグ邸, 平面図

せて直に架構し, しかも空間の秩序や家全体の架構との結びつきを保ちながら, ゴールデンバーグ邸を構成する規則正しい衝撃の数々を話してくれたことを私は思い出す。そして, この家の思い出から, 私たちのよき師であるジョージ・ロウリー*6 が行った中国美術と西欧美術の比較を私は想い起こした。西欧の美術は, 人間の図像, 対称性, そして内から生まれる力によって示され, 中国の美術は, 若い竹の枝によって示されていた。中国の美術では, 太陽や風や大気といった外界の要因の方が描かれた特定の形に影響を及ぼす。しかし, 竹の本質が減少するわけではない。このゴールデンバーグ邸は, その若い竹のようではないか？ そして, それは, グレイク*7 が1988年に著書『混沌*8(カオス)』で報告したように, 最近の物理学や数学の研究とどこか結びつくダイアグラム的な秩序ではないのではないか？ この混沌の研究は, 数学者たちが抑圧しようと努力し物理学者たちが少ない研究費で購入した安い設備のせいにしていた混乱と不連続は, 故障ではなく, 秩序の中でも微妙な非反復的な部分であることが理解されてきた経緯を描写している。グレイクの著作に収められたフラクタル幾何学や混沌を示す様々な図版は, 絵画に大変よく似ている。特にアルヴァ・アアルト*9 のような人物の設計した建築に

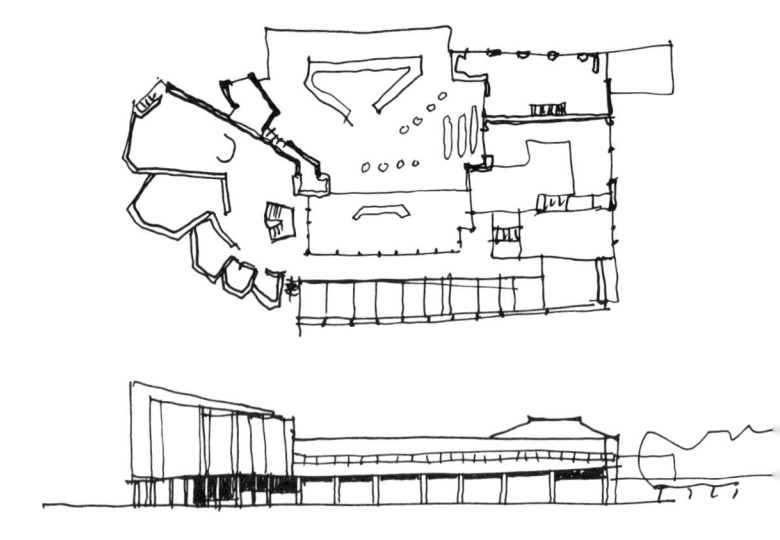

構成 10　繰り返す類型／往来する秩序

ヴォルフスベルク文化センター，ドイツ

も似ている。学生時代の私は，アアルトを賞賛していた。当時も「秩序」は，非常に熱心に追究されていたが，学生たちの心の中では偶然とはいえ，扉の上端を揃える絶対に譲れない行為と「秩序」とが結びついていた。特別なもの，つまり理念の形態に歪みを加えた結果生まれる形，そして大喜びしながら形態に歪みを加える楽しみから生まれる形に興味を示していたアアルトを私は賞賛してきた。彼に追従する現代の人々はそうではないが，彼は，ほとんど同じ構成要素の中に見られる違いを否定し，似ているところを見つけ出し，秩序の中にあることを誇り，不思議なものを消し去るよりも不思議さを乗り越える努力を行っていた。その事例は，ドイツのヴォルフスブルク文化センター*10 の 2 階に収集された様々な講義室に見られる。様々な形が拡張し，前進するように，それぞれが同じ形であることを忘れずに形の違いを楽しんでいる。2 階を下から支える円柱の数々は，拡張した縁に沿って並び，簡素なコロネイドのリズムを完全に変様させている。それは，混沌の理論を事前に形で示していた。

装飾の形態

11 想い起こす形 / 受け継ぎ，変様し，符号となる装飾

構成 11 想い起こす形／受け継ぎ、変様し、符号となる装飾

今世紀は，装飾は罪悪だというスローガンが鳴り響くとともに始まった。数十年を経て，装飾の不在は，なおいっそう惜しまれた。様々な表現のディテールが重なり合う建築の表面は，建物の構築されている場所に由来する，文化や建物づくりに関わる様々な条件の固有性を証明している。装飾は，構築から生まれる声を明晰にして，社会の中での地位を示し，衆目に報いる。最も貴重な装飾は，伝統を引き継ぐだけではなく，私たちの期待を変様させる。確かな形は，私たちを結びつける様々な追想を携え，文化の中にとどめられてきた。

親愛なるチャールズ，　フラクタル幾何学は，貴兄が言及したように相対的に複雑な秩序であり，私たちの影響の及ぶ範囲を超えて建物に及ぼす外界の力へと心を誘う。ユークリッド幾何学から生まれる相対的に簡素で自己言及的な形態は，一貫性，ヒエラルキー，そして中心を発見し，自己規定的な思考を構築し，私たちを心の奥に向ける。ユークリッド幾何学は，複製の可能な記憶に残る構成を進展させるうえで，最も有効な形態であるかもしれない。記憶の館も，そうであるに違いない。複雑な幾何学は，他を区別する力を大いに備え，生き生きとした独特のパターンの数々を創出し，記憶と連想をそのパターンに固着させ，その全くの特異性によって，記憶と連想を心に引き戻すことができる。

　また包括的な形の中には，私たちの文化に非常に深くとどまり，その結果，連想が連結された列車のように動き出し，他の場所，他の文化，あるいは単に他の人物の存在を想い起こさせるものもある。この連想的な力を備えるために，様々な形は，繰り返し至る所にいくども見いだされることによって，徹底的に見慣れたものになるか，非常に強烈に人を引きつける独特の魅力によって，心の中で鮮やかに装飾されることになる。切妻の屋根は，前者であり，エッフェル塔は後者である。

　頂が尾根と平行な切妻の屋根は，非常に包括的な形であり，木を用いて構築するすべての文化の中に見いだされる。その形は，それぞれの支持部材に向けて傾斜させた屋根を架け，木の部材を用いて構築する過程に本来備わるものである。飾り気のない大きな切妻の屋根から，多くのアメリカ人は「納屋」を思う。簡略化して勢いよく描かれた漫画の中で，納屋は「家」を意味する。実際に家をしつらえる時，張り出した軒と古典主義に由来する繰り型とともに，切妻の屋根は，ギリシア復興様式の家から生まれる概念と一体化する。それは，アパラチア山脈の西側の荒野の周縁で家を建てることの多かった19世紀初めのアメリカで，遠くギリシアで形式化されヨーロッパの長い世俗的な伝統を経て巣立ちしたばかりの国に継承された，政治的かつ文化的な真実の数々と自分たちとの結びつきを，家を建てる大工の人々や市民の人々が想い起こすように意図されたものであった。

構成 11 想い起こす形／受け継ぎ、変様し、符号となる装飾

教会の塔, イタリア

　切妻の屋根の端に現れる三角形の部材は, メガロン住居がギリシア時代に初めてつくられた時に体系化され, その後に洗練され古典主義的なペディメントを記念し, 今でも並外れて幅広い象徴性を備えた使い途があり, 西欧の建築のあらゆる外観に, その姿を現している。大きな屋根や小さな屋根の縁に, 屋根窓, 窓, ポーチ, そして扉の上に, 時には内部にも, その姿がある。ペディメントは, （漠然とした）古典主義的な伝統と同時に暗黙のうちに人々の存在も想い起こさせる最も初源的な形態の中で, 貴兄が「包囲する屋根」で指摘したように, 長老の王座を示してきた。（穏やかな教養豊かな作品の中で）ペディメントは, 暗黙のうちに中心を示し, 今も入口を連想させる。入口は, 大きさを測るとい

木造の切妻屋根のディテール，ミシガン州

ペディメントのついた玄関扉

う重要性も備えている。また，ペディメントは，人々が集まる場所，あるいはポーチ，柱間，屋根窓のように外を眺めるために来る所を連想させる。切妻の屋根とペディメントの形態が，現在の作品の中でも自らの価値を保つことができるのは，単に以前の形態を擬装しているからではなく，構築という行為に関連し家に由来する様々な用途に関連した，生来の論理を継承しているからである。「想い起こす形」は，現代の目的に仕えながら，追想し現在も経験できるものである時にのみ，実際的な影響を及ぼす。

チャールズ，私の展開した「想い起こす形」の論題は，全体的に狭すぎる，と貴兄は反論するだろう。世界には，ロマネスク建築に未完成の

構成 11 想い起こす形／受け継ぎ、変様し、符号となる装飾

家，マーシャル，ミシガン州

　まま深く感動的に喚起的に追想されていたローマ時代という過去から、瑣末的な動機に基づいて相互に関連してゆく現在の実践の数々に至るまで、建物を構成する主要な理念の数々が呼び戻された過去の場所や過去の時間のうえに築かれている建築の事例が数多くあると反論するだろう。人の心を引きつける19世紀の数多くの記念碑や邸宅は、異国的な魅力を追究して創造されたが、それは、往々にして自らの師を出し抜く成上がりを生み出す横溢によって実現されていた。「気違いルードヴィッヒ」がノイシュヴァンシュタインに築いたワグナーの世界のような城が想い浮かぶ。また、ニューイングランドに建つトスカナ復興様式のヴィラ、あるいは、ミシガン州マーシャルにある驚くほど華麗にハワイ風につくられた家。このような場所は、建物の所有者のどのような役に立ったのかはともかく、これらの建物を築いた人々の並外れた熱意を今も私たちに想い起こさせる。そして誰もが、彼らの意志の強さを称賛せざるを得ない。個々の事例に込められた思い出の数々は、浅薄なものではなく、その構成は奥が深い。ノイシュヴァンシュタインは、大勢の職人たちの助けを借りて精緻につくられ、「トスカナ風のヴィラ」は、気候に合わせて変様され、マーシャルの家の彫刻の施された数多くの棒が連なる並外れた表情は、符号となった。

　写真で見ると象に似た形をした、ニュージャージー州アトランティックシティに建つある家には、過去を償還する価値はわずかしかないと思われていた。しかし、その内には、多分に自由の女神の像[*1]の内部の

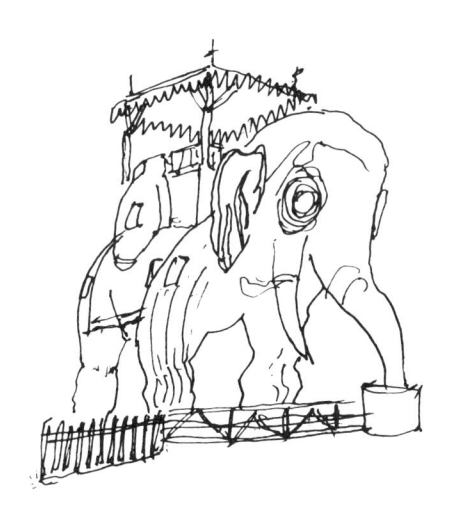

象の家，アトランティックシティ，ニュージャージー州

ような驚くべき価値が備わっていた。自由の女神のいく重にも重なる着衣は，内側から見ると断片の重なりなのである。ギュスタヴ・エッフェル*2 がデザインした迫力のある構造体を背景にして，内側からその断片を並置して見るとき，それはまことに驚くべき記憶に残る経験となり，内側を見るまでは完璧な符号であった象徴的な構築物に，明瞭な個人的な愛着を抱かせる。

　自由の女神とは必ずしも場所や時間は一致しないが，パリのエッフェル塔*3 も，同じように図像的な形と並外れた経験の混ざり合う気分を感じさせてくれる。構造体のトラスの骨組みは，空を背景に，鋼鉄から生まれた包み込むような網の目を創出し，人々は，その中を上り大きな脚の中を通ることができる。当時の芸術家の中には，この精緻につくられた構築物の中を移動する戦慄を感じ取ろうと試みた者もいた。しかし，それまでに遭遇していた高さをはるかに超えて空の上に巨大に聳え立っていた構築物も，いつしか経験され思い出されるものとなっていた。地面に向かうにつれて壮大なアーチと結ばれてゆく，凱旋門のように誇らしい4本の脚のつくるサイン曲線は，構造技術の点から見ても手仕事の形態という点から見ても，すばらしい。露出された支柱，ボル

構成 11 想い起こす形／受け継ぎ、変様し、符号となる装飾

ト，アングルから成る構造のディテールは，実用主義的に見えるかもしれない。しかし，その部材に生来に存在する道楽(フォリー)の心意気は，その物に託された意図とは相反し，階段や踊り場の列，そして湾曲した構造体に沿って頂点まで上るエレヴェーターは，遊園地の不思議さには欠けるが，眺望と強度において他に類を見ない動力学的な経験を実感させてくれた。

しかし，この事例では，個人の複雑な経験から生まれる楽しみは，パ

エッフェル塔，パリ，フランス

リという都市のどこからでも見ることのできる形態と結びついている。この事実は，かつてロラン・バルト*4 が指摘したように，思い出という非常に特異な混淆(フュージョン)へと導く。それは，エッフェル塔のいちばん上まで上ったことのある人ならば誰にでも起こる，興味深い連想の相互作用である。塔のいちばん上に立つと，新しい優位な地点から，毎日経験し見慣れている様々な場所を確認しながら，パリの中心部のすべてを眺めることができる。逆に，パリのどこにいても，エッフェル塔を見ることができる。そして，いちばん上に上った時のことが想い起こされるかもしれない。その時，心の中の自分は，眺望する人に姿を変えている。塔は，想像力の乖離と連結を同時に許容している。それは，特に近代に特

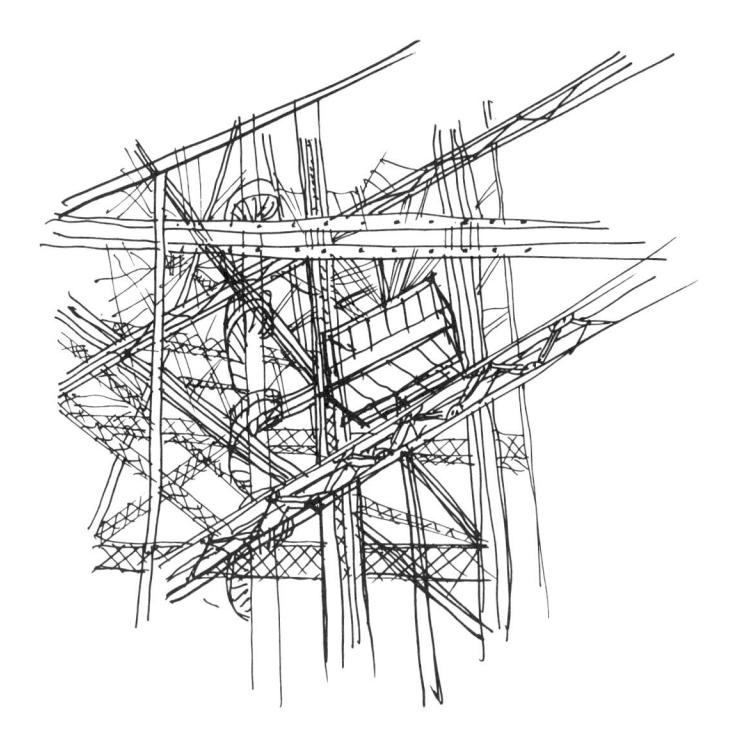

エッフェル塔, パリ, フランス

異な心の状態であり, おそらくは, 近代に特異な構築物の状態でもある*5。

　エッフェル塔のいちばん上の場所に自分がいるような状態を想い描く行為は, 事象, 出来事, そして別の場所を私たちに想い起こさせるために建築が備えるべき力の中心にある。私たち建築家は, 想像の世界に入り, その場所に住まい, ある窓の外を眺めるとどのような感じなのかを想像し, ポーチの中に立ち, あるいは障害物のない空間を自由に動いてゆく自分を想像し, 場所を理解する。私たちは, 建物の姿や建物の断片と, 建物を経験した時の思い出やそれに類する何かを調和させている。私たちは, いつもそのようにしているために, 似ているものが与えてくれる想起がなければ, 新しい場所で振舞う方法を知ることも難しい。

構成

11 想い起こす形／受け継ぎ、変様し、符号となる装飾

フォロ・ロマーノからカンピドーリオを眺める，ローマ，イタリア

扉，窓，そして家具の形は，その使い方を想い起こさせ，建物の類型から生まれる空間構成は，どのような内部の造りなのか期待を抱かせる。街路の特徴，あるいは場所の特徴は，地区の全体を思い出すことを助け，部屋の装飾は，その場にふさわしい端正な身だしなみを想い起こさせる。記憶の館，特に17世紀のイエズス会の人々の記憶の館では，空間の道筋とパターンは，理念を分類し階層化していた。しかし，想い起こすのは，特別なオブジェの形であった。

- **親愛なるドンリン，** たぶん建築家にとって「想い起こす形」の中で最も操作しやすく最も重要なものは，装飾である。形とパターンの体系の全体は，建物が言葉を話すことを助け，建物が話す内容の理解を深めるように話法に枠組みを与える。

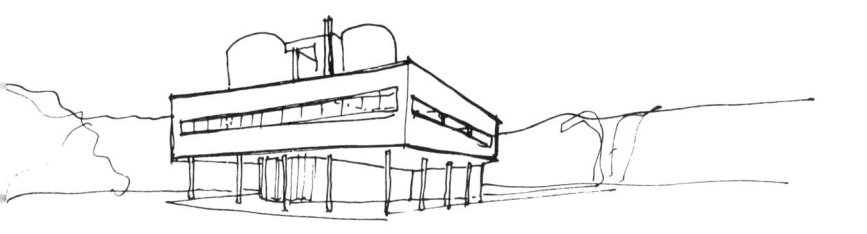

サヴォワ邸, ポワシ, フランス

　装飾は, 今世紀の初め, 芳しくない出発となった。ウィーンの建築家アドルフ・ロース*6 がフランツ・ヨーゼフ*7 の時代のウィーンを凱旋していた（装飾ほど統合されたものではなく表面的に応用されていた）「大袈裟な」飾りつけを指して「装飾は罪である」と主張したのである。これは, 近代建築を肯定する結果となり, 装飾は影を潜めた。装飾は, スケールを変化させた。例えば, 小さな建物の全体が, 目立つ形である時にはル・コルビュジエのサヴォワ邸*8 のような装飾となり, あるいは最も近代主義的な建物では, 装飾は削除され, 建物には不規則な亀裂, あるいは防ぎようもない風化の生じる機会があまりにも多く残され, それは, 慎重に計画されていない部分では, 人の眼に触れてしまう重要な役割を担うことになってしまった。

　しかし, 装飾は, 建物を設計した人々, 設計された建物を求めていた人々のこと, そして数多くのことを語りかけてくれる。古典的な時代と同じように, 建物は, 趣意が解りやすく明瞭な, 十分に合意の取れた基調の, 言葉を話す時もあった。先に触れた古典主義的な建築の秩序を見てみよう。ドリア式は, かつて賛同を得ていたように, 断固とした頑強な柱であり, プロポーションは, 男性の身体を基準としている。ひだ飾りはなく（例えば円柱と床のあいだに何の分節もない）飾り気のない部分に関して注意深い合意があり,（円柱の頂部にあるアバクス, あるいは円柱自身のように）膨張する簡素な部分がそこにあり, 荷重を支えるという責務を担う筋力のような感触と結びついているところがある。

　また, イオニア式の秩序は, 細く女性的で, 例えばドリア式では剝き出しの円柱の基壇の辺りにも装飾が添えられている。すばらしく官能的な柱頭の辺りの渦巻き, そして細やかに装飾された豊饒を暗示する卵と

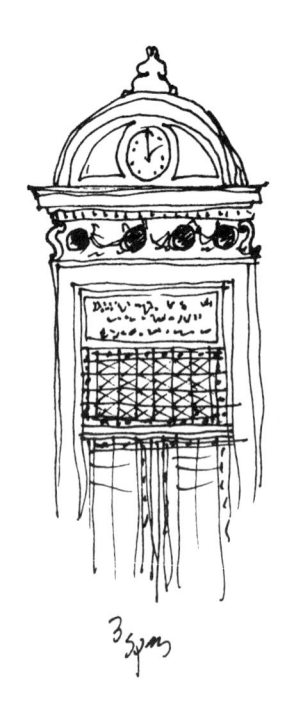

構成 11 想い起こす形／受け継ぎ、変様し、符号となる装飾

ドウ図書館*9, カリフォルニア大学バークリー校, カリフォルニア州

　矢じりのような繰り型によって，イオニア式は，豪壮なドリア式と一線を画す。その展開は，完成に至るまでに何百年も経て来たように，西欧建築の歴史の中でも類を見ないほど，あらゆるディテールについての完璧な合意をめざしてきた。

　第三の秩序であるコリント式が展開され，古い昔の物語が広まった。それは，コリントのアカンサスの樹葉が，ある少女の墓の辺りに置かれたバスケットに忍び寄る様子が，ドリア式やイオニア式よりも，あふれ出るような，装飾の豊かな，落ち着いた，あるいは華麗で記念碑のような秩序をデザイナーに暗示し，二つの柱式よりも空想的で複雑な構築物

三柱式の円柱と基壇のダイアグラム

装飾，サンタンドレア・アル・クィリナーレ教会，ローマ，イタリア

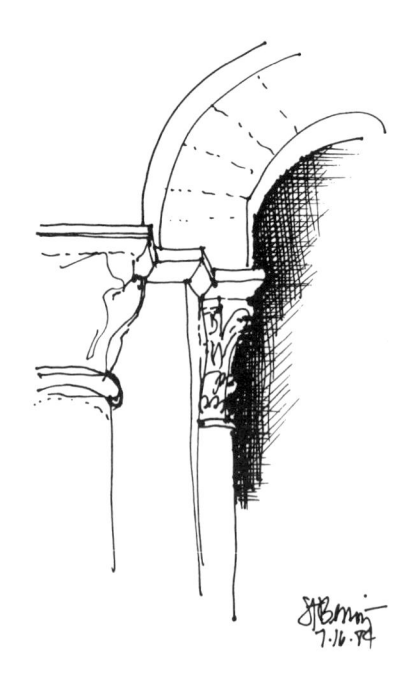

構成 11　想い起こす形／受け継ぎ、変様し、符号となる装飾

窓間柱，サン・ブノワ・シュール・ロワール教会*11，フランス

の形式を確立したという話である*10。建築の内容を明晰にする際に秩序の選択が担う役割は，魅惑的である。ドリア式，イオニア式，あるいはコリント式（その後に加わったトスカナ式とコンポジット式）の装飾を選択すると，それとともに十分に修練された文法と語彙も選択す ることになる。そこには拘束とともに相当の正確さも必要だが，趣意を洗練する機会もある。西欧ではあまり知られていないが，日本にも（純粋な）侘び，（田園的な）寂び，そして（あでやかな）粋という選択がある。それは，趣味の悪さ（ウッ）ではなく趣味の良さ（イェー）である。趣味の選択には三様ある。（全部オッケイ）自分の趣味を選択すればよい。

　しかし，20世紀の西欧には，実際には別の選択もいくつかある。バルセロナのアントニオ・ガウディ*12 は，それまで地域に残されてきた驚くべき作品を基に，可塑性のある独自の装飾を発案した。彼の装飾は，

芸術の宮殿, サンフランシスコ, カリフォルニア州

例えばカーサ・バトゥリョ*13 の柱頭の表面の要素と非常に和やかに調和し, 風化するにつれて強く明瞭になる。雨と煤が高窓から差し込む光と影の対比を高めている様子は, 優れた後期ゴチック様式の作品にも似ている。そして, バーナード・メイベック*14 が1915年に設計したサンフランシスコの芸術の宮殿*15 では, 冠頂にある人物像たちが, 顔を建物のほうに向け背中を来訪者のほうに向けながら, もうひとつの影, もうひとつの気分を創造している。先に筆者たちが述べたように, 装飾を排除した近代建築の主流として仕事をしていたミース・ファン・デル・ローエも, 建物の成立ちを語るために, 建物の構造部材のⅠ型鋼材は法律に従ってコンクリートで耐火被覆されているのに, 5インチのⅠ型鋼材を建物のファサードに移植していた。

　ゴチック様式（そして, ゴチック復興様式）を建設した人たちは, 自分が手間をかけてつくるポインテッド・アーチ, そして同じ形の窓枠などの形を非常に大切にしていたので, 聖人の住まいとなる小神殿やゴチック様式の椅子の背もたれなどに装飾を施す機会が訪れた時にも, その形を用いていた。ロココ様式のスタッコの職人たちは, スタッコの滑らかな曲線を, 聖人の像から円柱の柱頂, そして天上の眺めにまで拡張し

構成 11 想い起こす形／受け継ぎ、変様し、符号となる装飾

た。そのはるかに遠い昔，エジプト時代の画家たちは，彫刻家たちが硬い石を用いて彫りだしていた世界を絵具を用いて拡張していた。

　装飾は，このように人間の歴史を通じて，芸術家や建築家の世界観を伝えてきた。同様に，装飾は，物の見方を抽象的なものに変様し，建物の形，建物を構成する部分の形を補強し，建物が伝えたいと願う様々な趣意を符号に変えてきた。建物の装飾となる部分が，屋根からガーゴイルを経て雨樋へ流れて行く雨水に従うにしても，壁を分けて壁柱のように想い描ける断片となるにしても，世界の展望が，天上に属するのか，地獄に属するのか，あるいは両方に属するにしても，装飾は，建物に備わる力を拡張し私たちの思考を保持している。

庭園の思索

12 開化する庭園

構成 12 開化する庭園

楽園は，誰もが知るように，庭園であった。そして，楽園は，普遍的であり，未だに，庭園である。アダムとイヴが優雅の国にいた時，彼らの庭園は覆いと食べものを与えた。しかし，その後のきびしい時代に，人々は，歩みを進め，充足の水準に至り，家を建て食べ物を育てることになる。そのはるかに後に，人々は，さらに豊かな水準に至り，庭づくりを楽しむ余暇を得る。建物は，人間のエネルギーを湛える入れ物である。建物に十分にエネルギーが備わる時，満足のゆくエネルギーを住まう人に向けて放ち始める。庭園には，さらに絶え間なく，エネルギーを与える必要がある。手入れを忘れると，庭の姿は，いつの間にか消えてしまう。しかし，庭から得る楽しみは，おそらくは何よりも貴重である。それは，純然たる喜び，大地，そして自然の世界のすべてと結びついている感覚に浸る楽しみである。

親愛なるチャールズ，　ソーク研究所が記憶の中に姿を隠している様子は，それが意図されたものであれ意図されていないものであれ，面白い。私たちが庭園の話をする時，やはりソークが心に浮かぶ。とはいえ，いささか心は痛む。私が初めてソークを訪れた時，建物は完成したばかりであった。そこで，私は懸命にソークについての文章を書き，持ち送りで支持されたオフィスが集束し連なる中央の空間について要約して「成長を待つ庭」と描写した。この問題の庭園は，二つの建物のあいだの空間にふさわしく計画されたものであると当時の私は聞かされていた，その庭園である。私は，その時に庭園の図面を見たか思い出せない。しかし，私は何となく，おそらくはインドの絵画に見られるクリシュナの神聖な戯れの場所にも似た，芳香の漂う愉楽のオアシスを想い描いていた。もちろん，想像とは異なり，その空間は，ある人がコスミカル（宇宙的）に表現したように，気絶してしまいそうな眺めの西の海に向けて大胆に開放された，あの有名なコンクリートで舗装された中庭となった。

中庭の表面は，最終的に出来上がった時の姿のまま，今も明るいトラバーチンでできた，硬く粗野な舗石ブロックでできている。中庭の片方の縁は，モントゥアレイの木々で覆われ，もうひとつの縁は，太平洋の水平線に向けて開いている。中央に彫られた細い水路が，中庭を二つに引き裂き，列柱のように連なるオフィス棟から伸びて蔓延していく数多くの影たち，そして時折通り過ぎる白衣を着た研究所の人々だけが動き，意図されたように慎重な歩調は，狭い割れ目をスキップして横切る時に，気絶したように途切れ，中庭に生気を与える。中庭の空間は，その姿の通り，私が想い浮かべていた空間からは程遠い嘆かわしい状態にある。しかし，議論の余地はあるが，それは，未だに庭園ではある。統御された空に開放され空間には境界があり，経験を計測するようにしつらえられて，黙想と享楽を十分に育むように隔離されている。

庭園には，あらゆる形，あらゆる大きさがある。最も親しみのもてる庭園，最も個人的な庭園から，最も公共性のある庭園，最も崇高な庭園に至るまで，様々の庭園があり，デザイン，施工，そして維持の洗練さ

構成 12 開化する庭園

れた状態も，様々な水準にある。庭園は，衆目に値する。庭園は，特に周到な配慮の下に投資され，多くの建物と比較して様々な自然の要素や自然の循環と結びついているからである。庭園が庭園として残るには何よりも努力が必要である。衆目から遠退いた庭園は衰退する（それは建物でも同じだが，建物の衰退は，もう少し緩やかである）。

しかし，最も興味深いのは，庭園が開化すべき能力，つまり庭園が自然と人間を調停する能力である。庭園が魅力的なのは，中庸の風景を創造し，どちらにも働きかけができるところである。自然の中にある庭園は，人間の統御の証しとなり，建物群の中にある庭園は，自然の存在を改めて主張する。ソークの庭園も，人々の関心をくっきりとした海，空，そして太陽の軌道へ向けることによって，同様の働きかけを行う。その反対に，貴兄が初めの室内で触れた，ボストンのイザベラ・スチュワート・ガードナー美術館の囲い込まれた中庭の庭園は，自然が繊細に盛りつけられ，まるでお盆の上に置かれているようである。ヴェネトの自然の風景よりもヴェネツィアらしさが表現され，ボストンの極度にきびしい気候や美術館の建つフェンウェイの様子を感じさせるところは，実際にはどこにもない。

ソーク研究所，ラホヤ，カリフォルニア州

シーランチの私の自宅の庭園は，その反対に，敷地内を通り抜ける小さな水溜まりのような湿地を環境に適応させる方法に，極めて単純に，基づいてゆくことになる。私たちは，支柱を立て背の高いフェンスで小さな敷地を（もちろん楽園のように四角く）囲い込み，あえて野放しにされた周囲の大きな風景から切り離し，湿地の草を十分に取り除き，水が溜まる空間をつくり，原生のアザレアを育て，おそらく数種類の薔薇を秘密のうちに見事に咲かせる予定である。アリスは，それが完成するまでに，碑文の刻み込まれた花崗岩を庭に据え，庭のどこかに大気から降りてくる水滴を溜める窪んだ石も置いているだろうと私は確信している。庭園は，ほとんど隔離され，その小さく切り離された土地は，私たちの意志に服従することになる。しかし，それは，私たちの敷地の中でもごく小さな土地であり，周りからはフェンスしか見えない。シーランチの拠り所である周囲の大きな田園的な風景のパターンは，これからも生き抜いてゆくことになる。もちろん，私の隣人が水の流れを暗渠にしなければの話ではある。

　ヴェルサイユのように壮大な庭園を築いた人々は，隣人を心配する必要はなかった。また，逆説的だが，同じように都市の裏庭の庭園をこれまでどおり管理する人も，その必要はない。王族の庭園が数多くつくられた時代には，大きな区画の土地を囲い込み，貴族の楽しみにふさわしい広大な景色を得ることができた。軸や通路は，森の縁，一列に並ぶ彫像たち，ベンチ，そして壺の数々を切り抜け，そして刈り込まれた数多くの木々，列をつくり通路の整序に仕える物たちが，自然の断片を安全に護りながら社会の統御を体現する場所に変様させた。ヴェルサイユの庭園，そして同じように贅沢な支配者たちの庭園が，政治的な構造が変化したとはいえ，今も開化する役割を根本的に保持しているという事実は，庭園を本来庇護していたものが解体され，近代の「人々」が姿を現してから長い時間を経た今も，ヨーロッパ，ロシア，そしてアジアにある数多くの庭園に対して惜しみないすばらしい配慮がなされている様子から見ても明らかである。危険が迫ることもなく，煩わされることなく，野外を自由に歩くと，場所にふさわしく自分以外の人たちの手がすでに加えられた心地のよい痕跡があり，それがこれからも続くであろう心地のよいきざしがある。それは，宇宙を呼吸する時に感じる普遍的な願いにも近いように思われる。いかがであろう？

構成 12 開化する庭園

　本来の郊外庭園住宅地とは，そのような夢にも近いものであった。庭園のような郊外には，馬車道と共有の森の樹葉があり，あまり手をかけたり刈り込んだりせずに，庭園の中でみなが暮らし，それぞれが自分の領域を維持管理し，個々の家族の住まう領域を示す特徴を加えてゆく計画であった。しかし，近年に展開されてきた郊外住宅地は，このアナロジーを愚弄している。通路は，自動車に明け渡され，木々は取り除かれ，維持は不要となり，前庭は類型化されて中立性を帯び感覚に訴えるところもない。どのような大きさであれ裏庭がある場合には，十分な想像力があれば，わずかの人々を開化することはできるかもしれないが，そのポケットのような私的な自発性を発揮する場所の名残りは今もあるとはいえ，公共の領域を改善するための展望をもたらすことはほとんどない。

● **親愛なるドンリン，**　貴方の庭園の話に反論する余地はないと私は思う。そして，私は，ソークの中庭のような場所も含めながら，類別を開示してゆく貴方の方法が好きである。しかし，未だ寸法の描写がなされてはいない。寸法には，おそらく二つあり，それは，哲学的な寸法，そして感覚的な寸法である。哲学的な寸法は，日本の京都にある竜安寺の

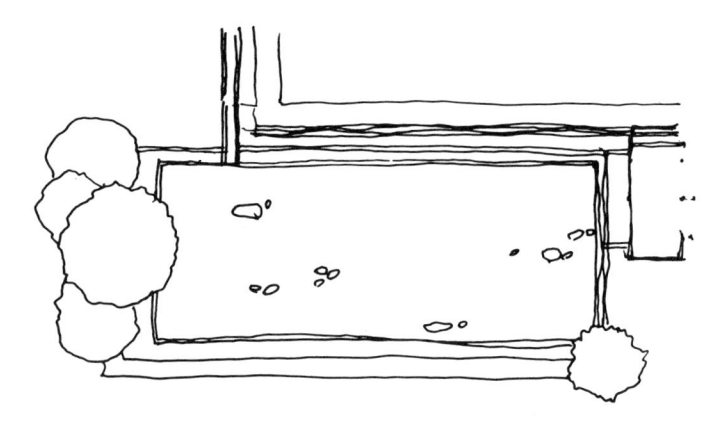

竜安寺，京都，日本

西芳寺，京都，日本

庭に上手に表現されているようである。その禅宗の庭は，テニスコートほどの広さがあり，小石が敷き詰められ熊手で模様の施された床と15個の長方形の岩々で構成されている。感覚的な寸法は，京都に近い西芳寺にある苔の庭園に見られるように，様々な感覚に働きかけ，戯れる。

竜安寺は，花々で構成された庭園を思い浮かべる西欧人には驚きである。この庭園は，何もなく，わずかに15の岩が長方形の砂の上に配置されている。庭の片側にはポーチがあり，そこから，長方形の空間，岩々，背後に控える華麗な風化をとげた土壁の塀，そして背景となる深い森と庭の隅に植わる苔むした枝振りの木々を眺める。この庭は今もあるが，非常に古く，500年ほど前につくられた。しかし，庭ができる前，この敷地には，一本の桜の木が植えられていた[*1]。その時を超えて，この庭は生まれてきたに違いない。砂と小石のあいだの大きさの雲母の欠片が，岩の周りに重要な模様をつくり，波のように見える。そして，

構成 12 開化する庭園

来訪者たちは，岩と砂の床を，海の中の島を，母熊と子熊が流れを横切る物語を，あるいは宇宙の不動点のつくるダイアグラムの姿を視ることができる。それは，神聖な絵図面の類であり，縮景であり，縮尺は眺める者に委ねられ，その意味は，(仮にあるとしても) 苦しい探究の後にのみ明らかになるものである。

　近くにある西芳寺も＊2，また竜安寺のように，触れられることのない，完全に単純化された強烈さから生み出されていた。西芳寺には，森，池，そして岩々が広がり，その官能的で柔らかい緑色の苔の表面は，木の幹，岩，そして森の床を，あらゆるものを覆っている。この庭園の驚きは，庭園が描写した内容を読解している時にも訪れる。今では，最も落ち着いた静寂さが漂い完璧な均衡を保つ，平安な地面の上に構成された庭園のように思われるものも，かつては，庭園が描写した自然の活力の猛烈さによってよく知られていた。庭園の岩の中には，遠い昔は，荒れ狂う奔流の中を転がる巨礫を暗示する力によって，尊ばれていたものもある。今となっては，地面を引き裂く激流の位置を指し示すことも難しく，地面は，いつものように，エメラルド色の毛皮のような苔と仄暗く斑に差し込む光に覆われている。

● **親愛なるチャールズ，**　貴兄は，少なくとも西欧の庭園が担う最も重要な役割について述べてはいない。その役割とは，文明の開化が，様々な文化を巧みに避ける水準を記録することであり，覆いや実を与えるのではなく，文明が開化する力を尊び，開化の彼方にある事象を配慮する状況に置かれた特別な機会や場所で，文明の開化が姿を現す水準を記録することである。ある意味では，貴兄が指摘したように，それは日本庭園にも見られる。しかし，世界は，(ヴィラ・ランテ＊3 のような) イタリアの庭園，(アルハンブラのような) スペインの庭園のように，非常に相異なる伝統の数々に満たされている。しかし，それも貴兄は『庭園の詩学』＊4 で描写していた。

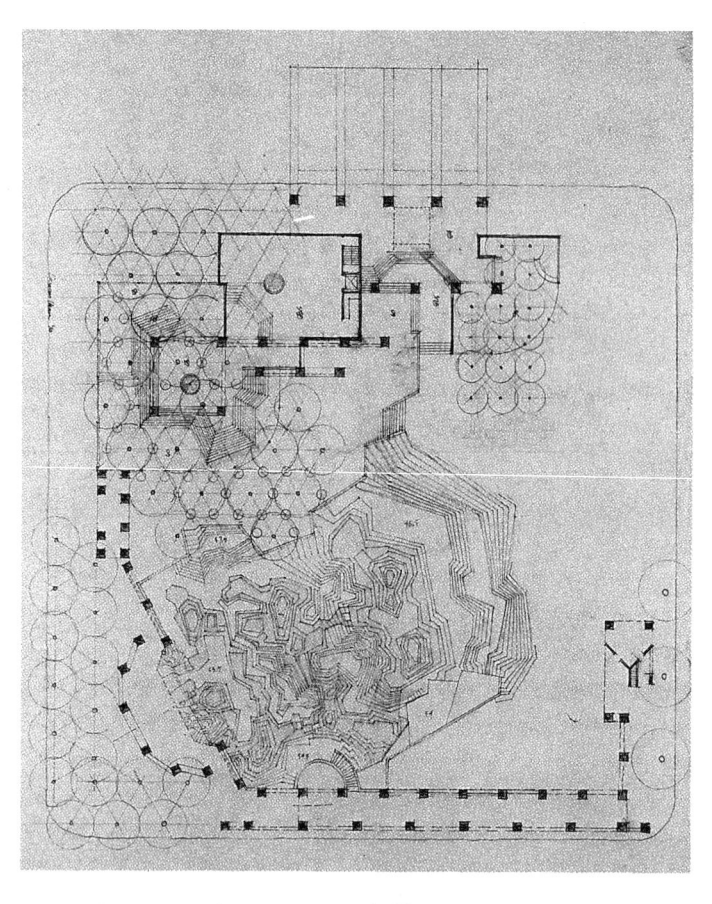

プラザ・プロジェクト，ポートランド，オレゴン州

13 とどまり結びつける水

構成 13 とどまり結びつける水

水は，私たちが生活の中で共有する場所であり，並外れた特質を備えている。水は，あらゆる所にあり，あらゆる水は，地球の上にあるその他のすべての水と，象徴的に詩的に結びついている。水は，近い所にもあるが，非常に遠く離れた崇高の深みの中にもある。動いている水は，生命を表し，静止した水は，死を意味することもある。羊水からステュックスの川の水の流れに向かうように。地球の上で循環する水は，私たちの体内を循環して流れる液体に匹敵する。水盤にとどまり光を映す水の涼やかなありさまが，果てしのないものと身近なものを結びつける。

親愛なるドンリン， 私は，ひととおりの研究の後に博士論文の課題として「建築の中の水」を選んだ。1956年のことである。大統領は，アイゼンハワー。気分は，事実から生まれた問題一色であった。建築をつくる素材である水は，華麗にも時代の歩調から外れていたが，神秘的な特質を様々に備えていた。例えば，ある特別な場所にある水は，世界のその他のすべての場所にある水とともにある。イギリスのコッツウォルズを流れる水は，今も，海，船，そして人魚，空想，さらには忘れ去られた物たちと結びついている。16世紀の日本の話であるが，内海の海岸の特に岩の険しい荘厳な場所に，お茶会を行う庭園があった。庭園に巡らされた壁は，海の眺めを遮り，顔を洗うために体を屈めお辞儀をする水鉢の向こうにだけ，小さな開口があった。鉢の水に顔を映し，海岸の向こうに荒々しく波立つ水の姿を見るとき，趣意は明らかになるのであった。どちらの水も，この世界から生まれた生命に関わるものであった。

水の神秘は，歴史を通じて，ほとんど人間を困惑させるものでもあった。どうして水は，常に空から降り，川を流れ下り，滝となり，湖に流れ込み，海に流れ込むのか？ どうして水は，空に戻るのか？ 多くの学者たちが，何千年ものあいだ，様々な考え方を出した。プラトン[1]は，一方で水が下り他方で水が上るシーソーを提案した。聖アウグスティヌス[2]は，水は星を探し求めて山の頂まで上るのだと考えた。中世の絵の中には，水がジブラルタル海峡を越えて，どこか見知らぬ空の中へと渦を巻きながら上る様子を描いたものがある。しかし，誰も海の水が空へ上って行く様子を見たことはなかった。ジョヴァンニ・ポレーニ[3]が，今では中学校で習う水の循環について，水が蒸発して空に上ることも含めて記述したのは，1723年になってからのことであった。不思議なことに，この神秘が明らかにされて，詩文は，よりいっそう豊かになった。ローマのトレヴィの泉の噴水[4]は，新たに発見された水の循環に形を与え，最もすばらしく最も豊かで最も感銘深く最も不思議な水の作品であることは確かである。とはいえ，それは考案された趣向ではある。

噴水の最も壮観なところは，考えられるあらゆる形で，水が流れ落ち

構成 13 とどまり結びつける水

トレヴィの噴水, ローマ, イタリア

る様子である。水は，噴出し，線のように伸び，跳ね返り，最後に底から空に向けて飛び出し，水の絶え間のない循環を暗示することを助ける。オーケアノス*5 の巨大な像は，その場のすべてを押さえて主役を務め，その両脇には，豊饒と肥沃の像が立ち，その背後に置かれた笠石には，ヴィルゴ*6 たちが踊り，皇帝アウグストゥス*7 の兵士たちにローマ郊外にあるアクア・ヴェルジーネ*8 の泉からトレヴィに水を送る様子を示している姿がある。オーケアノスとお供の者たちの下には海の馬がいる。一頭は荒々しく，もう一頭はおとなしく，トリトン*9 たちを引き受けている。どの彫像もカララの大理石でできているので，白く滑らかである。岩や植物は，トラヴァーティンでできている。表面が滑

らかな所は水が流れ，粗い所は水が流れてはいない。広場よりも下に沈むいちばん低い所にある水は，水盤の縁で波をつくり海を暗示し，そこから再び噴出されて，天上を探し求める。ここには，橋渡しされていない，本来の水がある。

● **親愛なるチャールズ，** もちろん，人間は，橋渡しされた最短を行く水，つまり管理され（トレヴィの噴水まで引かれた水道管の中を通る水のように）意のままにつくられた水が好きである。実は西欧の世界では，あまりにも水を飼い慣らしてきたために，私たちは，水は壁から流れ出て手の中に流れ込むものであり，熱い水，冷たい水，あるいは温かい水は，いつでも選べるものであり，道路や歩道を流れた水は気にとめられることもなく地面に浸透するものだと思い込んでいる。もちろん，そのために水が通る配管，ポンプ，ヒーター，バルブ，そして濾過器のつながる仄暗い道筋があり，水を監視してシステムの面倒を見なければならない人たちがいることを私たちは知っている。しかし，このシステムすべてが心に想い浮かぶのは，道路が冠水し配管から漏水し，あるいは，自然が協調を拒み，渇水や凄まじい大雨を起こし，統御を超えて水量が大きく変化する場合だけではある。

まことに水道は，文明を開化するプロジェクトの中でも最も意欲的な部類に属してきた。それは，運河をつくりナイル川やユーフラテス川に周期的に訪れる洪水を活用する努力から始まり，後にローマ帝国を横切る壮観なアーチの連なる水道橋として現れ，最も眼に見える姿となり，蔓延し，その後，大きな都市の公共空間やイスラムの宮殿の隔離された庭園に潤いを与え，さらにはパリの下水道のシステムの悲惨な描写の中に地下世界を想い描く私たちの心をとらえて離さない。すべての水のシステムは，巧みに発案されてはいても，環境に馴染んでいる場合も，そうではない場合も，水が海に憧れて行くという単純な釣合いに左右される。（もっと正確に表現するならば，水も他のすべての物質と同じように，地球の中心を探しながら，海の中の帯水層に，あるいは地下の巨大な帯水層に到達するまで，表面を滑り，心なく揺らめき，浸透性のない物質の周りを横切り続ける）。このように果てしなく精妙でありながら普遍的で予測可能な特質が与えられている水は，至る所に存在し，影響

構成 13　とどまり結びつける水

セーヌ川，パリ，フランス

力を及ぼすデザインの要素となり，屋根の傾きをなぞり，雨樋を経て縦樋を流れ，また蛇口や噴水から泡を立てながら飛び出し，あるいは地面の勾配と同じ形になる。

　水を統御する形態の中でも最も普通に眼にするものは，川と土手，運河，導水路，水盤，そして排水溝などの水路である。中でも私の大好きな形は，セーヌの川岸である。セーヌ川は，洞窟のようにつくられた力強い構築物をくぐりながら，パリを通り抜ける。川と岸には，石造りから生まれた幾何学とともに水の流れから生まれる緩やかな曲線が驚くほどに鮮烈な姿を現し，優雅な屈曲が構成されている。その対極のスケールの縁にある，日本の厳島神社*10 の奥に控える泥の地面の上に形成されていた小さな円形の溝も，私は，決して忘れることはできない。海の水はいつか溝に戻り，今は今であることを心に想い起こさせる。この神社は，最も影響力を及ぼすように並置され，容赦のない水の流れと脆弱だが執拗な人間の努力を，私の願いどおりに，この内海の潮の満ち引き

鳥居，厳島神社，日本

構成 13 とどまり結びつける水

の中で，明らかにする。先に，貴兄も触れたように，木でできた大きな鳥居の門は，平坦な海面の縁の辺りに，海へと誘う様子でしつらえられている。潮が満ちるたびに，海の水は神社の踊り場の下にまで流れ込み，満潮の時には神社を干潟の中に取り囲み，再び潮は，鳥居の足下の向こうに引き下がる。

セヴィーリャにあるオレンジのパティオの舗装された床に配列された，灌漑水路のネットワークから生まれる優雅な空間を，私は未だ見てはいない。しかし，貴兄がずいぶん前にこの空間を描写した文章は，記憶の中に消し難い痕跡を残した。その軌跡は，暑い都市のパティオに植わる木々を心に想い浮かべる時に，常に記憶の表面をなぞる。貴兄がオーシャンサイド・シヴィック・センター[11]の池の中に椰子の木の果樹園をしつらえる時，セヴィーリャの木々も，また貴兄の思索の背景にあるものに違いない，と私は思う。

カスケード・チャーリー，ユージン，オレゴン州

中間の大きさの水路の中で，私が最も好きなのは，カスケード・チャーリー*12 である。それは，アリス・ウィングウォールが，貴兄の設計したオレゴン大学ハットフィールド・サイエンス・センター*13 に創造した段々に流れ落ちる水路である。水は，上のレヴェルの水盤に置かれた花崗岩の板のあいだから静かに泡立ち，階段の脇の幅4フィートの水路に流れ落ち，一度タイルの縁を乗り越えてから，大きなコンクリートの段々，切り出された赤い花崗岩の塊，緩やかな玉石を経て，中間にある市松模様の水盤に入る。そこで水は，コンクリートの円柱の周りで渦巻き，跳ね返り，青色，黄土色，赤色のタイルが貼られ岩が疎（まばら）に置かれた下の中庭の水盤に入り，さらさらと音を立て，表面が揺らめき，果てしなく流れる水のパターンをつくり出す。それは，ウィングウォール自身の話によると，かつて彼女が大雨の中で通り過ぎたティチーノの峡谷を想像の世界に再生したものである。スコット・ワイリー*14 が中庭に岩を埋め込み仕上げた舗装の模様と結合した，このカスケード，そして，塔，階段，ブリッジ，そして貴兄の建物の壁から生まれる計測された歩調が，この地質学棟の中庭を並外れて記憶に残る強烈な場所にしている。

　「戯れる光」の室内にしばらく戻り，私は，最近に発見したことを伝えずにはいられない。真夏の真昼に，シーランチの自宅の屋外でシャワーを浴びていた時に，私は，突然にシャワーの細かい水しぶきが反射してできた虹に包み込まれた。それは，狭い水周りの空間から逃避してこそ眼にする，アポロからの贈り物である，と貴兄は言うかもしれない。

● **親愛なるドンリン，**　私は，三つの噴水を描写せずにおくべきではないと思う。そのうちの二つは，私たちの作品である。どちらも完璧ではないが，トレヴィの噴水に見られるように，水と観察する人々とのあいだにすばらしい結びつきが生まれるように，絶えず努力が続けられている。ゴードン・カレン*15 は，35年も前にアーキテクチュアル・レヴュー誌に，私たちに大きな意味をもつ水との身近な触れ合いを描写し，「乗り出し広がる精神」という考え方を記述していた。海岸から木でできたドックに渡ると，ドックの床板と周りのあいだにある水，そして渡ったばかりの陸地と海のあいだの縁を，特に意識する，海岸の不思議な魅力

について，彼は描写した。ポルトガルのコインブラにある女子修道院の中庭*16 につくられた穏やかな噴水は，来訪者を水の領域の奥へ奥へと導く。噴水は，四角い水盆にある。その周りに通路が巡り，それぞれの縁から階段を数段下がり，水よりも低く縁は水に囲まれている通路に沿って行くと，水の中に没入しているように感じる。その先に階段があり，小さな円形の島に上ると，ひと筋の水が噴き出している。この小さな島から，小さな四つの橋が，水の中に建つ壁で囲い込まれた小さな四つのチャペルに渡されている。3メートルほど離れた陸地の現実から（水の中を通り，水を渡り）二度隔離されただけのようだが，無限の隔たりがある。

　私は，オレゴン州ポートランドに噴水を制作した時に，トレヴィの噴水から多くを学んだように思う。噴水は，ベンチの背景となる水盆から水を汲み上げているので，来訪者は腰かけると，水が滑り落ちる壁を背にすることになる。壁から，水が跳ね返り，滑り，小さな峡谷に飛び込み，低い方に流れ，飛び石のあいだを抜けて，反射する水盆に向かう。水盆は，初めはエドガー・アラン・ポー*17 の作品から出て来たような大渦巻きとなるように意図されていたが，今では穏やかな池である。（フィリップ・ジョンソン*18 は，フォートワース・ウォーター・パーク*19 で，水が地下の世界の中に姿を消すようにつくり成功した。この効果は物凄いが，おそらくポートランドでは実現しない。）

　ラヴジョイ・ファウンテン*20 の強さ（おそらくは近代性）は，構造にある。蹴上げ5 1/2インチ（約14cm）のコンクリートの階段の仕上げの背後には，単に幅2インチ（約5 cm）長さ6インチ（約15cm）の下地があるだけであった。しかし，長いあいだ，それは弱さでもあった。トレヴィは，トラヴァーティンでできているので立体感があり，水の流れる所は滑らかで，水の流れない所は粗く，石や生長する植物を表現している。ラヴジョイ・ファウンテンは，すべてコンクリートでできているので，雨の日は，水はすばらしく，晴れた日には，水は無作為に隣の垂直なものに跳ね返り，水にふさわしい場所を定めることができない。改善されてきているが，25年が過ぎて，あらゆるものに緑色の苔が付着してきている。

　10年後，ニューオリンズのイタリア人コミュニティを祝うために，ひとつの噴水がつくられた。3月19日の聖ジョセフ（ヨセフ）の祝日にふ

コインブラの噴水，ポルトガル

さわしい手工芸品をつくるところから，計画は始まった。聖ジョセフの日，ニューオリンズのイタリア人コミュニティでは，食べものでできた祭壇が（すばらしい食べもので魅了された都市の中に）配置される。それは，儀式の中で，幼いキリスト，聖母マリア，そして聖ヨセフの像となり，その日の終わりに，貧しい人々に分け与えられる。イタリア広場（ピアッツァ・ディタリア*21）にある私たちの噴水の周りには，もちろん水がある。しかし，イタリアらしくあるためには，井戸が必要であった。それから私たちは，お互いに思案した。考え得る最もイタリアらしいイメージは何か？　もちろんイタリア半島！　そこで私たちは，聖ジョセフの祝日の祭壇に役に立つように，縞模様の円形の水盆と70フィート（約21m）の長さのイタリアの地図の透かし彫りをつくった（が，未だにお祭りに使われてはいない）。水は，音を立てて，ポー川，アルノ川，そしてテヴェレ川を流れる。そして，私は，エトナとヴェスヴィオスの二つの火山の上にティキ*22 に捧げる篝火を置くことを提案したが，野暮だと拒絶された（水は慈しまれ，火は野暮にされ……）。

　さらに水が必要とされた。その他にイタリアらしいものは何か？　もちろん，古典主義的な秩序！　ということで（ギリシア人たちの後押しもあり）私たちは，トスカナ，ドリア，イオニア，コリント，そしてコンポジットの五つの柱式で構成されたコロネイドを創案した。トスカナ式は，最も簡素である。水の環が，縦溝のない円柱を思わせるものとなり，緊密に並べられ，噴水が縦溝を暗示し始める。ドリア式は，水の噴射から生まれたメトウプと古代のヘルメットのように引き裂かれたステンレス製の円柱でつくられ，内部を流れる水が露となり，その背後に控える壁の表面にも水が流れる。ドリア式の壁の中央に架かるアーチの隅には，落ちてくる水を撥ね除けるために，巨大な風防とワイパーを設けるべきであったと思う。しかし，その提案は，殺風景だと拒絶され，それは，水の降りかかる私の頭に密かに置かれている。イオニア式では，渦巻き(ヴォリュート)の辺りに水が飛び散り，液体の卵と矢じりの繰り型ができる。コリント式では，水の噴射から生まれたアカンサスの形が柱頭の辺りで戯れ，コンポジット式では，このような手法と，水のヴォリュート，そして縦溝のあいだを噴射して上る水を結合した。アルプスの頂には，ドイツ生まれのデリカテッセンが置かれることになっていた。同心円の縞模様は，イタリア半島を形成するために歪曲されているが，その中心とな

るシチリア島の上に，焦点となる演壇がある。ニューオリンズのイタリア人の95パーセントは，この島の出身である。サルデーニャには，もうひとつシチリア島出身の講演者のための座席が用意されている。

円柱の最も上の輪郭は，ネオン管で縁どられ，私にとって世界でいちばん優雅なネオンであるトリノのアーケードを想い起こさせる。が，地元にネオンの光る有名な酒場があり，ネオンと人々の心の結びつきは想いのほか強くこの円柱の上のネオンは，疑問視された。危険を冒さずに，何が得られようか。

ともあれ，「乗り出し広がる精神」を競い合う時に，トレヴィの泉は，今も先達である。

着想

14 動機となるイメージ

構成 14 動機となるイメージ

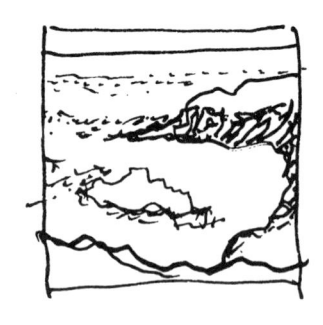

筆者たちの心から離れないイメージが二つある。それは、ジオードとチョコレート・サンディである。ジオードは、不思議な石である。外側は粗く内側は水晶のようである。その小さな洞窟の周りは、結晶のように煌めき、想像の力は、そこに息をのむほどの大きさを感じる。その煌めきは、ロシアのイースターの卵の中のように、グラナダのアルハンブラのように、外は粗く内は水晶のような建物の中で、尊ばれてきた。ジオードは、建物の内側は外側と全く同じである必要はなく、最も小さな構築物が無限の空間と光を覆うこともできることを想い起こさせる。チョコレート・サンディは、あふれ出るばかりの豊かさを暗示する。

親愛なるドンリン， 考慮する必要のある室内がまだひとつある。それを，夢と呼んでみたい気もするが，少し控えめに，イメージについて適切に語るべきである。それは，動機となるイメージ。建築家にも，多くの人々と同じように，特に大切にしているイメージがあるのが普通である。紫色の山の荘厳さ，琥珀色に揺れる穀物の波，(大きな空の国の)幅広い空，あるいは不思議な森などの自然のイメージ，あるいは，鋼鉄でできた峡谷，サイカモアカエデの木々の向こうに煌めく家の光など，人のつくるイメージもある。デザインしたいと思うものに特別なイメージで形を与える建築家もいる。ル・コルビュジエには，公園の中に建つ高層建物の力強いイメージがあり，都市全体がそのイメージで建設されるという，理性に訴えかける構想を彼は信奉していた。貴方とウィリアム・ターンブルが描いた海礁のイメージはすばらしいと私は思った。それは，サンフランシスコのエンバルカデロの海岸につくったコンクリートでできたくつろぐのに都合のよい水際の沖に，壊れた自動車を沈めて海礁をつくるという計画[*1]であった。そこには，海中から照らし出される光によって，覆い隠されていた失われたアトランティス大陸の断片を模したものが，露にされるという予感があった。

私にも，ひとつのイメージがあり，そのイメージを建物にしようと努

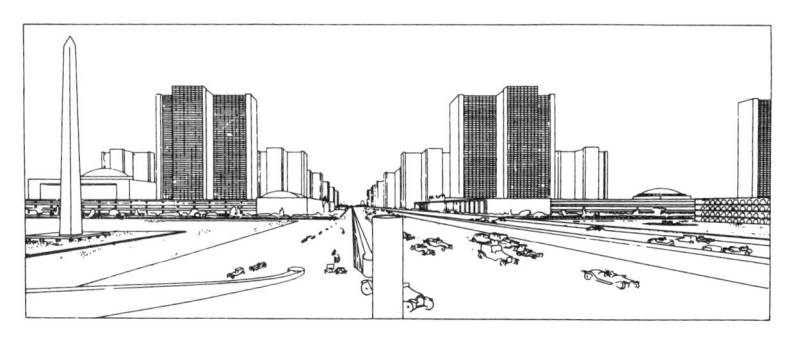

明日の都市 (図面：ル・コルビュジエ，著作権を所有するル・コルビュジエ財団より許可を得て転載) / © SPADEM, Paris & SPDA, Tokyo, 1996.

めることもある。それは、貴方がかつて示唆した、と言うよりも、そのイメージに形を与えてくれたものである。私のデザインしている建物は、暑い日にアイスクリームを食べるのに似ていて、アイスクリームが溶けてこぼれ落ちないように熱狂して舐めるようだと、貴方は指摘した。それは、チョコレートや温かいキャンディのサンディを収集しているような建物のイメージを呼び起こす。そこには、屋根も煙突も屋根窓も柱間もすべてが引き締まった小さな基壇よりも大きく、その上で倒れ滑りそうな頭でっかちなイメージがある。ごくわずかだが、中世の建物、特にフランスの中世の建物には、光を求めて上に向かって大きくなるものがある。ポパイの映画の舞台のためにマルタ島に建てられた、非常にまとまりのある海辺の集落は、頭でっかちであった。しかし、それは、もっとバナナの皮に似ていた。しかし、チョコレート・サンディには、ほとんど未来のイメージがある。それを、マッシュ・ポテトと混同してはならない。マッシュ・ポテトも、初めはチョコレート・サンディと同じで、塊となりあふれ出すが、マッシュ・ポテトは、クレーターができて求心性を帯び、クレーターはグレイヴィーソースで満たされる。マッシュ・ポテトのイメージは、優れた建築に必要な驚きを求める寛大さや潜在力を備えてはいない、と私は思う。

　長いあいだ、私にとって刺激的であり続けるもうひとつのイメージは、ジオード*2 である。ジオードは、不思議な石である。外側は粗く、内側は水晶のような洞窟で、その小さな空間には、結晶の煌めきがある。想像の力は、そこに息をのむほどの大きさを感じる。同じ不思議は、ロシアのイースターの卵の中に、またグラナダのアルハンブラのような建物の中にごくわずかに見られる。アルハンブラは、外側には石でできた要塞の粗さがあり、内側には、中庭を巡るように左右対称に集合した様々な空間がある。繊細な水晶のような複雑性から生まれた中庭には、タイルが貼られたもの、幾千ものプラスターの断片が塗られてできたものなどがあり、噴水の跳ね返る水に反射された光を浴びている。さらに優雅なジオードのイメージは、峡谷や狭い渓谷に見いだされる。C. S. ルウィス*3 は『沈黙の惑星の外*4』で、火星の荒れ果てた表面を横断するために、生命を維持する十分な酸素を満たした深い峡谷を想い描いた。オークの木は、カリフォルニアの小さな峡谷の草の生えた斜面で火星人のように生長する。渓谷には、表層の外にも水がある。彫刻

ジオードのダイアグラム

家のチャールズ・シモンズ[*5]は，都市の建物の壁のモルタルの目地に縮小された峡谷をしつらえ，想像された風景のスケールを身近な大きさの煉瓦づくりの壁や石づくりの壁のモルタルの内側に暗示した。この縮景から生まれる力は，私たちの関心を，広大な退屈な周辺とは非常に異なる（渓谷や中庭やモルタルの目地という）特別な内側に集中させて，驚かせ満足させる役割を演じ，私たちのものの見方に形を与えることを助けている。

　人々は，オモチャの要塞や人形の家から，指人形の劇場や盆栽，そして縮小された，集落や電気機関車に至るまで，小さなものが好きである。おそらく，ものが小さいことで，私たちは，通常よりも大きく感じ，そこに優れた統御を感じる。標準的な世界に住む人は，3匹の熊の家の中に入った女の子ゴウルディロックス[*6]のように，大き過ぎず小さ過ぎず中庸の方法で周りに合ったちょうどよいものを探す。しかし，不思議の国のアリスやガリヴァーのように，スケールを伸ばしたり縮めたりすると，新しい見方や驚きがあり，都合のよい見方やおそらくは洞

察の深い見方もできる優位なところがある。私もアリスやガリヴァーの世界に入ってみよう。ディズニーランドから，縮小された集落，そしてオモチャの汽車に至るまで，小さな世界には，すばらしい潜在力があるように思われる。ディズニーランドのメイン・ストリートに並ぶ建物は，本物の8分の7の大きさに縮められ，2階から上は8分の5の大きさに縮められている。したがって，来訪者は，自分が通常よりも大きく感じ，街がすばらしく統御されているように感じる。小さな周りは，つまめるほど小さくはないが，十分に小さく，その小ささが励起する，普通ではない感覚から生まれるすばらしい心地よさを来訪者に感じさせている。

ディズニーランドは，刺激的で本物に近い大きさがある。しかし，もっと小さなしつらいから同様な感覚が生まれることもある。この場合には，その大きさの中に自分を投影しなければならない。私が知る最も魅惑的なものは，世界中の民俗芸術の中でも大きなものと小さなものが陳列されている，アレクザンダー・ジラードのサンタフェ民俗博物館[7]である。大きなケースには，船が横づけする川の土手，スペインやインドの山，ヴィクトリア様式の家，そして優雅な応接室，ポーランドの教会などがあり，小さなケースには，細やかな宝飾品が展示されている。それは，異国情緒の漂う世界であるが，多くは親しみ深いものであり，少なくとも闘牛場の中にいるような，悪魔の居並ぶ地獄にいるような刺激がある。

縮小されたものは，私たちをお伽話の建築の世界に導いてくれる。建築の世界にも，そのようなジャンルは必要である。ブルーノ・ベッテルハイム[8]は『魔法の効用（邦訳：昔話の魔力）』[9]という魅惑的な著作を書き，現実的でありながら克服できる邪悪さを慎重に計量して子供たちに投与する，子供たち向きのお伽話が本当に必要である様子を描写した。それは，一種の毒薬と解毒剤の混合されたものであり，今日のお伽話の多くが陥るような，平凡で可愛らしいものではない。邪悪さは，深刻な問題であるが，克服できないものではない。若きヒーローやヒロインは，まるでシーソーのような葛藤をくぐり抜け，邪悪さに立ち向かい，どれほど長い任務に就いていても，お茶の時間までには家に戻ることができる。かつて私は，ローマで建築のお伽話を探しながら春を過ごし，数多くの場所を見つけた。例えば，覆われた中ほどとは対照的に不

確定な縁が磨かれ，はるかに遠くから爽快なそよ風が吹いてくるような場所，つまり，ファサードの形式的な開口がその背後の野生の庭園に直に面しているアクア・パオラ[*10]のような神秘的な場所である。それは，これから私たちが克服してゆく邪悪さではなく，堅実さから生まれる塊，あるいは存在感，多分に現実から生まれる表現である。この塊が存在しない状態は，大きさが存在しない状態と等しいものととらえられる。それは，私たちの知覚を新鮮に不安定にするのに必要な，イメージの基礎となるものである。

　ドンリン，貴方が何年にもわたり指摘してきたように，私は，機能的な要求に即したデザインは放置して，個々のデザインの小さな部分を拾い出し，惜しみなく関心を注ぎ込むことに集中するデザインの戦略にますます依存している。その一例は，カリフォルニア大学サンディエゴ校にあるハワード・ヒューズ生物科学研究所[*11]である。これは，照明，空気の濾過，排気フード，そして換気を慎重に計画した研究所であるが，それでは初めから特別に焦点となる所はない。この計画では，中心に中庭を残し，隣接する場所に熱帯らしい小さなセミナー棟を設けた。

ハワード・ヒューズ生物学研究所，サンディエゴ，カリフォルニア州

構成 14 動機となるイメージ

シャルロッテンホフ，ポツダム，ドイツ(図面：シンケル，カール・フリードリッヒ・シンケル著「建築図面作品集」プリンストン・アーキテクチュラル・プレスより許可を得て転載)

建物には，実際に空気を採り入れ排出できるように，中庭に向けて強い図的な表情を備えるように，シャッターが設けられている。中庭は，恵まれた縮景となり，19世紀の初頭にカール・フリードリッヒ・シンケルが設計したポツダムのシャルロッテンホフ*12 の庭園の眩惑的な図面にも似ている。このシンケルの庭園は，中庭のディテールを計画する当初から頭に浮かんでいた。この空間を利用することになった研究者の中には，ソークの近くの研究所で仕事をした経験のある人も含まれ，彼らの標準とするところは非常に高かった。「繰り返す類型」の室内で，カーンがソークのデザインで，使われる空間と仕える空間を反転させ，研究所を仕える空間に変え，海を眺める方に歪められた小さな事務所の塔を図的な（小さな）使われる空間にしたという貴方の論議には感銘を受けた。私たちは，すぐ隣にある平行な足跡をたどり，25年の後に，その「図」に焦点を絞り，慎重に「地」にくつろぎを与えたのだと私は実感する。成熟してゆく，あるいは高齢化してゆく建築家にとって，最も当惑を覚える責務のひとつは，作品の幅を広くするために多くのエネルギーをかけ過ぎないことであるように私には思われる。縮景に焦点を絞ることは，焦点を保持するひとつの効果的な方法ではある。

親愛なるチャールズ，　ビル・ターンブルと私がサンフランシスコのエンバルカデロのすぐ沖に計画した海礁を，貴兄がこの室内で思い出したことは，光栄である。その目的は，都市化された港湾の海岸にシーランチにある貴兄のコンドミニアム*13 の沖合に見られる，絶えることのない波の動きの縮景をつくることであった。湾の穏やかな波のうねりの中に不規則な波の崩壊を創出するために，満潮になると絡み合う渦巻きから生まれる擾乱を誘導することになっていた。波は，果てしなく変化を続けるとはいえ，その変化は，おおよそ予測の可能なものではあった。干潮になると，擾乱は増加し，様々な形の海礁の周りで波が跳ね返り，驚きを催すほどに彫刻の施された要素が海の中に静止している姿が露となり，静止した水で満たされた海礁のポケットは，薄暗い深みを連想させる。

しかし，このイメージに関する貴兄の記憶について異議がひとつある。私たちは，それを壊れた自動車でつくるつもりは全くなかった。しかし，自動車を沈めてつくった海礁は，十分に面白い形となり，その周りで海水が渦巻き，時を経て錆びたり変化したり融解してゆく際にも優位であり，背筋も凍るような確かな魅力をそのイメージに加えたであろうことは，私も認めたいと思う。当時，私たちは，壁，階段，水盤，そしてブロンズやセラミックの彫像のあるコンクリートの海礁をつくるつもりでいた。そのような仕掛けは，確かに海藻が重なり合い，その場に似つかわしくなるだけではなく，希望にあふれた瞬間をとらえる能力も保たれることになっていた。

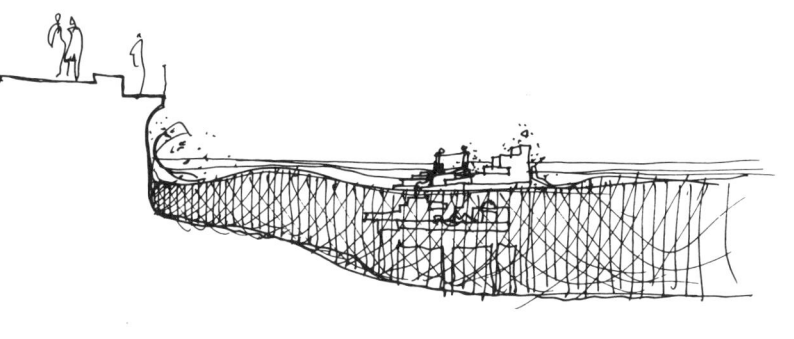

エンバルカデロ海礁プロポーザル，サンフランシスコ，カリフォルニア州

貴兄が，この海礁を壊れた自動車に似たようなものとともに思い出したことは興味深い。おそらく，海礁は，貴兄の記憶の中で，湾の反対側にあるバークリーの泥の平地に置かれていた，ガラクタの自動車と融合していたのである。私は，ずいぶん前にそのガラクタを引合いに出して，1950年代に私たちが押し込まれていた地球的な状況から飛び出し一種の自由詩を意識しようとする，私たちの世代の意志を証明するものだと書いたことがある。今や私たちの世代は，少なくとも乱雑な状況に対して責任を負う部分があり，自由詩は，少しも希望にあふれているわけではないと思われるところに，抑制のない自由な起業家が現れ，創造するために破壊もしかねないような近頃の批評の論述の中で大変に慈しまれている「衝突」を扱う空想物語には，説得する力がほとんどない。

　私たちの海礁が出来上がり，サンフランシスコ湾の潮が行き来する様子を想定してみると，それが，コンドミニアムの沖合の波に囲まれた岩々の見事な姿が示唆する何かに迫るには，考慮すべき誠実さの飛躍が必要とされる。その飛躍には，波で満たされた入江に特徴を与える特質を備えた場所を創造するイメージに再び戻るためにふさわしい理由があるように思われる。もしかすると，イメージよりも夢という言葉の方がよいかもしれない。歴史の奥行の深さ，気分を浮き立たせてくれる存在，根本的な正当性，循環する変化，煌めく光，そして限りなく驚かされるディテールの数々。それは，中国の風景画の中に，砂浜の様々な風景の中に，森の中に，場所に固有な都市の中に，そしてバロック建築の最も優れたモニュメントの中に，私たちが賞賛してきたイメージの数々である。それは，自然と協調し同じ考えの仲間と協調し，追究する価値のある夢でもある。

カステッロ・ディ・ガルゴンザ, イタリア

あとがき　カステッロ・ディ・ガルゴンザ

あとがき　カステッロ・ディ・ガルゴンザ

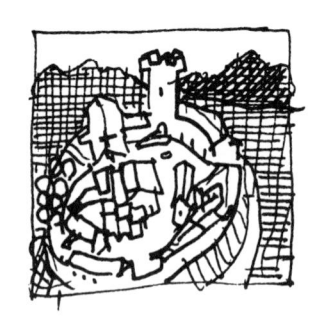

記憶は，明瞭な場所に宿る。軸，果樹園，踊り場，境界，そして標(しるし)。様々な場所を通り抜ける私たちの動きが場所を横切り戯れる光とともに織り込まれる時，その場所は，人生の様々な瞬間を誘惑し安全に護る様々な関係から生まれる複雑な織物を引き立てる。小さな場所であれ，壮大な場所であれ，記憶の館となる場所は「主題」を融合し「構成」に変える。その時に部屋と空間は，見慣れたパターンそして神秘的なパターンの中で複雑な秩序を与えられ，装飾と連想によって生気を授けられ，庭園，水，そして喚起的な形象と絡み合わされている。

親愛なるチャールズ，　心の中の記憶の室内とともにカステッロ・ディ・ガルゴンザに戻ること。それは照らし出す光である。まず私は，その場所のあまりに小さな様子にあらためて驚いた。次に私は，これまで提言してきた課題の数々が，活動的に，もちろんソロではなくコンチェルトとなり，その場所に満たされている様子にあらためて気がついた。筆者たちが描写してきた主題の数々が，この地域に固有な建物を起源とするひとつの場所に見いだせることはまことに喜ばしく，私は，主題の根本的な強さを確認している。

　例えば「到達する軸」を見てみよう。この主題を小さな中世の城の中に見つけることなどは，ありそうにない課題のようにも思われる。しかし，そうではない。到達する軸は，丘の頂に，空間を構成する最も密度の高い部分にある。それは，教会とカーサ・ニコリーナ＊1の正面の扉のあいだを突き進む，強く励起された通景軸である。この事例は，確かに完璧ではない。どちらの側面の壁も前後に彷徨いながら，建物は，幅2メートルほどの屈曲した空間の道筋を創出している。地面は盛り上がり中央がいちばん高く，通路の端から眺めても地面の隅々までは見えない。突き当たりにある扉は，どちらも正しい中心にあるわけではない。しかしそれでもなお，そこに軸はある。2点のあいだで引き延ばされ，励起し，エネルギーと共振している。それは，この場所から生まれる理念を中心的に構成する，基準線を創出している。私はそう主張したい。カステッロの中の様々な位置は，この基準を参照し軸の側面のどちらかに合わせて計測される。一方「彷徨う通路」は，壁の周囲に沿って塔からピアッツァまで環のように下り，カステッロの中を通る最も重要な道を描写している。この励起は，純粋に精神の状態だが正確に眼に見えるように尾根の上で二つの扉のあいだを延びる軸に沿って反響している。それは，繙かれて行く場所の中を通り抜ける，傾く地面から直に形が与えられ，岩自体が彫り込まれていたり常に土や切り出された石でできている道との対比によって，さらに大きな力がさらに与えられている。

　カステッロは，また「踊り場，斜面，そして階段」の百科辞典でもある。しかし，どれも，全く教条主義ではない。どの場所にいても，測量

あとがき　カステッロ・ディ・ガルゴンザ

カステッロ・ディ・ガルゴンザ，教会の玄関

する際に起こる水準の抽象化を経験することはない。露壇も，松林や葡萄畑のある丘陵に沿って傾いている。建物も，傾いた地面から2-3階の高さに上がる。通常は，どの階にも，地面に近い場所から入れる。岩から建ち上がる石と煉瓦の外壁には，内部の床の位置を明らかに示す手掛かりはない。屋外にある実際に平坦な場所は，壁に囲まれた二つの庭園の中にだけある。マナーハウスの庭園と集会の家の庭園である。ここには共用の通路や斜面から離れた，植物でできた踊り場があり，陽の当たる穏やかで見晴らしのよいオアシスを創出している。ここは，夢から覚めていない集落の中でも，特に落ち着きのある場所である。この段々状の露壇は，見晴らしと囲込みが様々に異なる領域を創出しているが，それでも，一歩離れて見れば，地面は傾いている。

「階段」は，筆者たちが述べたように「上り休息する」。カステッロ・ディ・ガルゴンザの階段の多くは控えめである。屋外にある階段は，数段上ると踊り場に着く。屋内にある階段は，狭く急で捩れている。最も

演劇的な階段が二つある。どちらも，人が階段に沿って移動する様子よりも，階段がつくられた方法に特徴がある。ひとつは，古いオリーヴを搾る仕掛けの置かれた低い床から，建物のあいだを上る階段である。それは，石切場に近く，切り出されたままの粗い石でできているが，上り下りできる踏み面がある。そのすぐ隣にある岩棚のような斜路には，上りに付き物の彩りを添える植物の植わる壺を置くのにふさわしい踊り場がある。同じ建物の反対側は，全く異なる状況にある。長い階段が，一息入れる所もないまま庭園から上の階の部屋に到達している。階段は，小さな推移に橋を渡し，その脇には葡萄棚の上に絡まる葡萄の木を伴い上向きの力の中にある。つる植物たちが，庭園からまっすぐ上の扉まで上り，植物の緑の愛らしい天蓋となる。

（垂れ下がる仲間もあるが）同じつる植物が，離れの建物の瓦屋根を這い下がり，さらに，低い通路と交差する木でできたもうひとつの葡萄

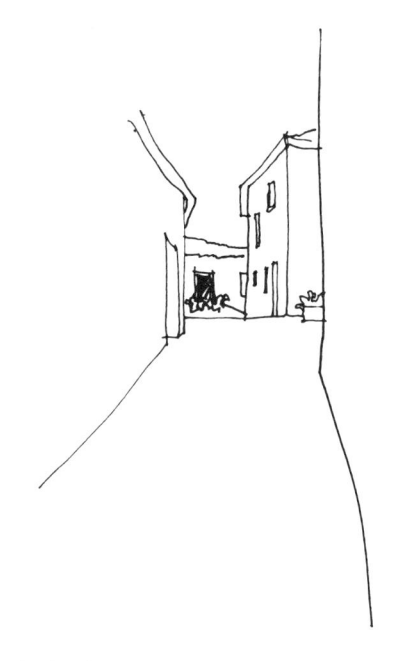

カステッロ・ディ・ガルゴンザ，カーサ・ニコリーナ

あとがき　カステッロ・ディ・ガルゴンザ

カステッロ・ディ・ガルゴンザ，入口の斜路

棚を横切る。この全体が，ふたつの環状の通路のあいだに，陰と樹葉にあふれた移り変わりを創出している。環状の通路は，カステッロの壁で一体に結びつけられた敷地の最も低い地点で合流する。この「統御する境界」の内側の低い領域には，カステッロ・ディ・ガルゴンザの中でも最も複雑な「重なる壁」が見られる。そこには様々な間口の離れ家，塀

カステッロ・ディ・ガルゴンザ，階段とヴィスタ

249

カステッロ・ディ・ガルゴンザ，共用の庭園

あ と が き　カステッロ・ディ・ガルゴンザ

カステッロ・ディ・ガルゴンザ，通路

で囲まれた庭園，奥まった所に設けられた葡萄棚，そして，建物の表に上るもうひとつの階段がある。これらが，建物の量感のどちらの側面に向いた空間にも「選択し変化するポケット」の深みをつくり出している。その建物は，他の建物に向けて垂直に突出している。またその建物には，かつて共用のオーヴンが置かれていた。この南東の側面には，壁と建物のあいだに，舗装されていない大きな共用の空間がある。それは，間違いなく昔は作業する裏庭であり，今では，この場所に構築された建物の中で繰り広げられる即興的な活動や変化にふさわしく，最もすばらしい機会を提供している。

　「包囲する屋根」は，湾曲する壁，下り斜面，そして即興で加えられた気まぐれに適合するように，様々な形を収容し果てしなく多様性を創出しながら，カステッロの中の建物を房状に集束させている。すべての建物は，もちろんトスカナの柔らかな赤い屋根瓦で覆われ，集会の建物の庭園の「和らげる陰」の下にいる来訪者たちの「中心となる」日傘を

カステッロ・ディ・ガルゴンザ，井戸

除けば，「キャノピー」に属するものは何もない。「戯れる光」は，建物や舗装の石の表面のあらゆるニュアンスを支配し，一日の時間の経過とともに，知覚にふさわしく地面に微妙な移ろいを加える。

　この場所には数多くの「装飾」があるわけではない。しかし，教会に見られる装飾は，誠実さから生まれる様々な趣意を「受け継ぎ」，この簡素な構築物を特に興味深く重要な場所に「変様し」，複合された建築の中で担う役割の「符号となる」。マナーハウスの扉にも装飾が施され

あとがき　カステッロ・ディ・ガルゴンザ

カステッロ・ディ・ガルゴンザ，サンタ・マリーア・デッラ・スカーラ

ている。扉の上に小さく彫り込まれたハシゴの象徴がある。それは，この構築物が，シエナのサンタ・マリーア・デッラ・スカーラ*2 の前哨のひとつであったことの符号となっている。それは，シエナの大聖堂の反対側にある強力な病院であり，かつては，この地方の大地主のひとつであった。

「とどまる水」は，静かにプラザの下の井戸の中にある。それは，カステッロに入る道の片側にある蛇口から今では眼に見えるように迸り出る水と「結びつける」。「開化する庭園」を求めて，私たちは，片側にあるマナー・ハウスの軸に沿って分離され縁どられた庭園に眼を向け，また疎に植わる松林の「果樹園」と，南側にある壁で囲まれた庭園に合わせて「計測する」杭で囲まれた葡萄畑に眼を向ける。

先に書き留めたように，集落の街路に「出没する影」をつくるカステッロの塔は，お伽話の本に出てくるような，田園風景を「見渡す標」であり，私たちが記してきた他の室内から派生する要素とも仲よく調和し，私たちの様々な記憶の中に，この場所を描き込むのに役立つ。

カステッロ・ディ・ガルゴンザは，楽しい思索に満たされた陽の当たる静かな日々，そして，ささやかな手づくりの心の館を大切にしまい，想い起こすのにふさわしい場所であり，まさしく「動機となるイメージ」なのである。

訳 注

序 章

- 1 Marcus Tullius Cicero (106-43 B.C.). ローマ時代の政治家。ラティウム Latium のアルピウム Arpium 生まれ。主著 *Orator / De Oratore* I-III, 55 B.C. 他。

主 題

1. 到達する軸／彷徨う通路

- 1 Gottlieb Eliel Saarinen(1873-1950). フィンランドの建築家。ランタサルミ生まれ。ヘルシンキ工科大学で建築を学ぶ。1923年に渡米しミシガン大学で教える。1925年にクランブルック芸術アカデミーのキャンパスの設計を始め後に同校の教授となる。作品ヘルシンキ駅 Railway Station & State Railway Administration Building, Helsinki, 1914 他。
- 2 Cranbrook Academy of Art, Bloomfield, Michigan. デトロイトの新聞社主 George Gough Booth が妻 Ellen と設立した Bloomfield Hills Coutry Club の敷地内に設立した美術学校。この他、Christ Church (Epispocal), Cranbrook Institute of Science, Cranbrook School (Boys), Kingswood School Cranbrook (Girls), Brookside School, Cranbrook (young, children) Home などが併設された。George Gough Booth (1864-1949)はトロント生まれ。1893年に Evening Press, Grand Rapids を設立し1914年には Booth News Paper Inc. を創設。1936年までに Grand Rapids Press, Bay City Times, Ann Arbor News など8種類の新聞雑誌を刊行した。
- 3 Jonah. ヘブライの予言者。『旧訳聖書／ヨナ書』によれば、予言が外れ嵐の責任を取らされ海に投げ出され大きな鯨に助けられ陸地に吐き出される。
- 4 Carl Wilhelm Emil Milles [mil'les] (1875-1955).彫刻家。スウェーデン、ウップサル生まれ。パリのエコール・デ・ボザールで彫刻を学び1929年渡米し1945年市民権を得た。
- 5 Europa and the Bull. ギリシア神話では Europa はフェニキア Phoenicia の王アゲルノ Agenor と王女テレパッサ Telephassa の娘。彼女に恋したゼウス Zeus は牡牛に姿を変え彼女をクレタ島まで運び神の姿に戻り彼女と結婚し3人の息子が生まれた。
- 6 Taj Mahal, Agra, India, 1632-1648 / 1653.
- 7 Mumtaz Maha(1592-1631).シャー・ジャハーンの妃。ムガール王朝第4代皇帝ジャハンギール Jahangir(1569-1627, 在位1605-1627)の妃ヌール・ジャハーン Nur Jahan の姪。
- 8 Shah Jahan(1592-1666, 在位1628-1658.ムガール王朝第5代皇帝。
- 9 Vaux-le-Vicomte, 1656-1661.「子爵の谷」の意味。財務総監ニコラ・フーケ Nicolas Foucquet(1615-1680)がパリ南40kmの谷に築いた壮大な庭園。設計は Andre Le Notre, 館の設計は Louis II Le Vau, インテリアデザインは Charles Lebrun.
- 10 Andre Le Notre(1613-1700).フランスの庭園家。イタリアのバロック様式をフランスに紹介した宮廷画家 Simon Vouet (1590-1649)の下で Charles Lebrun とともに学ぶ。1637年 Tuileries の庭園家の地位を父親から継承し1656年 controleur general des batiments du roi の称号を得た。Charles Lebrun(1619-1690)は1642-1646年ローマに滞在しプサン Poussin(1594-1655)などの影響を受け Gallery, Hotel Lambert, Paris, 1646. Hotel de la Riviere, 1653. などのインテリア・デザインを行った。建築家 Louis II Le Vau(1612-1670)は Hotel Lambert, Paris, 1644. Hotel Lauzun, Paris, 1656. Hotel de Lionne, Paris, 1662 他を設計。
- 11 Sun King Louis XIV(1638-1715, 在位1643-1715). フランス国王。ルイ13世 Louis XIII(在位1601-1643)と王妃であるスペインの王女 Anne de Austria のあいだに生まれた。
- 12 Versaille, 1661-1665. Vaux-le-Vicomte 同様 Andre Le Notre は Louis II Le Vau, Charles Lebrun と協働で設計した。宮殿は1665年に完成し庭園は1668年以降も修正が加えられた。1664-1665年に Bernini に依頼されていたルーブル宮殿 Palais du Louvre, Paris の計画は1667年に Louis II Le Vau, Charles Lebrun & Claude Perrault (1613-1688)に引き継がれした。
- 13 Karlsuruhe. Karl Wilhelm 侯爵によって1715年に配置された都市。
- 14 Pope Sixtus V / Sisto V(在位1585-

1590). ランドマークとなるオベリスク Vatican Obelisk, 1586. Esquilino Obelisk, 1587. Lateranese Obelisk, 1588. Flamino Obelisk, 1589を建てローマの街の中に通景軸をつくりだした。Flamino Obelisk は B.C.1300年頃にヘリオポリス Heliopolis(今のシリアの Baalbec)に建てられた。皇帝 Augustus の時にローマに運ばれ Circus Maximus に建てられ1589年にポポロ広場 Piazza del Popolo に移された。ローマ旧市街に14本のオベリスクがある。3章参照。
・15　Pierre-Charles L'Enfant(1754-1825). フランスの芸術家。ルイ14世に仕えた宮廷画家である父親が教えていた王立美術学校 Academie Royale de Peinture et de Sculputure に1771年から1776年まで学んだ後アメリカ独立戦争に参加。1783年アメリカ議会より Major of Engineer に指名された。彼のワシントン配置計画(1791)は、Piazza del Popolo, Rome, 1660. Andre Le Notre がデザインした Versailles,1661-1665. John Evelyn(1620-1706)がデザインした London Plan, 1666. その他 Williamsburg,Virginia, c. 1699. Savannah, Georgia, 1733 等の街区の構成が参照されている。
・16　Camilo Sitte(1843-1903). オーストリアの建築家。主著 Der Stadtebau Nach Seinen Kunstlerischen Grundsatzen, Verlag von Carl Graeser, Wien, 1889. translated by Charles T. Stewart, The Art of Building Cities, Reinhold Publishing Corp. New York, 1945. translated by George R. Collins, City Planning According to Artistic Principles, Random House, New York, 1965.『広場の造形』大石敏夫訳、美術出版社、1968、鹿島出版会、1983.
・17　The Art of Building Cities / Der Stadtebau. 前掲書。
・18　Bevery Hills Civic Center, 1991. 設計 Charles W. Moore & Urban Innovation Group.
・19　Bevery Hills City Hall, 1932. 設計 Gage, Austin & Ashley.
・20　Jorge Luis Borges(1899-1986). アルゼンチン生まれの作家。主著 Ficciones, Grove Press, New York, 1962.『伝奇集』篠田一士訳、集英社、1972.
・21　"The Garden of Forking Paths", Jorge Luis Borges, Labyrinths : Selected Stories and Other Writings, 1964.
・22　Miletus, Greece, B.C. 5 C.
・23　Puebla de Zaragoza, Mexico, 1532. 当初 Puebla de los Angeles と呼ばれロスアンジェルスは El Pueblo de Nuestra Senora La Reina de los Angeles de Porciuncula と呼ばれた。
・24　Thomas Jefferson(1743-1826). 政治家、建築家。ヴァージニア州生まれ。独立運動に参画し1776年に独立宣言を起草。1779年にヴァージニア州知事、1785年にフランス駐在公使となり1801年にアメリカ第3代大統領に就任。7章参照。
・25　Lord James Edward Oglethorpe (1696-1785). 英国陸軍軍人、下院議員。ロンドン生まれ。オックスフォード大学に学ぶ。1722年に議員となりロンドンの監獄の改革に着手し債務者の罪を軽減しアメリカで新たな人生を開拓する途を開いた。1733年にサヴァンナを開拓。翌年英国に戻り1735年黒人奴隷の取引を禁止する法律の策定に関与。ジョージアの開発に私財も注ぎ込み尽力した。
・26　Stourhead. ロンドン市長を務めたロンドンの銀行家 Richard Hoare の孫に当たる Sir Henry Hoare(1705-1785)の庭園。1947年ナショナルトラストに移管された。
・27　Virgil / Vergilius, Aeneid, 30-19 B.C., 作者 Publius Vergilius Maro(70-19 B.C.)はローマ時代の詩人。作品　牧歌 Eclogae, 37 B.C. 農耕歌 Georgica, 37-30 B.C.
・28　五代将軍徳川綱吉の側用人であった川越藩主柳沢吉保が将軍から拝領した敷地に元禄15年(1702年)に造営した回遊式築山泉山庭園。六義とは中国の詩の分類である六諭に倣い古今和歌集の序文に記された「そえ歌、かぞえ歌、なぞらえ歌、たとえ歌、ただごと歌、いわい歌」という6つの和歌の分け方。これに倣い吉保が六義園と名づけた。
・29　水戸藩初代徳川頼房が三代将軍家光から拝領した敷地に屋敷を構え後に光圀が朱舜水という明から帰化した学者に相談し庭園を完成させた。後楽園という名は「先天下之憂而憂、後天下楽而楽」(笵仲庵『岳陽楼記』)に因み朱舜水が選んだと言われる。
・30　Uffizi Museum / Galleria degli Uffizi, 1560-1574. 設計 Giorgio Vasari(1511-1574).
・31　Sandro Botticelli(1444-1510). イタリア、フィレンツェの画家　作品「春」La Primavera 他.
・32　Isabella Stewart Gardner Museum / Fenway Court, 1902. 設計 Willard T. Sears & Edward Nicolas. 美術館の設立者 Isabella Stewart Gardner(1840-1924)はニューヨークに生まれパリで学び John Lowell Gardner (?-1898)と結婚し数多の美術品を収集した。
・33　The Louisiana Museum, Humlebaek, Copenhagen, Denmark, 1958-1991. 設計 Jorgen Bo & Vilhekm Wohlert. 1958年

訳注

展示室を細長い通路で結ぶ美術館が完成。美術館の成長と共に1966年, 1971年, 1976年, 1982年の増築で拡張した左右の両端を1991年の増築によって結び今では回遊形式の美術館に変様している。

・34 Louis Isadore Kahn(1901-1974). 建築家。エストニアのザーレマー島生まれ。アメリカに移住しペンシルヴァニア大学で建築を学ぶ。1950-51年ローマに滞在。

・35 Kimbell Art Museum, Fort Worth, Texas, 1972. 設計 Louis I.Kahn.

2. 計測する果樹園／整えるピラスター

・1 Great Mosque, Cordoba,Spain, 786. メスキータ Mesquita と呼ばれる縞模様のアーケードのモスク。751年に創建された西ゴート族の11廊の礼拝堂をコルドバの国王アブドゥ-エル-ラーマン 1 世 Abd-er-Rahman I (在位756-788)が785-786年にモスクに改造し848年に Abd-er-Rahman II(在位821-852)が拡張した。ハカム2世 Hakam II(在位961-976)によって962-966年に奥に増築され987年に横に拡張され1523年にスペイン国王カルロス5世 Carlos V(在位1516-1556)によって大聖堂が造られ1607年に完成した。8章参照。

・2 Great Mosque, Qairawān / Kairouan, Tunisia, 836. 国王ズィヤダト アラ1世 Ziyadat Allah I(在位817-838)の時に建設された。

・3 Lluis Domenech y Montaner(1849-1923). スペインの建築家。バルセロナ生まれ。作品 Palau du la Musica Catalana, Barcelona, 1908. San Pablo Hospital, Barcelona, 1910 他。

・4 出典 chapter I. "The Garden of Cyrus" (1658), Sir Thomas Browne, *The Garden of Cyrus, or The Quincunicall, Lozenge, or Network Plantations of Ancients, Artificially, Naturally, Mystically Considered*, 1658. 著者 Sir Thomas Browne (1605-1682) は *Religio Medici*, 1642. *Pseudodoxia Epidemica*, 1646 など宗教・哲学の著作を残した。

・5 Patio de los Naranjos, Cordoba.

・6 Great Mosque, Seville, 王位を継承する前コルドバにいたアブュ・ヤクブ・ユスフ1世 Abu Yaqub Yusuf I(1139-1184, 在位1163-1184)によって1172-82年に構築され後に幾度か増築された。King Ferdinand III of Castile and Leon(1201-1252, 在位1217-1252)によって征服され1248年以降キリスト教徒の聖堂となった。

・7 Patio de los Naranjos, Seville.

・8 Great Mosque, Kutubı̄ya / Koutobia, Marrākush / Marrakesh, Morroco. 1147年に再建され1162年に増築された。

・9 Thousand pillared mandapas, Madurai, India.

・10 Santo Spirito, Firenze, Italy. 1436年に設計され1444年に建設が始まり1482年に完成した。設計 Filippo Brunelleschi(1377-1446). 作品 Old Sancrist, San Lorenzo,Firenze,1418-1428. Cupola, Santa Maria del Fiore, Firenze, 1418-1436. Piazza della Sanstissima Annunziata, Firenze, 1421-1445 他。6章参照。

・11 Le Corbusier(1887-1965). フランスの建築家。本名 Charles-Edouard Jeanneret. 作品プラン・ヴォワザン Plan Voisin, 1925, ユニテダビタション Unite d'Habitation, 1952, シャンディガール会議場 Palais de L'Assemblage, Chandigar, 1965 他。14章参照。

・12 Bourges Cathedral, Cher, Berry, France. シャルトルと同様に1195年頃に建設が始められた。聖歌隊の席は1210年までに完成し身廊は1255-1260年頃に完成した。

・13 Rouen Cathedral, Seine-Mritime, Normandy, France. 1200年頃聖堂の建設が始まり1265-1270年頃にパリのノートルダム大聖堂の袖廊を想い起こさせるファサードが袖廊に付け加えられた。

・14 Church of Jacobins, Toulouse, France. 基礎は1227年に完成し1240年に大聖堂の建設が始まる。再建が1260年に始まり1304年(-1385年)に完成した。Toulouse は Saint Thomas Aquinas の遺骸の埋葬された所。ジャコバン派はドミニコ派のフランス名。

・15 Villa Farnesina alla Lungara, Rome, 1511. 設計 Baldsarre Peruzzi(1481-1536), Raphael, Giulio Romano, Vignola, Palladio などが協力したと言われる。シェナの銀行家アゴスティノ・キージ Agostino Chigi(1465-1520)が建てた別荘。1580年に教皇パウロ3世 Pope Paulus III / Pàolo III(在位1534-1549)の孫に当たる枢機卿アレッサンドロ・ファルネーゼ Alessandro Farnese (1545-1592)に売却された。

・16 San Miniato al Monte, Firenze. 身廊の12宮の模様の大理石の床は1207年に張られ屋根は1322年に改修された。ファサードはブルネレスキ Brunelleschi のデザイン。大理石張りの円柱と壁は19世紀に加えられた。

・17 Karl Friedrich Schinkel(1781-1841). ドイツの建築家。作品 Neue Wache, Berlin, 1818. Casino, Schlos Gliencke Park, 1825. Altes Museum, Berlin, 1830 他。

・18 Schauspielhaus, Berlin, 1821. 設計

Karl Friedrich Schinkel.

• 19　Michelangelo di Lodovico Buonarroti Simoni(1475-1564). イタリアの建築家, 彫刻家. 作品 The Last Judgment, Sistine Chapel, 1533-1541. Medici Chapel, San Lorenzo, Firenze, 1543. Facade, Palazzo Farnese, Rome, 1547. Duomo, San Pietro, Rome, 1547-1564. 他。

• 20　Piazza del Campidoglio, Rome, 1539-1655. 設計 Michelangelo with Giacomo della Porta & Girolamo Rainaldi. ローマ時代は Capitolium と呼ばれていた。3章参照。

• 21　Palazzo dei Conservatori, Campidoglio, Rome, 1568. 設計 Giacomo della Porta(c.1537-1602). 作品 Facade, Il Gesú, Rome, 1568. Duomo, San Pietro, Rome, 1572-1585. Fountain, Piazza Nicosia, 1573. 他。

• 22　Palazzo Nuovo / Museo Capitolino, Campidoglio, Rome,1655. 設計 Girolamo Rainaldi(1570-1655).

• 23　Gian Lorenzo Bernini(1598-1680). イタリアの建築家. 作品 Fountain of Four Rivers, Piazza Navona, Rome, 1651. Restoration, Santa Maria del Popolo, Rome, 1658. San Thommaso Villanova, Castel Gandolfo, 1661 他。

• 24　Sant'Andrea al Quirinale, Rome, 1670. 設計 Gian Lorenzo Bernini, 1658年に設計され12年かけて建設された。

• 25　Louis Henri Sullivan(1856-1924). 建築家。ボストン生まれ。Eugene Letang 教授が教えていたマサチューセッツ工科大学とエコール・デ・ボザールで建築を学ぶ。作品 Auditorium Building, Chicago, 1889. Guaranty Building, Buffalo, New York, 1895. 他。

• 26　Wainwright Building, St. Louis, Missouri, 1891. 設計 Adler & Sullivan.

• 27　Ludwig Mies van der Rohe(1888-1969). ドイツの建築家。グロピウス, ハンネス・マイヤーの後のバウハウスの校長。ナチを逃れシカゴに移住しイリノイ工科大学教授となる。

• 28　Seagram Building, New York, 1958. 設計 Ludwig Mies van der Rohe & Philip Johnson.

• 29　Lake Shore Drive Apartments, Chicago, 1951. 設計 Ludwig Mies van der Rohe.

3.　離れる踊り場 / 合流する斜面 / 上り休息する階段

• 1　Federico da Montefeltro(1422-1482). 1444年ウルビーノの伯爵となり1474年公爵となる。

• 2　Palazzo Ducale, Urbino,c.1480. 1456-1466年のあいだ Federico da Montefeltro 伯爵と Maso di Bartolomeo が宮殿の基本構想を立案し, 1466-1472年のあいだ建築家 Luciano Laurana(1420-1479)に設計を担当し建築家 Francesco di Giorgio Martini (1439-1502)も協力。1472年以降完成までは Martini が担当した。現在はマルケ国立美術館 Galleria Nazionale della Marche。ウルビーノ生まれのラファエロ Raffaello Sanzio (1483-1520). ピエロ・デラ・フランチェスカ Piero della Francesca(1415 / 1420-1492)の絵画などが展示されている。9章参照。

• 3　Piazza Merkatale.

• 4　Palazzo Repubblico.

• 5　Piazza del Campo, Siena. 市は1169年にこの広場の土地の一部を取得し1298年には広場の形態と広場に面する建物のデザインを条例で定めている。7章参照。

• 6　Palazzo Pubblico, Siena. 市庁舎は1284年から計画が始まり1297年に起工し1310年におおよそ完成し1325年から1343年に塔の脇の部分が増築され1680年に左右に対称な2階建ての翼部の上に1階増築された。塔は1326-1341年 / 1338-1348年の期間に建設された。7章参照。

• 7　Palio. パーリオは町の旗の意味。毎年プロヴェンツァーノの近くに聖母が現れた記念日である7月2日と聖母の被昇天祭の催される8月16日に開催される。

• 8　Epidaurus. ギリシアのペロポネソス半島の北東の海岸にあった港街。

• 9　Memory Theater. 人間の概念, 全世界に存在するものすべてを記憶にとどめ提供するのに十分な空間が場所とイメージによって按配される劇場が構想されていた。

• 10　Giulio Deliminio Camillo(1485-1544). ヴェネツィア, パドヴァに学びボローニャで教鞭を執る。記憶劇場づくりに憑かれアルフォンゾ・ダヴァロスをパトロンに得たがミラノで死去。主著 L'idea del teatro dell'eccellent, 1550. 『劇場の理念』。

• 11　Piazza del Campidoglio, Rome, 1538-1655. 計画に着手した Michaelangelo(1475-1564)のデザインを継承し Giacomo della Porta(c.1537-1602)が Palazzo dei Conservatori, 1568, を設計し Girolamo Rainaldi (1570-1655)が Palazzo Nuovo, 1655, を設計

訳注

し1655年に完成した。2章参照。
- 12　Palazzo del Senatore, Campidoglio, Rome,1582-1602. 設計 Giacomo della Porta & Girolamo Rainaldi。1550年頃に完成していた基壇部分に Michaelangelo のデザインした階段を加えファサードのデザインはいくぶん修正されている。時計塔は Martino Longhi(？-1591)によって1578-1582年に建設された。
- 13　Piazza Pius II / Piazza Pio II, Pienza, Italy, 1462. 設計 Bernardo Rossellino (1409-1464)。作品 Palazzo Rucellai, Firenze, 1446. Tomb, Orlando de' Medici, 1456. 他。教皇ピウス2世 Pope Pius II / Pio II(在位1458-1464)は1459年にシエナの近くの生地 Corsignabo を訪れ街の再建を決定。街の建築家に指名された Rossellino は棟の建物が台形の広場を囲むように街路の奥まった所に教会 Cathedral / Duomo, 左右に Palazzo Borgia(Palazzo Vescovile)と Palazzo Piccolomini を配置し街路の反対側の教会の正面に市庁舎 Palazzo Pubblico を配置した。全体がほぼ完成した1462年に教皇はこの街をピエンツァと名づけ1464年まで教皇庁を置いた。
- 14　Ceaser Marcus Aurelius Antonius Augustus(121-180, 在位161-180)。ローマ帝国皇帝。主著 Meditations / Ta Eis Heauton.『内省録』。ブロンズ像は2世紀半ばに制作されたもの。コンスタンティヌス帝の像として保存されて Piazza S. Giovanni / Piazza Laterano に置かれていた。当時唯一の古代ローマの記念碑として1538年カンピドーリョに移された。彫像の修復が1981年よりローマ修復研究所にて行なわれ台座のみがある。Piazza S. Giovanni / Piazza Laterano にはローマで最も大きな高さ31m47cmのオベリスク Lateranese Obelisk, 1588が建つ。これは B.C. 15世紀のエジプトの第18王朝を統治した Totmes III / Tuthmosis III(在位1482-1450B.C.)や Totmes IV / Tuthmosis IV(在位1425-1417B.C.)がアモン神殿 Ammon, Thebe のために造らせたもの。337年に皇帝 Constantinus / Constantine(c. 274-337, 在位312-337)がアレクサンドリアまで運び Constantius II / Constanzo II(317-361, 在位337-361)がローマまで運び357年に Circus Maximus / Circo Massimo に建てた。その後1587年に三つの断片として発掘され教皇シクストゥス5世 Sixtus V / Sisto V(在位1585-1590)の命により1588年 Domenico Fontana(1543-1607)が Piazza S. Giovanni / Piazza Laterano に移した。広場の完成は1607年。

- 15　Cordonada. この大きな斜面の両脇に建つ二つの大きな彫像 Castor と Pollux は教皇ピウス4世 Pius IV / Pio IV(在位1559-1561)の頃にポンペイの劇場跡で発掘され1583年に移された。
- 16　その先にフォロ・ロマーノがある。
- 17　Osbert Lancaster(1908-　)イギリスの画家, 文筆家。主著 Pillar to Post : English Architecture Without Tears, John Murray, 1938.『絵で見る建築様式史』白石和也訳, 鹿島出版会, 1979 / Anne Scott-James & O. Lancaster, Pleasure Gardens, 『庭の楽しみ』横山正＋増田能子訳, 鹿島出版会, 1984他。
- 18　Osbert Lancaster, Classical Landscape with Figures.
- 19　Mt. Lykabettos, Athen, Greece.
- 20　Constantin A. Doxiades(1913-　). ギリシアの都市計画家。パキスタンの首都イスラマバードのマスタープランなどを手がけた。
- 21　Constantin A. Doxiades, Raumordnung im Griechischen Städtebau, Kurt Vowinckek Verlag, 1937, Space in Ancient Greece, translated by Jacqueline Tyrwhitt, MIT Press,Cambridge, 1972.『古代ギリシアのサイトプランニング』長島孝一＋大野秀敏訳, 鹿島出版会, 1978.
- 22　Pericles(c.495-429B.C.). ギリシアの政治家。アテネ生まれ。アクロポリスを構築。
- 23　Vezelay, Yonne, Bourgogne, France.
- 24　Benedictine abbey church, La Madeleine, Vezelay. 858年頃に Comte de Paris であった Girard と彼の妻 Berthe によって設立された修道院が母体となりこの地に Sainte-Marie-Madeleine が奉られ, スペインのレコンキスタの聖地 Saitiago de Compostela への巡礼に向かう出立の地のひとつとなった。1185年頃には聖歌隊席が出来上がり1200年頃に大聖堂が完成した。1840-1859年, ヴィオレール・デュック Violet-le-Duc が内陣の修復を行った。
- 25　St. Bernard de Clairvaux(1090-1153). シトー Citeaux 教会の聖職者。フォンテーヌ・レ・ディジョン Fountaine-les-Dijion 生まれ。ローマ教皇エウゲニウス3世 Pope Eugenius III / Eugenio III(在位1145-1153)とフランス国王ルイ7世 Louis VII (1120-1180, 在位1131-1180)の命により1147-1149年第二次十字軍を率いた。8章参照。
- 26　Varanasi, India.
- 27　Ghat.
- 28　Piazza San Pietro, 1667. 設計 Gian

Lorenzo Bernini(1598-1680). 設計は1656-57年。Piazza Retta, Piazza Obliqua, Piazza Rusticucci から成る広場を囲むように回廊を構成した。Piazza Obliqua 中央に教皇シクストゥス5世 Sixtus V / Sisto V が Domenico Fontana(1543-1607)に建てさせたオベリスク Vatican Obelisk, 1586がある。正面向かって右側の噴水は Carlo Maderno(1556-1629)による1613年のデザイン。左側の噴水は後に Bernini が加えた。水は Aqua Paola から引かれている。

• 29 Santa Maria Maggiore, Rome. エスクィリーノの丘の上に建つバシリカ教会。教皇シクストゥス3世 Pope Sixtus III / Sisto III(在位432-440)によって432年に建設され教皇ニコラウス4世 Pope Nicholaus IV / Niccolò IV(1288-1292)によって後陣が増築され1377年にローマでいちばん高い75mの塔が加えられた。1587年に教皇シクストゥス5世 Pope Sixtus V / Sisto V によって広場にオベリスク Esquilino Obelisk, Piazza dell' Esquilino が建てられた。その後教皇クレメンス10世 Pope Clemens X / Clemente X (1670-1676)によって裏のファサードが改修され教皇ベネディクトゥス14世 Pope Benedictus XIV / Benedetto XIV (1740-1758)によって表のファサードが改修された。教会から広場のオベリスクまで下る大きな階段がある。

• 30 La Reggia, Caserta, Campania, Italy, 1771-1774. 設計 Luigi Vantielli(1700-1773)。緩やかな階段室のある宮殿の庭園は細長い軸がまっすぐ延び6つの噴水を結びつけている。

• 31 Spain Steps / Scalinata della Trinità dei Monti, 1726. 広場と教会を階段で結ぶという考えは、枢機卿 Jules Mazarin(1602-1661)から提案されていた。約60年後ローマ駐在フランス大使グフィエ Etienne Gueffier から出された計画を教皇イノケンティウス13世 Pope Innocentius XIII / Innocenzo XIII (在位1721-1724)が許可し Alessandro Specchi (1668-1729)のデザインに従い138段のトラヴァーティンの石段の建設を Francesco de Sanctis(1693-1731)が1723年に始め1726年に完成させた。

• 32 Santissima Trinità dei Monti, Rome, 1587. フランス国王シャルル8世 Charles VIII(1470-1498, 在位1483-1498)によって建立された教会。1502年に建設が始まり1570年以降に Carlo Maderno(1556-1629)がファサードをデザインし1587年に扉と塔が完成した。階段は Domenico Fontana(1543-1607)のデザイン。

• 33 Piazza di Spagna, Rome. 広場の名前は広場に1647年に完成した Antonio del Grande 設計のスペイン大使館に由来する。階段ができる100年前「小舟の噴水」Fontana della Barcaccia, 1629, は完成していた。噴水のデザインは Gian Lorenzo Bernini の父親 Pietro Bernini(1562-1629)の作。Gian Lorenzo もデザインに加わったと考えられている。

• 34 Piazza Grande, Arezzo, Tuscany, Italy. サンタ・マリーア・デッラ・ピエーヴェ教会 Chiesa di Santa Maria della Pieve の後陣にある噴水から Giorgio Vasari(1511-1574)が設計した Palazzo delle Logge, 1573-1581, に向かう上り斜面の広場。教会側の縁には階段がある。

• 35 Sallustiano Obelisk / Obelischi della Trinità dei Monti, 1789. エジプトのラムセス2世 Rameses II(在位1304-1237 B.C.)の時代のオベリスクを古代ローマ時代に複製したもの。かつてシーザーの別荘であった Palace of Sallust / Horti Sallustiani に建っていたオベリスクをピウス6世 Pius VI / Pio VI(在位1775-1799)の意向を受けローマのポルトガル・アカデミーの重責にあった建築家 Giovanni Antinori(1734-1792)がこの場所へ移設し1789年ランドマークとして完成。

4. 統御する境界 / 重なる壁 / 選択し変化するポケット

• 1 Castello di Gargonza.

• 2 Avila, Spain. イスラム教徒の攻撃に備えて1090-1099年に築造された高さ約12m, 幅約3m, 周囲約2550mの星壁 Muralla が街を囲んでいる。

• 3 Marrākush / Marakkesh, Morroco.

• 4 Francesco Borromini(1599-1667). イタリアの建築家。作品 San Carlo alle Quattro Fontane, Rome, 1638. Restoration, San Giovanni, Laterno, Rome, 1649. Sant' Agnese(with Carlo Rainaldi), Rome, 1657 他。

• 5 Sant'Ivo della Sapienza, Rome, 1660. 設計 Francesco Borromini.

• 6 古代ペルシャ語で「パイリ(周り)ダェーザ(囲まれた地)」。旧訳聖書がヘブライ語からギリシャ語に翻訳された時に「パラディソス」とされた。

5. 縁どる開口 / 前兆となるポータル

• 1 Port Angeles, Washington. 太平洋側のワシントン州のオリンピック半島とカナダのヴァンクーヴァー島に挟まれた細い入江の南側の港街。南側にはオリンポス山がある。

• 2 University Avenue Housing, Ber-

訳注

keley, California, 1982. 設計 Lyndon / Buchanan Associates.

- 3 Leon Battista Alberti(1404-1472). イタリアの建築家。作品 Palazzo Rucellai, Firenze, 1451, Facade Design, Santa Maria Novella, Firenze, 1456, Sant'Andrea, Mantua, c. 1470, 他。主著 *L'architettura, De re aedificatoria, Testo Latino e traduzione a cura di Giovanni Orlandi*, Il Polifilo, Milano Edizioni, 1966, The Art of Building, translated by Joseph Lykwert, MIT Press. Cambridge, 1988.『建築論』相川浩訳、中央公論美術出版、1982.

- 4 Palazzo Farnese, Rome, Italy, 1514-1574. 設計 Antonio da San Gallo(1485-1546)。設計は1514年に始まり全体計画は1534年に完成。1546年以降は Michelangelo が引き継ぎ最上階は1548年に完成。中庭と翼部を Giacomo della Porta が設計し1574年に完成した。

- 5 Santa Maria in Campo Marzio, Rome. 1685. Pantheon の4ブロック北にある Piazza in Campo Marzio に面して建つバシリカ教会。アントニオ・デ・ロッシィ Giovanni Antonio de Rossi によって1685年に再建された。12世紀頃に描かれた壁画が残されている。位置は Map of Giovanni Battista Nolli 1748. No. 47参照。Campo Marzio / Campus Martius / Field of Mars とは本来は軍事演習を行う場所。27-25 B.C. Agrippa の時に改修され教会、浴場、公園が設けられ皇帝ハドリアヌスの時に修復された。1822年この舗装された地面が発見された。建築家 Giovanni Antonio de Rossi(1616-1695). 作品 Santa Maria in Publicolis, Rome, 1640-1643. Santa Maria Maddalena, Rome, 1695-. 他。

- 6 Faculte de Droit / College Sainte-Barbe, Biblioteque Sainte-Genevieve, Paris, France, 1850. 設計 Pierre-François-Henri Labrouste(1801-1875). 作品 Bibliotheque Nationale, Paris, 1868 他。

- 7 Carles W. Moore House, Pine Mountain, California.

- 8 Toledo, Spain. 711年にイスラム教徒に征服され1085年にカスティーリャ・レオンの国王アルフォンソ6世 Alfonso VI(在位1030-1109)に再征服（レコンキスタ）された。

- 9 bodega. ブドウ酒を飲む所。

- 10 Santa Barbara County Court House, California, 1927. 設計 William Mooser with J. Wilmer Hersey / Architectural Advisory Committe, Ralph Stevens / Landscape Architect. 古い裁判所は1872年に設計されたが1925年の地震で傷みスペイン風の建物群に建て替えられ歴史的な建物である De la Guerra Adobe に面するように市庁舎や消防署などが配置されたシヴィック・センターとなった。

- 11 Portal Site in Washington D.C.

- 12 Lorenzo Ghiberti(1378-1455). イタリア、フィレンツェの画家、彫刻家。作品 East Doors, Baptistry, Santa Maria del Fiore, Firenze, 1426-1452.「天国の扉」左右各1列5段。

- 13 San Zeno Maggiore, Verona, c. 11C. 木造のフライングバットレスで支持されたロンバルディア様式のロマネスク教会。ヴェローナを守護する聖ゼーノの生涯を刻んだ左右それぞれ3列8段で構成された青銅板の扉は11-12世紀につくられたと言われる。

- 14 Saint-Lazare Cathedral, Autun, Saone-et-Loire, Bourgogne, France, c.12C. 11世紀頃に大聖堂の建設が始まり12世紀初めには概ね完成していた。

- 15 半円形の壁面(タンパン Tympan)に最後の審判の彫刻が施されている。

- 16 Chartres Cathedral, Eure-et-Loire, Iles de France. 1020-1028年頃ロマネスク様式の大聖堂が建設された。1194頃に再建が始まり1220年頃にゴチック様式の大聖堂が完成した。8章参照。

- 17 13章 ＊10 参照。

- 18 Forum Romanus / Foro Romano

- 19 Stonington, Connecticut. 1649年に人々が定住して生まれた海辺の街。造船と捕鯨が盛んであった。近年はリゾート地となっている。

- 20 Oak Bluffs, Martha's Vineyard, Massachusetts. マサチューセッツ州南端のマーサスヴィニヤード島の北側の海に面した街。1835年に宗教的なサマーキャンプが開かれた。1850年頃には9つのテントの集落（テントシティ）ができた。その頃建てられたコテージの装飾は特徴的。1880年に Robert Copeland が島全体の配置計画を行い建築家 S.F. Pratt がホテルや教会などを設計しリゾート地に発展した。

- 21 William Turnbull Jr.(1935-). 建築家。ニューヨーク市生まれ。プリンストン大学で建築を学ぶ。MLTW / Moore Turnbull でムーアと協働しカリフォルニア大学サンタクルーズ校クレスギカレッジ等を設計。作品 Mountain View City Hall, 1992. American Club, Hong Kong, 1993. Teviot Springs Vineyard Residence, Calistoga, California, 1994 他。

・22 Zimmerman's House, Fairfax, Virginia, 1975. 設計 William Turnbull Jr.
・23 Sea Side, Florida, 1983- ．全体計画 Andres Duany(1949-) & Elizabeth Plater-Zyberk(1950-)．7章参照。
・24 Alice Wingwall(1935-)．彫刻家，写真家。インディアナポリス生まれ。カリフォルニア大学バークリー校，パリ，コペンハーゲンで彫刻を学ぶ。12, 13章参照。
・25 Stratford Fragments. 7章参照。
・26 Pennsylvania Academy of Fine Arts, Philadelphia, 1876. 設計 Frank Furness(1839-1912).

6. 包囲する屋根/中心となるキャノピー

・1 Trinity Church, New York City, 1846. 設計 Richard M. Upjohn(1827-1903)．Upjohn はアメリカ建築家協会初代会長を18年間歴任した。
・2 Treasury Building, New York City, 1844. 別名カスタムハウス Custom House。設計 Alexander J. Davis(1803-1892) & Ithiel Town(1784-1844)。
・3 Jewish Community Center, Trenton, New Jersey. 設計 Louis I.Kahn. 計画期間 1954-1959年。
・4 Jobsons Cabin, Monterey County, California, 1961. 設計 Charles W. Moore,
・5 aediculas.
・6 Xanadune, St. Simon's Island, Georgia. 設計 Charles W. Moore Associates, 計画期間1972年。
・7 Johnson House, Racine, Wisconsin, 1989. 設計 Moore Ruble Yudell Architects & Planners.
・8 Stanford White(1853-1906)．建築家。ニューヨーク生まれ。Henry Hobson Richardson(1838-1886)の建築事務所に入所し Trinity Church, Boston の実施設計を担当。入れ替わりに独立した Charles F. McKim(1847-1909)が William R. Mead(1846-1928)，William B. Bigelow と設立した建築事務所に1879年に Bigelow の後任として加わり Mckim, Mead & White となる。作品 Boston Public Library, 1895. Pennsylvania Station, New York City, 1910 他。
・9 Casino, New Port, 1881. 設計 Mckim, Mead & White. 屋外テニスコートを囲むように構成された社交のための複合建築。街路に面するファサードはコンテクストを参照し周囲と入口の建物が連なっているように見える配慮がなされている。
・10 Episcopal Cathedral.

・11 Chateux de Chambord, France, 1519. 設計 Domenico da Cortona.
・12 turret.
・13 Neuschwanstein. 1869年ルードヴィッヒ2世(1845-1886, 在位1864-1886)が建設した。この地の城に住んだと言われる白鳥の騎士ローエングリンの伝説に親しんでいたルードヴィッヒ2世がその城の近くに自分の城を建設し，ノイ(新しい)シュヴァンシュタイン城と名づけた。中庭は当時上演されたワグナーの歌劇「ローエングリン」の第二幕の舞台となるアントワープ城の中庭の舞台装置と同じデザインにされた。
・14 Charles W. Moore, Gerald Allen & Donlyn Lyndon, *The Place of Houses*, Holt, Rinehart and Winston, New York, 1974. 『住宅とその世界』石井和紘+玉井一匡訳，鹿島出版会，1978.
・15 Pazzi Chapel, Santa Croce, Firenze, 1429-1430's. 教会のクロイスターに設けられたパッツィ家の礼拝堂。設計 Filippo Brunelleschi. 教会は1294年 Arnolfo di Cambio(c.1245-1302)の設計によって再建され拡張されたと考えられている。
・16 Grand Central Station, 1913. 設計 Reed & Stem and Warren & Wetmore.
・17 Winter Garden, Battery Park City, New York, 1988. 設計 Ceaser Pelli & Associates. 高さ37.5m幅36m奥行60mのアトリウム。ワシントニアン椰子の木が16本植えられている。7章参照。
・18 Hagia Sophia, Istanbul, Turky, 558-563. 558年の地震で倒壊し再建され高さ55mの所に直径31mのドウムが架けられた。1453年にオスマントルコ帝国が支配しビザンティン様式の壁画の上に漆喰が塗られた。
・19 Justinianus I / Justinian I(483-565) ビザンティン帝国皇帝。
・20 E. Baldwin Smith. 建築史家。主著 *The Dome : A Study in the History of Ideas*, Princeton University Press, 1950, 1985 他。
・21 Sir John Summerson(1904-)．イギリスの建築史家。1945-1984の期間ジョン・ソーン博物館の館長を務めた。主著 *The Classical Language of Architecture*, Thames & Hudson, London, 1963.『古典主義建築の系譜』鈴木博之訳，中央公論美術出版，1976.
・22 Sir John Summerson, *Heavenly Mansion*, Norton, London, 1963.『天上の館』鈴木博之訳，鹿島出版会，1972.
・23 Akbar's Tomb, Sikhandra, India, 1613. ムガール王朝第3代皇帝アクバル Jalal al-Din Akbar(1542-1605, 在位1556-1605)

訳注

の第1皇子ムガール王朝第4代皇帝ジャハンギール Jahangir(1569-1627, 在位1605-1627)が建立した。タージ・マハルから10kmほど北西にある。

・24 Shore Temple, Mahabalipuram, India, c. 8C. 国王 Narsimha-varman II Rajasimha(在位 c.690-728)の頃に建てられた。

7. 見渡す標／内に宿る縁

・1 Torre del Mangia, Siena. 1326-1341年／1338-1348年の期間に建築された。時計の改над堂は1360年。高さ102m。

・2 Duomo, Siena, Italy. 大聖堂は1246年に一応完了し1259年聖歌隊席にヴォールト屋根が架かり1264年クーポラの工事が行われ1285年頃からファサードの工事が始まる。教会の建設も市民の委員会が運営する方向に推移し1297年に市の主任建築家であったジョヴァンニ・ピサーノは解任され大聖堂の拡張が定められ洗礼堂は1317年-1325年に建設され1322年頃に聖歌隊席を拡張することになり1359／1360年頃まで変更を重ね工事が進められた。建築家, 彫刻家 Giovanni Pisano (1245/48-1314／20). 作品 Fontana Maggiore, Piazza IV Novembre, Perugia, 1278. 父 Nicola Pisano(c.1220-c.1284)と協働, 他。

・3 教皇派に属した9つの商家 Nove Buoni Mercanti di Pater Guelfa が「9人政府」を樹立し自治都市の政治を行った(1287-1355)。カンポの周辺も含め建物のデザインを法律で定め, 壁面線の遵守, 建築素材の統一, ファサードや低層部分の統一などを誘導する厳しいデザインガイドラインと逸脱するデザインを禁止する罰則が設けられた。

・4 16世紀のシエナの遠景を描いた図版 L'assedio di Siena, 1555, Incisione di Hieronimus Cock には約20もの塔が見られる。

・5 San Gimignano, Italy.

・6 Khajuraho, India.

・7 Bhubaneshwar, India.

・8 Shikhara. 北インドでは塔状の寺院の構築物, 南インドでは頂部のクーポラの意。

・9 United Shoe Machinery Building, Boston, 1930. 設計 Parker, Thomas & Rice. 近年外壁と構造体を保存し内部は改修された。設計 Jung Brannen Associates, 1988.

・10 Chrysler Building, New York City, 1930. 設計 William van Alen(1883-1954).

・11 Coit Tower, Telegraph Hill, 1934. Lillie Hitchcock Coit が夫を含む消防士たちを記念し建てた。設計 Arthur Brown Jr. (1874-1957). 作品 San Francisco City Hall, 1916. Pasadena City Hall, 1927. ともに John Bakewell Jr.(1872-1963)と協働。

・12 Ferry Building, 1896. 設計 Arthur Page Brown(1859-1895). スペインのセヴィーリャの大聖堂の塔を模したデザイン。現在はサンフランシスコ港湾局のオフィス。

・13 World Trade Center, New York, 1973. 設計 Minoru Yamasaki (1912-)& Associates and Emery Roth & Sons.

・14 First Interstate Bank, Los Angeles, California, 1994. 設計 Pei, Freed & Cobb.

・15 Transamerica Tower, San Francisco, California, 1972. 設計 William J. Perieira(1909-)& Associates.

・16 Siah Armajani. 芸術家。

・17 Ceser Pelli(1926-). 建築家。アルゼンチン生まれ。イェール大学建築学科教授。作品 Battery Park City, New York, 1988, NTT Headquater Building, Tokyo, 1995, 他。

・18 Yerna Buena Gardens, 30階建て高さ400ft. のビル。その上に127ft. 12層分のオブジェが計画されている。設計 Ceaser Pelli & Associates.

・19 Luhrs Tower, Phoenix, Arizona.

・20 Palazzo Vecchio／Palazzo della Signoria. 設計 Arnolfo di Cambio(c. 1245-1302)1299年に再建され1302年に完成。

・21 Piazza della Signoria, Firenze. この広場に数多くの彫刻が並び広場の南側には彫刻を展示するロッジアもある。Loggia della Signoria／Loggia dei Lanzi. 設計 Benci di Cione(1337-1404) & Simone Talenti. 1376-1382年に建設された。

・22 Replica, David, 1501. 作 Michelangelo.

・23 Replica, Judith Slaying Horofernes, 1494. 作 Donatello(c.1386-1466)

・24 Cosimo I, 1595. 作 Giambologna (1529-1608). 他。

・25 William Penn(1644-1718). ペンシルヴァニアの創設者。Pennsylvania とは Penn's Sylvania, ペンの森の土地という意味。ペンの像は地上584ft. (約175m)の高さにある。1984年にこの「高さ制限」を超える建物ができた。

・26 Rouen Art Museum, Rouen, France. 多くの旅行者が訪れる古い街並みの保存された博物館都市ルーアンの美術館にはダヴィット「聖母と聖人たち」, ルクーエ「ディアナの沐浴」, シャンペーニュ「天使の楽奏」他数多くの絵画が展示されている。

・27 Samuel Adams(1722-1803). アメリカ独立戦争の指導者。第2代合衆国大統領 John Adams のいとこ。1774年大陸議会の議

員となり独立宣言の草起者の一人となる。1781年に議員を辞した後, 1789-1793年マサチューセッツ州副知事となり, 1794-1797年同州知事を務めた。
• 28 Faneuil Hall, 1742. 設計 John Smibert(1699-1751)。1762年に再建され1806年に増築され1898年に Charles Bulfinch (1763-1844)によって改修された。東側に1826年に建てられた Alexander Parris(1780-1852)設計の3棟から成る Faneuil Hall Marketplace は Benjamin Thompson & Associates によって1978年に改修され Quincy Market として親しまれている。
• 29 City Hall, Boston, Massachusetts, 1968. 設計 Kallman, McKinnell & Knowles.
• 30 Boston Common, Massachusetts, 1634. アメリカで最も古い公園。
• 31 Boston Public Garden, 1860. ボストンコモンに隣接するバックベイの湿地を埋め立てた公園。市から民間企業へ払い下げられた土地を市が再び買い取り1839年民間企業に賃貸しガラスで覆われた大きな温室が造られ植物園として親しまれた。1856年宅地供給のためにバックベイ全体を埋め立て市民に譲渡する計画が立案され, 州政府, 市, 民間資本による開発会社が設立され埋立事業が始まり1859年バックベイ全体の開発計画の中でこの敷地を公園として確保するための法律(Back Bay Act)が提出され選挙を経て市民に承認され1860年パブリックガーデンとなった。
• 32 William Lloyd Garrison(1805-1879). 奴隷廃止運動の指導者。マサチューセッツ州ニューベリーポート生まれ。13歳で地元の新聞の印刷工となり21歳で新聞 *Free Press* を刊行。1827年ボストンの *National Philanthropist* の編集長となり, 1828年奴隷廃止運動家であり新聞 *Genius of Universal Emancipation* の発行者である Benjamin Lundy(1789-1839)と出会う。1829年7月4日 Park Street Church で最初の奴隷制度反対の演説を行い1831年から奴隷廃止の法律が制定される1865年まで同運動の機関誌 *Liberator* の刊行を続けた。主著 *Thoughts on African Colonization*, 1832.
• 33 Mags Harries.
• 34 Claes Oldenburg(1929-). 彫刻家。スウェーデンに生まれアメリカに帰化。
• 35 Andrea Palladio / Andrea di Pietro delle Gondola(1508-1580). ルネサンスの建築家。主著 *I Quattro Libri dell'Architettura*, Venice, 1590. *The Four Books of Architecture*, Isaac Ware, London,1738. 作品 Villa Almerico Capra / La Rotonda, Vicenza, 1567 他。

• 36 Villa Pojana, Pojana Maggiore, Vicenza, 1549-56. 設計 Andrea Palladio. 前掲書 Book II , Plate 4. 参照。
• 37 University of Virginia, Charlottesville, 1826. 設計 Thomas Jefferson (1743-1826).
• 38 John Russell Pope(1874-1937). 建築家。作品 National Gallery of Arts, Washington, 1937-41など。
• 39 Jefferson's Memorial, Washington D.C., 1945. 設計 John Russell Pope.
• 40 Lincoln Memorial, Washington D. C., 1917. 設計 Henry Bacon(1866-1924).
• 41 Abu Simbel, c. 1250B.C. エジプト第19王朝国王Rameses II(在位1304-1237 B.C.)が建造した。
• 42 Stratford Hall, Virginia, c.1725-1730.
• 43 Rush House, Sea Ranch, California, 1970. 設計 MLTW / Moore Turnbull.
• 44 Heil House, Sea Ranch, California.

8. 戯れる光 / 出没する影 / 和らげる陰

• 1 chiaroscuro.
• 2 Sainte Chapelle, Paris, 1241-1248. Palasis de Justice の隣に建つ大聖堂。
• 3 Henry Brooks Adams(1838-1918). 歴史家。ボストン生まれ。ハーヴァード大学歴史学教授, North American Review 編集長を務めた。曾祖父 John Adams(1735-1826) は第2代合衆国大統領, 祖父 John Quincy Adams(1767-1848)は第6代合衆国大統領, 父 Charles Francis Adams(1807-1886)は外交官。主著 *History of Jefferson's and Madison's Administratings*, 1889. *The Education of Henry Adams*, 1906 他。
• 4 Henry Adams, *Mont-Saint-Michel and Chartres*, Houghton Mifflin Company, Boston, 1904.
• 5 Chapter VII: Roses and Apses. 前掲書参照。
• 6 King Philip II Augustus / Philippe Auguste(1165-1223, 在位1179-1223). フランス国王。国王ルイ7世 Louis VII と王妃アデラ Adela de Champagne のあいだに生まれた王子。
• 7 Blanche de Castile(1188-1252). バレンシア生まれ。カスティーリャの国王アルフォンソ8世 Alfonso VIII(1155-1214, 在位1158-1214)と王妃エレノア Eleanor との間に生まれた王女。母親はイギリス国王ヘンリー2世 Henry II(1133-1189, 在位1154-1189)の王女。1200年11歳の時に King Philip

263

訳注

II Augustusの王子であるルイ8世 Louis VIII(1187-1226, 在位1223-1226)と結婚。二人のあいだに生まれた王子は後にルイ9世 Louis IX(1214-1270, 在位1226-1270)となり聖ルイ Saint Louis と呼ばれた。

・8 Wieskirche : Pilgrimage Church, Die Wies,1745-1754, 設計 Dominikus Zimmermann. ヴォールト天井フレスコ画 Johann Baptist Zimmermann 作。

・9 Dominikus Zimmermann(1685-1766), ドイツの建築家。兄 Johann Baptist Zimmermann(1680-1758), フレスコ画家。作品 Pilgrimage Church, Steinhausen, 1727-33他。

・10 St. Augustine. 13章参照。

・11 Alhambra, Granada, Spain, 1238年から続くナスル王朝の国王ユスフ1世 Yusuf I(在位1333-1354)と息子ムハマド5世 Muhammad V(在位1354-1359)の時代に築かれた宮殿。1492年ムハマド11世 Muhammad XI Boabdil(在位1482-1492)の時にキリスト教徒であるアラゴンの国王フェルディナンド Ferdinand, King of Aragon(在位1479-1516)に占領されスペイン国王カルロス5世 Carlos V(在位1516-1556)の頃に増築改築された。設計はウルビーノに留学しラファエロに学んだ最初のスペインの建築家 Pedro Machuca とその息子である建築家 Luis Machuca が行った。

構 成

9. 定める部屋 / 光の中に漏れ出る空間

・1 S. Martin de Canigou Benedictine abbey church, Pyrenees-Orientales, Rousillon, France. 1009-1026年頃に建てられたカタロニアの初期のロマネスクの教会。1902年から1952年までの年月をかけて修復された。

・2 Brown University Pembroke Dormitory, Providence, Rhode Island, 1975. 設計 Lyndon Associates.

・3 Studiolo, Palazzo Ducale, Urbino. ウルビーノ生まれの建築家であり画家である Donate Bramante(1444-1514), Sandro Botticelli(1444-1510), Francesco di Giorgio Martini(1439-1502), Giusto di Gand, スペインの画家 Pedro Berruguetto(1450/1452-1506)の協働でつくられた。3章参照。

・4 Pantheon, Rome, Italy, 118-128. アグリッパ Marcus Vipsanius Agrippa(64 / 63-12B.C.)によって27-25B.C.頃に建てられた後に倒壊し皇帝ハドリアヌス Publius Aelius Hadrianus(76-138, 在位117-138)が再建した。頂部の開口は直径9 m, 内径, 天井ともに約43m。正面のロトンダ広場の噴水 Fontana Piazza della Rononda, 1575-1578 の設計は Giacomo della Porta。後に教皇クレメンス11世 Pope Clemens XI / Clemente XI(在位1700-1721)の命により Filippo Barigioni(1690-1753)が1711年に噴水の中心にオベリスク Pantheon Obelisk を置き Vincenzo Felici が彫刻を完成させた。このオベリスクはエジプトのラムセス2世 Rameses II (在位1304-1237 B.C.)の時代の太陽神殿 Sun Temple, Heliopolis の正面に建てられていた。

・5 Sir John Soane(1753-1837). イギリスの建築家。作品 Bank of England, Stock Office, 1792. Bank of England, Waiting Room Court, 1804. Dulwich Gallery, Dulwich College,1814 他。

・6 Breakfast Parlor, No.13 Lincoln's Inn Foeld(Sir John Soane Museum), London, 1812. 設計 Sir John Soane.

・7 Bibiena Brothers, Ferdinando Bibiena(1657-1743) & Giuseppe Galli Bibiena(1696-1756). 作品 *Architecture, e Prospective dedicate alla Maesta di Carlo Sesto, Imperador de' Romani, da Giuseppe Galli Bibiena*, 1740. *Architectural and Perspective Designs by Giuseppe Galli Bibiena*, Dover Publication, New York, 1964.

・8 Giovanni Battista Piranesi(1728-1778). イタリアの画家。作品 *Prima Parte di Architetture e Prospettive, Rome*, 1743. *Opere Varie di Architetture, Prospettive, Grotteschi, Antichità*, Rome, 1750. *Invenzioni Capric di Carceri*, 1st edition, Rome, 1750 他。

・9 Benedictine Church, Neresheim, 1747. 設計 Balthasar Neumann(1687-1753)。作品 ヴュルツブルクの司教館 Residenz, Wurtzburg, 1744 他。

・10 Brown Palace Hotel, Denver,Colorado, 1892. 1888年にデンヴァーの実業家 Henry C. Brown がシカゴの建築家 Frank E. Edbrooke に設計を依頼したホテル。本格的なアトリウムのある初期のホテルには4階建ての Tremont House, Boston, 1829. 設計 Isaiah Rogers. 6階建ての Astor House, New York, 1836. 設計 Isaiah Rogers などがある。電信・電報が実用化され1853年にエレヴェーターがニューヨークに現れ1876年に電話が発明された。サンフランシスコの実業家 William Sharon と William Chapman Ralston が始めた有名な Palace Hotel, San

Francisco, 1875. 設計 John Gaynor が完成。1階には馬車が乗り入れる大きく見事なアトリウムがあった。1906年に地震があり1909年この空間に2層分の床を付け加え上部にレストランを設け再建された。設計 Breck Parkham Trowbridge & Goodhue Livingston.

• 11 John C.Portman Jr.(1924-). 建築家。ジョージア工科大学で建築を学ぶ。作品 Renaissance Center, Detroit, Michigan, 1977. One Peachtree Center, Atlanta, Georgia, 1992.

• 12 Hyatt Regency Hotel, Atlanta, 1967. 設計 John Portman & Associates.

10. 繰り返す類型 / 往来する秩序

• 1 Courthouse, St. George, Utah.

• 2 Alfred Newton Richards Medical Center, University of Pennsylvania, 1965. 設計 Luis I.Kahn.設計期間は1957年-1964年。

• 3 Salk Institute, La Jolla, California. 設計 Louis I.Kahn. 計画期間1959-1965年。本来は，研究所，集会施設，住居の三つの建築群で構成される施設として計画された。

• 4 Assembly Building / Salk Institute. 設計 Louis I. Kahn. 計画期間1960-1965年。円形劇場，庭園，噴水，水路，ゲスト宿泊室，図書館，体育館，プール，講義室，セミナー室などが集積した施設として計画されていた。

• 5 Goldenberg House. 設計 Louis I. Kahn. 計画期間1959年。

• 6 George Rowley. 美術史家。主著 *Principles of Chinese Painting,* Princeton University Press, 1947, 1974.

• 7 James Gleick. 作家。主著 *Genius : The Life and Science of Richard Feynman,* Random House, 1993.

• 8 James Gleick, *Chaos : Making A New Science,* Penguin Books, 1988. 『カオス：新しい科学をつくる』大貫昌子訳，新潮社，1991.

• 9 Hugo Henrik Alvar Aalto(1898-1976). フィンランドの建築家。ヘルシンキ工科大学で建築を学ぶ。作品 セイナヨキ都市センター Civic Center, Seinajoki, 1951-1987 他。

• 10 Cultural Center, Wolfsburg, Germany, 1963. 1958年の設計競技入賞案。設計 Alva Aalto.

11. 想い起こす形 / 受け継ぎ，変様し，符号となる装飾

• 1 Statue of Liberty, 1884. 1861年フランスの歴史学者 Edouard de Laboulaye がアメリカ独立を支援したフランスの友好の象徴をアメリカ合衆国に贈呈することを提案。スエズ運河建設を行った Ferdinand de Lesseps とボストン出身の法律家 William Evans が発起人となり資金を集め芸術家 Frederic Auguste Bartholdi が自由の女神をデザインし彫像の構造設計を Gustave Eiffel が行い1884年に約300枚の銅板を組み合わせた巨大な女神像が完成。アメリカに運ばれエコール・デ・ボザールで建築を学んだ Richard Morris Hunt が設計した基壇の上に置かれ1886年10月28日大統領 Grover Cleveland による除幕式が行われた。

• 2 Alexander-Gustave Eiffel(1832-1923). フランスの構造家。ディジョン Dijon 生まれ。作品 Bon Marche, Paris, 1876, with Louis-Auguste Boileau(1812-1896) 他。

• 3 Eiffel Tower / Tour Eiffel, Paris, 1889.

• 4 Roland Barthes(1915-1980). フランスの哲学者。主著 *L'obvie et L'obtus*, Editions du Seuil, Paris, 1982. *The Responsibility of Forms,* translated by Richard Howard, Hill & Wang, New York, 1985 他。

• 5 Roland Barthes, *La Tour Eiffel,* Delpire, Paris, 1964, *The Eiffel Tower and Other Mythologies,* translated by Howard Richard, Noonday, New York, 1980,『エッフェル塔』宗左近＋諸田和治訳，審美社，1979.

• 6 Adolf Loos(1870-1933). オーストリアの建築家。ブルノー生まれ。ドレスデン工芸大学で建築を学ぶ。作品 Cafe Museum, Vienna, 1899. Villa Karma, Montreux, 1906. Haus am Michaelerplatz(Goldman & Salatsch Building), Vienna, 1911 他。有名なエッセイ "Ornament und Verbrechen"「装飾と罪」は1908に発表された。主著 *Trotzdem 1900-1930,* Innsbruck, Brenner Verlag, 1931 他。

• 7 Franz Josef I / Francis Joseph I(1830-1916, 在位1848-1916). オーストリア皇帝。

• 8 Villa Savoye, Poissy, France, 1931. 設計 Le Corbusier.

• 9 Doe Library, U.C. Berkeley, California. 1917. 設計 John Galen Howard, 改修 1995. 設計 Esherick, Homsey, Dodge & Davis.

• 10 Marcus Vitruvius Pollio, *De Architectura Libri Decem,* c.1 century. cf p. 104, Book IV, chapter 1. *The Ten Books on Architecture,* translated by Morris Hicky Morgan, Harvard University Press, 1914. Dover Publication, New York, 1960.

訳注

- 11 Saint-Benoit-sur-Loire Benedictine abbey church, Loiret, Orleanais, France. 教会の歴史は651年頃までたどれる。1027年に再建され改築され16世紀に崩壊し17世紀に再建された。聖ブノワとはベネディクト教団の設立者である聖ベネディクトのフランス名。
- 12 Antonio y Cornet Gaudi (1852-1926). スペインの建築家。作品 Sagrada Familia Cathedral, Barcelona, 1884-1926. Casa Mila, Barcelona, 1910 他。
- 13 Casa Batllo, Barcelona, 1907. 設計 Antonio y Cornet Gaudi.
- 14 Bernard R. Maybeck (1862-1957). 建築家。ニューヨーク生まれ。エコール・デ・ボザールで建築を学び1869年にカリフォルニアに移りカリフォルニア大学バークリー校で教鞭を執る。作品 Hearst Hall, University of California, Berkeley, 1899. First Church of Christ, Scientist, Berkeley, 1910 他。
- 15 Palace of Fine Arts, San Francisco, 1915. Panama-Pacific Exposition のために設計された。設計 Bernard R. Maybeck.

12. 開化する庭園

- 1 1588年(天正16年)2月24日に豊臣秀吉が竜安寺を訪れ方丈庭の前の糸桜を観て「時ならぬ桜が枝にさる雪は花を遅しと誘ひきぬらん」と詠んだという記録が残されている。黒川道祐の「雍州府志」によれば竜安寺の石庭が歴史的な記録に現れたのは1682年(天和2年)。
- 2 聖徳太子の別荘があった場所に天平年間に行基が建立したと伝えられる西方寺を1339年に夢想国師(1275-1351)が浄土宗から禅宗に改め西芳寺とした。庭は夢想国師の作。「碧巌録」に書かれているように黄金池を中心に湘南亭、潭北亭、瑠璃殿を置き、西来堂を建てた。
- 3 Villa Lante, Bagnaia, Viterbo, Italy, 1566-1578. 枢機卿 Giovan Francesco Gambara の庭園。
- 4 Charles W. Moore, William J. Mitchell & William Turnbull Jr., The Poetics of Gardens,MIT Press, Cambridge, Mass., 1989.『庭園の詩学』有岡孝訳、鹿島出版会、1995.

13. とどまり結びつける水

- 1 Plato / Platon (427-347 B.C.) Timaeus / Timaios. 『ティマイオス』。
- 2 St. Augustine / Aurelius Augstinus (354-430). 聖職者。アフリカのヌミディア Numidia の都市タガステ Tagaste 生まれ。カルタゴで学びキケロの著作に触れる。387年キリスト教の洗礼を受け、396年ヒッポ Hippo の司教となる。主著 Confessions / Confessiones,『賛美録』, The City of God / De Civitate Dei,『神の都市』.
- 3 Giovanni Poleni (1683-1761). 数学者、博物学者。ヴェネツィア生まれ。1709年よりパドヴァ大学で天文学と物理学を講義。1717年水力学の論文を発表。1719年ベルヌーイ Nikolaus I. Bernoulli (1698-1759) より数学の講義を引き継ぐ。97年ローマの上水道の歴史, 法律, 維持の方法に関する論文 De aquis urbis Romae を書いた Sextus Julius Frontinus / Frontino (35-103 / 104) の見解を修正する論文を1722年に執筆し、1729年に発表。航海に際して天体観測によって位置を計算する方法を創案し、1733年パリ王立科学アカデミーより賞を授かる。パスカルやライプニッツの書簡によって計算機の原理を知り計算機を試作。1739年ヴィトルヴィウスに関する論文を発表。1742年エジプトのエフェソスの神殿に関する論文を発表。1748年ローマ教皇ベネディクトゥス14世 Pope Benedictus XIV / Benedetto XIV (在位1740-1758) の要請によりサン・ピエトロ大聖堂のクーポラを検証し構築物が変動しない方策を提案。論文 De motu aquae mixto libri duo, Padua 1717, Frontino : L. Julii Frontini de aquaductibus urbis Romae commentarius restitutus atque explicatus, Padua, 1722. Vitruvio : Exercitationes Vitruvianae, seu commentarius criticus de Vitruvii architectura, Venice 1739. Dissertazione sopra il de Diana in Efeso, Rome, 1742. その他, 古代の円形劇場やオベリスクに関する論文もある。Frontinus の著作は C.E. Bennett によって英訳されている。Sextus Julius Frontinus, The Stratagems and The Aqueducts of Rome, The Loeb Classical Library, Harvard University, 1925,1961. Louvre を設計した建築家 / 科学者 Claude Perrault (1613-1688) の兄である政治家 / 自然科学者 Pierre Perrault (1611-1680) の論文 De l'origine des fontaines, Paris, 1674. 物理学者 Edmè Mariotte (c. 1620-1684) の論文 Traite du mouvement des eaux et des autres corps fluides, 1686. 彗星を発見したイギリスの科学者 Edmond Halley (1653-1743) の論文 Historical Account of the Winds and Monsoons, 1686 にも水の循環(雲、降雨、地下水、地表水、蒸発)に関する論考がある。Perrault の論文も英訳されている。On the Origin of Springs, New York, 1967.
- 4 Trevi Fountain / Fontana di Trevi, Rome, Italy, 1762. 1732年教皇クレメンス12

世 Pope Clemens XII / Clemente XII (在位 1730-1740) 主催の噴水の設計競技で後宮を巧みに借景に採り入れたニコラ・サルヴィ Nicola Salvi (1699-1751) の案が入賞しジャンパオロ・パンニーニ Gianpaolo Pannini (1692-1765) と協働し30年を経て完成。噴水の名は広場に集まる3本の道を意味する Tre Vie に由来すると言われる。

- 5 Oceanus. ギリシア神話の大洋の神。
- 6 Virgin / Virgo.
- 7 Augustus / Gaius Julius Caesar Octavianus (63 B.C.-A.D.14, 在位27B.C.-A.D.14) ローマ帝国初代皇帝。
- 8 Acqua Vergine. 教皇マルティヌス5世 Martinus V / Martino V (在位1414-1431) の時に修復された。そして Piazza dei Crociferi に面して設けられた噴水が18世紀に改修され Fontana di Trevi となった。
- 9 Triton. ギリシア神話の神 Poseidone と Amphitrite のあいだに生まれた。
- 10 広島湾の西南にある周囲31km 海抜45m の島。古くから神聖な彌山と呼ばれ「斎き島」として崇められた。592年(推古天皇の頃)に佐伯鞍職が筑前宗像神社の三女神(市杵島姫命、田心姫命、湍津姫命)を航海の神として勧進したのが神社の始まりといわれる。1146年(久安2年)に安芸守となった平清盛が社殿を修復し平氏の守護神となった。現在の社殿は毛利元就が1572年(元亀3年)に修復したもの。
- 11 Oceanside Civic Center, California, 1990. 設計 Charles W. Moore & Urban lnnovation Group. 建築家 Irving J. Gill (1870-1936) が設計した消防署と警察署 Fire Station & Police Building 1930 と市庁舎 City Hall 1934 を保存し全体計画に取り入れている。
- 12 Cascade Charley, University of Oregon, 1990. 設計 Alice Wingwall.
- 13 Hatfield Science Center of University of Oregon, Eugen, Oregon, 1990, 設計 Moore Ruble Yudell Architects & Planners.
- 14 Scott Wylie.
- 15 Gordon Cullen. イギリスの都市デザイナー。主著 *Townscape*, 1961. 『都市の景観』北原理雄訳、鹿島出版会、1975.
- 16 Manga Garden / Jardim da Manga, Coimbra, Beira, Costa de Prata, Portugal, 1533-1535. 1131年に創設されたサンタクルス修道院 Mosteiro de Santa Cruz の隣にある。コインブラはローマ時代アエミニウム Aeminium として知られた都市。6世紀後半スエビ族の侵略によって崩壊したコニンブリガ Conimbriga の司教の座がこの都市に移りコインブラとなった。1064年にカスティーリャ王フェルナンド1世がイスラム教徒から奪回しポルトガルが建国され首都となる。1290年にリスボンに創立されたヨーロッパでも最古の大学が1537年に移転し文化の中心地でもある。子供の大きさよりも小さくつくられたポルトガルの家やお城の並ぶ公園 Tiny Tots Portugal / Portugal dos Pequetios もこの都市にある。
- 17 Edgar Allan Poe (1809-1849). 詩人、小説家。ボストン生まれ。代表作 *The Raven & Other Poems*, New York, 1845. *"Domain of Arnheim", "Landor's Cottage"* 他。
- 18 Philip Johnson (1906-). 建築家。オハイオ州クリーヴランド生まれ。ハーヴァード大学で美術を学びニューヨーク近代美術館建築部キュレイターとなりバウハウス展を企画。母校に戻り、1943年に建築学修士。作品 ガラスの家、Glass House, New Canaan, 1949. AT&A Corporate Headquater, New York, 1984 他。
- 19 Fort Worth Water Park, Texas, 1975. 設計 Philip Johnson.
- 20 Lovejoy Fountain, Portland South Park, Portland, Oregon, 1966. 設計 MLTW / Moore & Turnbull with Lawrence Halprin & Associates. 13章216頁の図参照。
- 21 Piazza d'Italia, New Orleans, Louisiana, 1978. 設計 Charles W. Moore, with August Perez & Associates, and Ron Filson.
- 22 Tiki, ポリネシアの神話の中に現れる人類を創造した神。

14. 動機となるイメージ

- 1 Embarcadero Promenade, San Francisco, 1991. 設計 William Turnbull and Associates with Donlyn Lyndon.
- 2 直径30cm 以下の中空の球状の物体。石灰岩や稀に頁岩の中に見られる。皮殻の外層は玉髄質、内部は内に向かう晶洞状の結晶。
- 3 Clive Staples Lewis (1898-1963). イギリスの神学者、作家、童話作家。ベルファスト生まれ。オックスフォード大学で学びケンブリッジ大学で中世ルネサンス英文学を教えた。『ナルニア物語7巻』の著者でもある。主著 *Allegory of Love*, 1936. *A Preface to Lost Paradise*, 1942. *English Literature in the Sixteenth Century*, 1954 他。
- 4 C.S.Lewis, *Out of the Silent Planet*,

訳注

1938, Macmillan Co., New York, 1947.
・5　Charles Simonds(1945-　). 彫刻家。粘土で小さな壊れやすい家の並ぶ世界を表現する。作品集 *Charles Simonds*, Museum of Contemporary Art, Chicago, 1981.
・6　Goldilocks, 金色の髪をした女の子. *Goldilocks & Three Bears*.
・7　Alexander Girard Folk Museum, Santa Fe.
・8　Bruno Bettelheim(1903-1990). 心理学者。ウィーン生まれ。ナチから逃れ1939年渡米し1944年にシカゴ大学教授となる。主著 *The Informed Heart, Autonomy in a Mass Age*, 1960. *The Empty Fortress*, 1967.
・9　Bruno Bettelheim, *The Use of Enchantment*, Reines & Reines, New York, 1976.『昔話の魔力』波多野完治＋乾侑美子訳，評論社，1978.
・10　Fontanone dell'Acqua Paola, Rome. ジャニコロの丘 Janiculum / Gianicolo にある噴水。設計 Giovanni Fontana (1540-1614) & Flaminio Ponzio (c.1575-1620).
・11　Howard Hughes Biological Laboratories, University of California, San Diego, 1989. 設計 Moore Ruble Yudell Architects & Planners. Howard Robard Hughes (1905-1976)は実業家，映画プロデューサー。
・12　Court Garener's House, Schlos Charlottenhof Park, Potsdam, Germany, 1833. 設計 Karl Friedlich Schinkel.
・13　Sea Ranch Condominium, Sonoma, California, 1965. 設計 MLTW / Moore, Lyndon, Turnbull & Whitaker.

あとがき
カステッロ・ディ・ガルゴンザ

・1　Casa Nicolina.
・2　Santa Maria della Scala, Siena. 9世紀ローマに巡礼する人々の宿を世話していた靴屋のソローレという人物の母親が，子供たちが階段を昇り天国の聖母マリアに迎えられる夢を見て，夢に出てきた場所に設けた「はしごの聖母」という宿が病院の始まりだという言い伝えがある。この宿屋から病気で困っている人を助ける貧救院のような施設に姿を変え社会事業も行うようになり，12-13世紀には病院として大きく発展した。付属の礼拝堂がある。

訳者あとがき

　本書はドンリン・リンドンとチャールズ・ムーアの共著 *Chambers for a Memory Palace,* MIT Press, 1994 の全訳である。著者たちは，軸／通路，果樹園／ピラスター，踊り場／斜面／階段，境界／壁，選択と変化，開口／ポータル，屋根／キャノピー，標(しるし)／内に宿る縁，光／影／陰，部屋／空間，類型／秩序，形／装飾，庭園，水，イメージから成る各章で，空間構成の類型を提案し，場所に備わるべき「記憶に残る特質」を追究し，世界のすばらしい場所を魅惑的な文章とスケッチで伝え，意識と記憶と追想と創作の世界へと読者を誘う。

　著者のリンドン氏は，MIT 教授を経てカリフォルニア大学バークリー校教授であり，ムーア氏は同大学ほか数多くの大学で教鞭を執り晩年テキサス大学オースティン校教授であった。ムーア氏は，1949年から1年間ジョージ・ブース奨学金を得てヨーロッパや中近東を訪ね，1952年から2年間アメリカ軍の一員として日本と韓国に滞在した後，プリンストン大学大学院博士課程に進み，1959年ルイス・カーンが同大学客員教授であった時にアシスタントを務めた。その時の学生の中にリンドン氏と本書に登場するターンブル氏がいた。リンドン氏は，1959年から1年間フルブライト奨学金を得てインドでヒンドゥー寺院を研究した。

　ムーア氏は，クライアントや市民の様々な意見を反映させて設計を行うことでも知られている。また著作においても，多彩な人々と協働（コラボレイション）を行い様々な意見を交換した結果がまとめられている。その経緯の中で，著者たちが，本に結実させる過程でいかなる議論が繰り広げられたのか，その応答を，執筆や議論に参加していない読者に知らせる趣向を凝らすことも重要であると考えたのは，自然の成り行きかもしれない。

　本書は，リンドン氏とムーア氏が交わした書簡で構成された対話篇であり，プリニウスの Epistolae など文学の一形式となっていた往復書簡による対話を踏襲した気配がある。東西の古典には，その他にも，ソクラテス，プラトン，ホラティウス，孔子，孟子，荘子など数多くの公表を意図して交わされた書簡や対話が残されてきた。おそらく気心の知れた人々が意見を交換し，ひとつの論を形成してゆく対話の重要性は，お

訳者あとがき

互いの立場や意見の相違を認めあい合意を得たり，時には反論してゆく議論の経緯を示すことができるところにある。前著『庭園の詩学』の終章に当たる「アメリカ庭園のオシャベリ」では，著者たちは臨場感のある対話のシミュレーションを楽しみながら，伸びやかに個性を発揮し，批評精神にあふれた「対話」を繰り広げていた。（シミュレーションではあったとしても）対話では，議論し知恵を出し合い最善の結果に到達しようとする過程が貴重である。

今回の対話の主題は，空間構成の類型に重要な役割を担う記憶であり，本書は，キケロの記憶術に倣い「記憶の館」という設定である。各章は，館の室内であり，著者たちが「場所の精神」を訪ねたタージ・マハル，アルハンブラ宮殿，コインブラ，トレド，あるいはローマの街，その他数多くの世界のすばらしい場所の思い出が集束されている。私たちは，この魅惑的な館を一巡し，「主題」と「構成」の室内にとどめられた著者たちの記憶をたどり，（これから訪ねるべき場所も含め）世界遺産に指定された，歴史のある感銘深い建物や場所や街の記憶に残る特質を室内から「眺める」。

様々な記憶は，情景として想い起こされる。夢で見たり本を読みながら想像した空間の眺めも含め，記憶の情景を解りやすい類別（カテゴリー）に分ける時に，場所（トポス）が重要になる。場所（トポス）の特徴や経験する出来事は，場所性を帯びた状態（トピカル）であり，様々なトピックも，情景となり記憶の中に包摂されてゆく。

空間は，意識された場所であり感覚（センセーション）の中にある目前の眺めと現れてくる眺めの継起であり形態の相互関係である，と指摘したゴードン・カレンの実存的な空間へのアプローチは貴重である。私たちは，すばらしい空間，そしてどこにでもある，ごく当り前の最も身近な空間と自分との関わりを大切にしている。これは，空間が備えるべき基本的な特質を考えるうえで重要な課題であり，パターン・ランゲージも場所に愛着を抱く「記憶の情景の類型学」と捉えると興味深い展開があると私は思う。

本書では，著者が体験した空間の情景が描写されている。空間の体験は，平面図や写真で伝えきれない。空間の感覚（センセーション）をたどる文章やスケッチで構成された本書は，子供の時にラジオで聴いた物語の朗読などに通じるものがあり，受け手の想像力を豊かに刺激する。

ここに，もうひとつの応答が生まれる可能性がある。ホワイトヘッドも言うように「今とは期待に彩られた記憶の縁にある」。

空間を経験する視点で眺める時，空間を囲む表面のテクスチュア，寸法，開口の在り様，光の入り方，内と外の境界，床の勾配など，人間の視覚の内側から外へ向かう軸線や広がりを感じながら，空間のつながりは，継起としてパターンとして捉えられてゆく。平面図を描く視点で眺める時，空間の特質は平面に還元され，空間の組立てがよく見えてくる。時として図面の上でのみ成り立つ整合性にとらわれてしまうことがある。しかし，図面の上でしか把握できない図柄や変化を加えたデザインは，空間として生命を持ちえない事例もあることを私たちは随分と眼にしてきた。

人間の感覚は，両義的であり，相反的であり，厳格であり，あいまいである。床のわずかな傾斜も壁の擦れも見逃さないが，規律正しい直線や同じ素材の同じパターンが単調に連続すると変化を求める。また，不整合で不均衡ばかりでも当惑してしまう。明晰さを備え，少しずつ要素が異なり，壁面は多少歪んでいたり凹んでいたりもする，集落やガルゴンザが備えているような，心地良い空間の特質を設計図の上で創りだすのは，なかなか難しい。

建築や都市の空間をデザインする時，情景をデザインし平面を描き，平面を検証し情景を再び検証してゆく過程を幾度も往復し，空間のデザインを集束させてゆく（べきである）。空間を客体化し，部分と全体の関係を考え，空間を体験してゆく自分を想定し，都市の遠景を描く時のように街の全体を眺め「借景」を考慮したり，測量された平面図を基に全体図を描くように，あるいは多くの古い都市の全体図が描かれた時のように，あたかも自分が気球に乗っているような仮想の視点を想定したり，空間を覆う屋根を取り外して上から眺める視点を想定することにより，様々な角度から検証する必要がある。とはいえ，私たちは，各人各様のトピックによって空間構成の要素を類別し設計している。ここに都市の解釈学に由来する複雑な多様性があり，豊かな知識を基に対話を行う機会も生まれてくる。そして，様々なデザインレヴューにおいて人々の合意を得て最善の案を選択する際に，究極的にコンテクストとの相互作用（インターアクション）も含めて，これまでに経験し実感してきた場所の記憶の情景を頼りにする以外にないことに気づく。

訳者あとがき

　建築家は,「昔の上手」を訪ねすばらしい場所の精神を学び, 身体化し, 記憶し, 想い起こし, 解釈し, 対話を行い, 共有された記憶に残る空間を設計しているのか生涯自らに問い続ける役割なのだと思う。著者たちは, 世界中の場所の精神を訪ね数多くの建物を設計してきた経験を基に, 場所と機会をしつらえる趣向を類別し, 実存的な空間構成の類型学に向かう重要な手法を提案している。本書を読み進めるうちに, 私たちは, 建築する喜びと奥深さに触れるとともに, リンドン氏とムーア氏の人生の足跡をたどる想いに至る。終章で描写されるカステッロ・ディ・ガルゴンザは, 著者たちの記憶に残る空間構成の原型の象徴である。水を主題にしたムーア氏の論考は, 啓示であり, 私たちを育んできた大きな自然に対する愛着を感じさせる。水は, 不思議であり魅惑的である。流れ, さざめき, 光り, 煌めき, 映り, とどまり, 結び, 巡り, 涼やかな水は, 生命の源であり, 哲学の始まりである。

　私は, 夜に潜む銀河鉄道のようなとろけるチーズ時計のような「固執する記憶」について考えを巡らし, 夜の都市空間の構成に果たす光の自由度と定常性に関わる初源的なエッセイを卒業論文にまとめ, 卒業設計で水とグロッタと闇と夜の星と宇宙を主題にした瞑想する「精神の考古学」の庭園の原型を提出し, 建築都市デザインの実務を通じて類型学に親しみMIT大学院に留学し「記憶の情景の類型学」を中心に「都市形態の解釈学」を修士論文にまとめたことがあり, バシュラール, ボルノー, ジンメル他, 実存的な空間から学ぶ哲学の伝統を示唆する本書を翻訳する機会に恵まれ「内に宿る縁」に導かれた想いがする。

　原著のタイトルは「記憶の館にふさわしい室内の数々（にとどまる場所の思い出）」という主旨だが, 場所の情景を主題にしているところから, 簡明に「記憶に残る場所」とした。巻末には必要と思われる人物や場所や建物について訳注を加えた。

　本書は, 多くの方々のご支援によって実現した。この場をお借りして, リンドン氏と知己の間柄であり本書について貴重なご意見をいただいた槇文彦氏, そして團紀彦氏にお礼を申し上げるとともに, 編集を担当された鹿島出版会編集部の矢島直彦氏に謝意を表したい。

1996年5月

有岡　孝

索 引

太字は図版頁

ア

アアルト,アルヴァ 185-186
　ヴォルフスベルク文化センター 186,**186**
アヴィラ,スペイン 72
アウレリウス,マルクス 54,57
アーグラ,インド
　アクバルの墓 118,**120**
　タージ・マハル 12,**12-14**,**16**,17-18,49
アクロポリス 57,**58**,59,141,143
アダムズ,ヘンリー,『モン・サン・ミシェルとシャルトル』151
アテネ
　アクロポリス 57,**58**,59,141,143
　エレクテイオン神殿 59,143
　パルテノン神殿 58,**58**,141
　プロピュライア 57
　リカベットス山 57
アトランタ(ジョージア州)
　ハイヤット・リージェンシー・ホテル 174
アブシンベル神殿 143
アルハンブラ 154-155,214,232,234
　ライオンの中庭 154,**155**
アルベルティ,レオン・バティスタ 88
アルマジャーニ,シアー 134
アレッツォ,イタリア
　ピアッツァ・グランデ **65**
アンダーソンヴァレイ(カリフォルニア州) **181**

イオニア式 39,59,149,199-200,**201**,202,288
イザベラ・スチュワート・ガードナー美術館 24,211
厳島,広島 223
　鳥居 95,**223**,224
イメージ 232-240,252
インディアナポリス,インディアナ州 **28**

ヴァージニア大学 140-141,**141**
ヴァーラーナスィー,インド 62,**62**
ウィーン 199
ヴィラ・ポイヤーナ 140,**140**
ヴィラ・ランテ 214
ウィングウォール,アリス 98,140,225
　カスケード・チャーリー **224**,225
　ポーチ・バス 98,**99**
ヴェズレ **61**,61-62,68
ヴェルサイユ宮殿 10,17,**18**
　庭園 211
ヴェローナ,イタリア
　サン・ゼーノ教会 94
ヴォー・ル・ヴィコント 6,17-18,**17-18**
ヴォールト 107,112-115,118,161
ウフィツィ美術館 24,**25**
ウルビーノ,イタリア
　ドゥカーレ宮殿 50,**51**,**164-169**,165-169
　メルカターレ広場 50
　レプッブリカ広場 51

エッフェル,ギュスタヴ 195
エッフェル塔 191,195-197,**196-197**
エデンの園 73,208
エピダウラス,ギリシア
　円形劇場 53,**53**
円形劇場 53
煙突 109,126,143-144,234

オークブラフス,マーサスヴィニヤード島,マサチューセッツ州 97,**97**
オグルソープ卿 21
オーケアノス 220
オースティン(テキサス州) 21
オータン大聖堂,フランス 95
踊り場 48-50,53,57-63,66,244-247
オリンピア,ギリシア **124**
オルデンバーグ,クラエス 139
オレゴン大学
　カスケード・チャーリー **224**,225

カ

開口 72,75-76,79,84-88,91-92,99,115,140
凱旋門,ローマ 95
階層(ヒエラルキー) 49,51
階段 48-49,53-57,62-64,66,245-248,250
　手摺 64,66
ガウディ,アントニオ 202
　カーサ・バトゥリョ 203
カオス理論 178,185-186
影 148-149,151-154,203,209,252
陰 148,151-155,248,250
重なり合い 77,79-81,128,239
果樹園 30-32,34-38,49,61,77,154,224,252
カジュラーホ,インド 128
カステッロ・ディ・ガルゴンザ 3,**71**,71-72,136,**242**,244-248,**246-252**,250,252
カセルタ 64
形 190-196,198-199,203-204

273

索引

ガート 62
壁 70-75,77-80,84-86,306
　ガラスの壁 87
壁柱(ピラスター) 30,39,41,43
カミッロ,ジュリオ 53
ガラスの壁 87
カリフォルニア州知事公邸 108,**108**
カリフォルニア大学
　ハワード・ヒューズ生物学研究所 **237**,237-238
カールスルーエ,ドイツ 18
カレン,ゴードン 225
カーン,ルイス 26,87,107,148,182-184,238
　A.N.リチャーズ・メディカル・センター 182,**183**
　キンベル美術館 26-27,**27**,99,**99**,107
　ゴールデンバーグ邸 184-185,**185**
　ソーク研究所 183,**184**,209-210,**210**,212,238
　ユダヤ教コミュニティ・センター 107,**107**
ガンジス川 62

気(chi) 170
記憶の館 2-4,191,198
記憶劇場 53
幾何学
　フラクタル 185,191
　ユークリッド 191
キケロ,マルクス・テュリス 1
ギベルティ,ロレンツォ 94
キャノピー 104,114-118,121,247,251
境界 70-75,78-81,85-88,169,248
境界線 72-73,112
京都,日本
　西芳寺 **212**,212-214
　竜安寺 **213**,213-214
ギリシア神殿 149
切妻 105,107,144,191-193,**193**

クァイラウワーンのモスク,テュニジア 31-32
空間 160-174
グラナダ,スペイン
　アルハンブラ 154-155,214,232,234
　ライオンの中庭 154,**155**
クランブルック芸術アカデミー 9-12,**10**,**11**,16,18
　エウロペと雄牛 10
　男子学校 9
　ミレス,カール 9-10
　ヨナと鯨 9
グランドキャニオン 59
グリッド 18,21-22,31-32,35-36,38,59,61
グレイク,ジェイムズ『カオス』 185

クロイスター 161

繋船柱(ボラール) 141

コインブラの噴水,ポルトガル 226,**227**
後楽園,東京 23
ゴシック建築 39,86,118,203
コッツウォルズ 220
5点形 32
古典的な光 153
コリント式 149,200,**201**,202,228
コルドバ,スペイン
　大モスク **31**,31-32,34,**77**,154
コンポジット式 202,228

サ

西芳寺,京都 **213**,213-214
サヴァンナ(ジョージア州) 21,**22**
サマーソン卿,ジョン『天上の館』 117-118,121
サーリネン,エリエル 9-11,16
サンタンドレア・アル・クィリナーレ教会 39,**201**
サン・ジミニャーノ,イタリア 128,**129**,138
サンタバーバラ(カリフォルニア州)
　郡裁判所 92-94,**93**
サンタフェ(ニューメキシコ州)
　アレクザンダー・ジラード民俗博物館 236
サンディエゴ(カリフォルニア州)
　ハワード・ヒューズ生物学研究所 **237**,237
サンフランシスコ(カリフォルニア州)
　エンバルカデロ 233,239,**239**
　芸術の宮殿 203,**203**
　コイト・タワー 130,**133**
　トランスアメリカ・タワー 134
　フェリー・ビルディング 130-131
サン・ピエトロ広場 **150**
サン・ブノワ・シュール・ロワール教会,フランス 202
サン・マルタン・ドゥ・カニグ,フランス **158**

シアトル(ワシントン州)スカイライン 134
シエナ,イタリア
　カンポ 51-52,**52**,128,141,**142**,154
　サンタ・マリーア・デッラ・スカーラ 252
　市庁舎(パラッツォ・プップリコ) 51,128
　スカイライン 128,**128**
　トッレ・デル・マンジャ 128,**153**,154
　パーリオ 51,141
ジェノヴァの宮殿,イタリア 174
ジェファーソン,トマス
　ヴァージニア大学 140,**141**
　北東の領土 21
ジオード 232,234,**235**

シカゴ（イリノイ州）
　レイク・ショア・ドライヴ・アパートメント
　　43
シカラ　129
軸　8-12,14-19,21-24,26-27,49,57,64,66,
　121,131,211,245
シクストゥス5世　17-18
シーサイド（フロリダ州）　98,134,**135**
ジッテ,カミロ『都市を構築する芸術（邦題：
　広場の造形）』　18,**19**
ジブラルタル海峡　220
シモンズ,チャールズ　235
シャー・ジャハーン　15
斜面　48-66,245-246,250
シャルトル大聖堂　95,**95**,151
斜路　50,63,247
シャンボール城　109,**110**
小神殿（アエディキュラス）　104,107,116,
　118,121,144,203
ジョンソン,フィリップ
　シーグラム・ビルディング　43
　フォートワース・ウォーター・パーク　226
ジラード,アレクザンダー　236
シーランチ（カリフォルニア州）
　コンドミニアム　163,239
　ヘイル邸　144,**145**
　ラッシュ邸　144,**145**
　リンドン邸　211,225
標　126-134,136,144-145,252
シンガポール
　スカイライン　134
シングル様式　109
シンケル,カール・フリードリッヒ　39,238
　シャウシュピールハウス　39,**41**
　シャルロッテンホフ　238,**238**

スィカンドゥラ
　アクバルの墓　118,**120**
水盤　11-12,14-16,154,218,221,223,225,
　239
スカイライン　**128**,128-129,132-134
スケール　39,41,75,133-134,136,223,235
ステュックスの川　218
ステンド・グラス　148,151-152
ストゥアヘッド庭園　23,**23**
ストニングトン（コネチカット州）　96
ストラットフォード・ホール　144,**144**
住まい　95-96,140-141,179,197,203
スミス,E. ボールドウィン　115-116

聖アウグスティヌス　220
セヴィーリャ
　オレンジの木のパティオ　32,**33**,224
尖塔　105

セントジョージ（ユタ州）裁判所　**176**
セントルイス（ミズーリ州）ウェインライト・
　ビルディング　43,**43-44**

倉庫　179-180
装飾　59,190,198-200,202-204,251
ソーン卿,ジョン
　自邸,ロンドン　170,**171**

タ

タージ・マハル　12,**12**-14,17-18,49
ダブリンの扉　96
ターンブル,ウィリアム　98,140,144,233
　ヴィラ・ポイヤーナ（スケッチ）　140,**140**
　エンバルカデロ遊歩道,サンフランシスコ
　　233,239,**239**
　シーランチ・コンドミニアム　163,239
　ヅィンマーマン邸　98,**98**
　ヘイル邸　144,**145**
　ラッシュ邸　144,**145**
暖炉　143-144

チチェンイツァ,メキシコ　**46**
秩序　178-179,182,184-186,191
　古典的な秩序／柱式（オーダー）　39,59,
　　66,140,149,166,199-200,**201**,202,228
　日本的な秩序（オーダー）　202
茶庭　220
彫像／彫刻　126,136-144
直交軸／交差軸　8-12,14-19,121

ツィンマーマン兄弟　151
通路　8,10-12,14-16,19,22-24,26-27,59,
　211-212,226,245-348

ディ・ヴィース　151,173,**173**
庭園　73-75,208-214,221
　ヴェルサイユ　211
　ヴォー・ル・ヴィコント　6,17-18
　エデン　73-75,208
　回遊庭園　23
　ガルゴンザ　248,**249**,252
　郊外庭園住宅地　212
　タージ・マハル　12,17-18
　茶庭　220
デンヴァー（コロラド州）
　ブラウン・パレス・ホテル　174
天井　161-162,169-170
デンマーク
　ルイズィアナ美術館　24,**26**

塔（タワー）　118,127-134,**128**,**129**,**132-133**,
　136,**192**
東京

275

索引

後楽園 23
六義園 23
トゥールーズ,フランス
　ジャコバン派教会 37
ドクシアデス,コンスタンティン
　『古代ギリシアの空間(邦題:古代ギリシア
　　のサイトプラニング)』 59
トスカナ式 140,202,228
ドリア式 59,149,199-200,**201**,201-202
鳥居 95,**223**,224
トリノ
　ネオン 229
トレド,スペイン
　プラザ 92
　窓 87
トレントン(ニュージャージー州)
　ユダヤ教コミュニティ・センター 107,**107**

ナ

ナイル川 221
納屋 180,**181**,191

ネオン 229
ネーレスハイム 173-174

ニューオリンズ(ルイジアナ州)ピアッツァ・
　ディタリア 226,228-229
ニューポート(ロードアイランド州) **102**
　カジノ 109
ニューヨーク(ニューヨーク州)
　ウィンター・ガーデン,バッテリー・パーク
　　114
　クライスラー・ビルディング 130,**132**
　グランド・セントラル・ステーション 114
　シーグラム・ビルディング 43
　スカイライン 132-133
　トリニティ教会 **106**,107
　ワールド・トレード・センター 133

ノイシュヴァンシュタイン城,ドイツ 109,
　111,194

ハ

パインマウンテン・キャビン 91,**92**
バガンの光 149
ハギア・ソフィア 114-115,**115-116**
バークリー(カリフォルニア州)
　ドウ図書館,カリフォルニア大学 **200**
　ユニヴァーシティ・アヴェニュー集合住宅
　　85
　6番通り 80
柱 30-32,34-36,38-39,41,43,57-58,126,
　140-142,153-154,186,199-200,202
パターン 191

パラーディオ
　ヴィラ・ポイアーナ **140**,141
パリ
　エッフェル塔 191,195-197,**196-197**
　サント・シャペル 151
　セーヌ川 **222**,223
　ファキュルテ・ドゥ・ドゥルワ(法学部) 90
ハリエス,マグス 139
パーリオ 51,141
バルセロナ,スペイン
　カーサ・バトゥリョ 203
　カタロニア音楽学校 32
パルテノン 58,**58**,141
バルト,ロラン 196

ビヴァリーヒルズ・シヴィック・センター 18
　-19,**20**
ピエンツァ,イタリア 54
光 87-88,148-149,151-154,169-174,225,
　250
　古典的な光 153
　戯れる光 149,151,153,225,250
　バガンの光 149
　幽玄の光 149,151
ビビエナ一族 160,171-172,174
ヒューストン
　公共図書館 139
　スカイライン 134
ピラネージ,ジャン・バティスタ 160,172,
　174
　牢獄のエッチング **172**
ヒンドゥー教の寺院 118,121,128-129,142-
　143
　海岸の神殿 **119**-120

フィラデルフィア(ペンシルヴァニア州)
　A.N.リチャーズ・メディカル・センター
　　182,**183**
　芸術アカデミー **100**
　市庁舎 137-138
フィレンツェ
　ヴェッキオ宮殿 **137**
　ウフィツィ美術館 24,**25**
　サント・スピリト教会 35
　サン・ミニアート・アル・モンテ教会 39,**40**
　シニョリーア広場 136-137
　洗礼堂の扉 94
　パッツィ・チャペル 113,**113**
ブバネーシュワル,インド 128-129,**130**
フェニックス(アリゾナ州)
　ルース・タワー 134
フォートワース(テキサス州)
　ウォーター・パーク 226
　キンベル美術館 26-27,**27**,99,**99**,107

プラトン 220
ブールジュ大聖堂,フランス 36,**36**
プロピュライア 57,59
プロポーション 162-163
噴水 57
 カスケード・チャーリー **224**,225
 コインブラ 226,**227**
 トレヴィ **220**,220-221,225-226,229
 ピアッツァ・ディタリア 228
 フォートワース・ウォーター・パーク 226
 ラヴジョイ 226

ベッテルハイム,ブルーノ『魔法の効用(邦題:昔話の魔力)』 236
部屋 72,76,160-163,165-167,169-171,179,183
 ジョージアン様式 72,160
 日本 72-73,**73**
ペリ,シーザー 134
ペリクレス 59
ペルー
 マチュピチュ 59-60,**60**
ベルリン
 シャウシュピールハウス 39,**41**
ベルニーニ,ジャン・ロレンツォ 39
 サンタンドレア・アル・クィリナーレ教会 39-40,**201**
 サン・ピエトロ広場 **150**

ポー,エドガー・アラン 226
ボストン(マサチューセッツ州)
 イザベラ・スチュワート・ガードナー美術館 24,210
 コモン 138
 市庁舎 138
 パブリック・ガーデン 138
 ファニュイル・ホール 138
 ヘイマーケット 139
 ユナイテッド・シュー・マシナリー・ビルディング **130**,131
ポータル 84,93-96,98,100
ポータルサイト(ワシントンD.C.) 93,**94**
ポーチ 96-99,192-193
 テキサス 97
 マサチューセッツ 97
ボッロミーニ,フランチェスコ 41,73
 サンティヴォ・デッラ・サピエンツァ 73,**74**
ポートアンジェルス(ワシントン州) **82**
ポートマン,ジョン 174
ポートランド(オレゴン州)
 ラヴジョイ・ファウンテン 226
ポープ,ジョン・ラッセル 142
ホール形式の教会 36,38

ジャコバン派教会 40
ボルヘス,ホルヘ・ルイス「様々な道筋のある庭園」 19
ポレーニ,ジョヴァンニ 220
ホワイト,スタンフォード
 カジノ,ニューポート 109
香港 134
ポンペイ
 壁画 134

マ

マーシャル(ミシガン州)のハワイ風の家 **194**,194
マチュピチュ 59-60,**60**
摩天楼 129-134
窓
 トレド 87
 ローマ 88
マドライ,インド **34**
マハル,ムムタズ 12
マハーバリプラム,インド
 海岸の神殿 **119**-120
マヤの神殿 64
マラケシュ 72
 クトゥビーヤのモスク 32
マリーズヴィル(ケンタッキー州) **146**
マルタ島 234
丸屋根(ドーム) 105,112-116,170
マンダパス
 千本柱 34,49,154
 マドライ,インド **34**

ミケランジェロ 39,53-54,57,136-137
 カンピドーリオ広場 39,53-54,**54**-56,57,**198**
 コンセルヴァトーリ宮殿 39,**42**
水 218-221,223-226,228-229,252
水の循環 219-220
ミース・ファン・デル・ローエ,ルードヴィッヒ 43,203
 シーグラム・ビルディング 43
 レイク・ショア・ドライヴ・アパートメント 43
ミレス,カール 9-10
ミレトス 21

ムーア,チャールズ・W.
 『家の場所(邦題:住宅とその世界)』 112
 インディアナポリス・ランディング 28
 オーシャンサイド・シヴィック・センター 224
 オレゴン大学ハットフィールド・サイエンス・センター **224**,225
 カリフォルニア州知事公邸 108,**108**

277

索引

カリフォルニア大学サンディエゴ校ハワード・ヒューズ生物学研究所 **237**, 237-238
居住の隠喩 75-76, **76**
ザナドゥーヌ 108
ジョブソン・キャビン 107-108
ジョンソン邸, ラシーヌ 108, **109**
シーランチ・コンドミニアム 163, 239
『庭園の詩学』 214
パインマウンテン・キャビン 91, **92**
ピアッツァ・ディタリア 226, 228-229
ビヴァリーヒルズ・シヴィック・センター 18-19, **20**
ラヴジョイ・ファウンテン 226
ラッシュ邸 144, **145**
ムガール王朝の宮殿 79
ムガール王朝の墓, インド 116, **117**, 121

メイベック, バーナード 203
　芸術の宮殿 203, **203**
女神柱 143
メール山 118

門 84, 95
モンタネール, ドメネク・イ
　カタロニア音楽学校 32
モンテフェルトロ, フェデリコ・ダ 50, 165-168, **169**

ヤ

屋根 104-105, 107-109, 112-116, 127-128, 191-192, 250
　素材 108-109

幽玄の光 149, 151
ユーフラテス川 221

ヨーゼフ, フランツ 199

ラ

ライオンの中庭, アルハンブラ 154, **155**
ラホヤ(カリフォルニア州)
　ソーク研究所 183, **184**, 209-210, **210**, 212, 238
ランカスター, オズバート『図像のある古典的な風景』 57
ランファン, ピエール 18

六義園, 東京 23
竜安寺, 京都 212, 212-214
リンドン, ドンリン
　『家の場所(邦題: 住宅とその世界)』 112
　エンバルカデロ遊歩道, サンフランシスコ 233, 239, **239**
　シーランチ・コンドミニアム 163, 239

ペンブロウク学生寮 **162**
ユニヴァーシティ・アヴェニュー集合住宅 85
リンドン邸, シーランチ 211, 225
リンドン, メイナード
　メイナード・リンドン邸 73, **74**

ルーアン, フランス
　大聖堂 36, **139**
　美術館 138
類型 178-184
ルイズィアナ美術館 24, **26**
ルウィス, C. S.『沈黙の惑星の外で』 234
ル・コルビュジエ 36, 153, 199, 233
　明日の都市 233, **233**
　サヴォワ邸 199, **199**
　チャンディガール 36
　ロンシャン教会 152
ル・ノートル, アンドレ 17-18

ロウリー, ジョージ 185
ロココ様式 203
ロシアのイースターの卵 234
ロース, アドルフ 199
ロスアンジェルス(カリフォルニア州)
　ビヴァリーヒルズ・シヴィック・センター 18-19, **20**
　ファースト・インターステイト・ビルディング 133
炉辺 143-144
　ニューメキシコ州の炉辺 **143**
ローマ 18
　アクア・ヴェルジーネ 220
　アクア・パオラ 237
　アメリカン・アカデミー 87-88
　ヴィラ・ファルネジーナ 38
　凱旋門 95
　カンピドーリォ広場 39, 53-54, **54**-56, 57, **198**
　古代の壁 78-79
　コロッセオ/コロッセウム 78
　コンセルヴァトーリ宮殿 42
　サンタ・マリーア教会 カンポ・マルツィオ 89
　サンタ・マリーア・マッジョーレ教会 63
　サンタンドレア・アル・クィリナーレ教会 39-40, **201**
　サンティヴォ・デッラ・サピエンツァ教会 73, **74**
　サン・ピエトロ寺院 63
　サン・ピエトロ広場 150
　シクストゥス5世 18
　スペイン階段 64, 66, **67**
　トレヴィの噴水 **220**, 220-221

パンテオン　170-171,**171**
　ファルネーゼ宮殿　88
　フォロ・ロマーノ　**96**,198
ロンシャン教会　**152**
ロンドン
　ジョン・ソーン邸　170,**171**
竜脈(long mo)　170

ワ

ワイリー,スコット　225
ワシントン D. C.　18
　ジェファーソン・メモリアル　142
　ポータルサイト　93,**94**
　リンカーン・メモリアル　142

- 179 風土に生きる建築　若山滋著
- 180 金沢の町家　島村昇著
- 181 ジュゼッペ・テッラーニ　B・ゼーヴィ編　鵜沢隆訳
- 182 水のデザイン　D・ペーミングハウス著　鈴木信宏訳
- 183 ゴシック建築の構造　R・マーク著　飯田喜四郎訳
- 184 建築家なしの建築　B・ルドフスキー著　渡辺武信訳
- 185 プレシジョン（上）　ル・コルビュジエ著　井田安弘他訳
- 186 プレシジョン（下）　ル・コルビュジエ著　井田安弘他訳
- 187 オットー・ワーグナー　H・ゲレツェガー他著　伊藤哲夫他訳
- 188 環境照明のデザイン　石井幹子著
- 189 ルイス・マンフォード　木原武一著
- 190 「いえ」と「まち」　鈴木成文他著
- 191 アルド・ロッシ自伝　A・ロッシ著　三宅理一訳
- 192 屋外彫刻　M・A・ロビネット著　千葉成夫訳
- 193 『作庭記』からみた造園　飛田範夫著
- 194 トーネット曲木家具　K・マンク著　宿輪吉之典訳
- 195 劇場の構図　清水裕之著
- 196 オーギュスト・ペレ　吉田鋼市著
- 197 アントニオ・ガウディ　鳥居徳敏著
- 198 インテリアデザインとは何か　三輪正弘著
- 199 都市住居の空間構成　東孝光著
- 200 ヴェネツィア　陣内秀信著
- 201 自然な構造体　F・オットー著　岩村和夫訳
- 202 椅子のデザイン小史　大廣保行著
- 203 都市の道具　GK研究所・榮久庵祥二著
- 204 ミース・ファン・デル・ローエ（上）　W・ベーネット著　平野哲行訳
- 205 表現主義の建築（上）　W・ベーネット著　長谷川章訳
- 206 表現主義の建築（下）　W・ベーネット著　長谷川章訳
- 207 カルロ・スカルパ　A・F・マルチャノ著　浜口オサミ訳
- 208 都市の伝統　材野博司著
- 209 日本の伝統工具　土田一郎著　秋山実写真

- 210 まちづくりの新しい理論　C・アレグザンダー他著　難波和彦監訳
- 211 建築環境論　岩村和夫著
- 212 建築計画の展開　W・M・ペニヤ本田邦夫訳
- 213 スペイン建築の特質　F・チュエッカ著　鳥居徳敏訳
- 214 アメリカ建築の巨匠たち　P・ブレイク他著　小林克弘他訳
- 215 行動・文化とデザイン　清水忠男著
- 216 都市デザインの思想　三輪正弘他著
- 217 ポッロミーニ　G・C・アルガン著　長谷川正允訳
- 218 ヴィオレル・デュク　羽生修二著
- 219 住環境の都市形態　P・パヌレ他著　佐藤方俊訳
- 220 古典建築の失われた意味　G・ハーシー著　白井秀和訳
- 221 パラディオへの招待　長尾重武著
- 222 ディスプレイデザイン　魚成祥一郎監修
- 223 芸術としての建築　S・アバークロンビー著　白井秀和訳
- 224 フラクタル造形　三井秀樹著
- 225 ウイリアム・モリス　藤田治彦著
- 226 エーロ・サーリネン　穂積信夫著
- 227 都市デザインの系譜　相田武文、土屋和男著
- 228 サウンドスケープ　鳥越けい子著
- 229 風景のコスモロジー　東孝光著
- 230 庭園から都市へ　材野博司著
- 231 都市・住宅論　清水忠男著
- 232 ふれあい空間のデザイン　東孝光著
- 233 さあ横になって食べよう　B・ルドフスキー著
- 234 間（ま）――日本建築の意匠　J・バーネット著　多田道太郎監修
- 235 都市デザイン　神代雄一郎著
- 236 建築家・吉田鉄郎の『日本の住宅』　兼田敏之訳　吉田鉄郎著
- 237 建築家・吉田鉄郎の『日本の建築』　吉田鉄郎著
- 238 建築家・吉田鉄郎の『日本の庭園』　吉田鉄郎著
- 239 建築史の基礎概念　P・フランクル著　香山壽夫監訳
- 240

- 241 アーツ・アンド・クラフツの建築　片木篤著
- 242 ミース再考　K・フランプトン他著　澤村明＋EAT訳
- 243 歴史と風土の中で　山本学治建築論集①　岩本和夫他著
- 244 造型と構造と　山本学治建築論集②
- 245 創造するこころ　山本学治建築論集③
- 246 アントニン・レーモンドの建築　三沢浩著
- 247 神殿か獄舎か　長谷川堯著
- 248 ルイス・カーン建築論集　ルイス・カーン著　前田忠直編訳
- 249 映画に見る近代建築　D・アルブレヒト著　萩正勝訳
- 250 様式の上にあれ　村野藤吾著作選
- 251 コラージュ・シティ　C・ロウ、F・コッター著　渡辺真理訳

#	タイトル	著者	訳者
086*	建築2000	C・ジェンクス著	工藤国雄訳
087	日本の公園	田中正大著	
088*	現代芸術の冒険	O・ビハリメリン著	六鹿正治訳他
089	江戸建築と本途帳		坂崎乙郎他訳
090*	大きな都市小さな部屋	西和夫著	
091*	イギリス建築の新傾向	R・ランダウ著	渡辺武信訳
092	バルテノンの建築家たちR・カーペンター著		鈴木博之訳他
093*	SD海外建築情報 V	岡田新一編	
094*	IDの世界		豊口協著
095	交通圏の発見	有末武夫著	
096	建築とは何か	B・タウト著	篠田英雄訳
097*	続住宅の論現在	長谷川堯著	
098*	都市の景観	G・カレン著	北原理雄訳
099*	SD海外建築情報 VI	岡田新一編	
100*	構造と空間の感覚	F・ウイルソン著	山本学治他訳
101	プライド・オブ・プレイス	シヴィック・トラスト著	井手久登他訳
102*	アテネ憲章	ル・コルビュジエ著	吉阪隆正訳
103	アメリカ建築の新方向	R・スターン著	横山正訳
104*	近代都市計画の起源	L・ベネヴォロ著	横山正訳
105*	中国の住宅	劉敦楨著	田中淡訳他
106*	現代のコートハウス	D・マッキントッシュ著	北原理雄訳
107*	モデュロール I	ル・コルビュジエ著	吉阪隆正訳
108*	モデュロール II	ル・コルビュジエ著	吉阪隆正訳
109*	光の死		
110	現代民家と住環境体	U・コンラーツ著	伊藤哲夫訳
111	モデュロール I	ル・コルビュジエ著	吉阪隆正訳
112	モデュロール II	ル・コルビュジエ著	吉阪隆正訳
113*	建築の史的原型を探る	B・ゼーヴィ著	鈴木美治訳
114	西欧の芸術 1 ロマネスク上	H・フォション著	神沢栄三他訳
115	西欧の芸術 1 ロマネスク下	H・フォション著	神沢栄三他訳
116	西欧の芸術 2 ゴシック上	H・フォション著	神沢栄三他訳
117	西欧の芸術 2 ゴシック下	H・フォション著	神沢栄三他訳
118	アメリカ大都市の死と生	J・ジェイコブス著	黒川紀章訳
119	遊び場の計画	R・ダットナー著	神谷五男他訳
120	人間の家	ル・コルビュジエ著	西沢信弥訳
121*	街路の意味		竹山実著
122*	ライトと日本	B・ゼーヴィ著	谷川正己訳
123	住宅と宮殿	ル・コルビュジエ著	松島道也訳
124	空間としての建築(上)	B・ゼーヴィ著	栗田勇訳
125	空間としての建築(下)	B・ゼーヴィ著	栗田勇訳
126	かいわい「日本の都市空間」		材野博司著
127*	歩行者革命	S・ブライネス他著	岡並木監訳
128	オレゴン大学の実験	C・アレグザンダー著	宮本雅明訳
129	都市はふるさとか	F・レンツローマイス著	武基雄他訳
130	建築空間「尺度について」	P・ブドン著	中村貴志訳
131	アメリカ住宅論	V・スカーリーJr.著	長尾重武訳
132	タリアセンへの道		山下和正訳
133	建築VS・ハウジング	M・ポウリー著	山下和正訳
134	思想としての建築		栗田勇他訳
135*	人間のための都市	P・ペーターズ著	河合正一訳
136	都市憲章		磯村英一訳
137*	巨匠たちの時代	R・バンハム著	山下泉訳
138	三つの人間機構	ル・コルビュジエ著	山口知之訳
139	インターナショナル・スタイル	H・R・ヒチコック他著	武沢秀一訳
140	北欧の建築	S・E・ラスムッセン著	吉田鉄郎訳他
141	続建築とは何か	B・タウト著	篠田英雄訳
142	四つの交通路	ル・コルビュジエ著	井田安弘訳
143	ラスベガス	R・ヴェンチューリ他著	石井和紘他訳
144	ル・コルビュジエ	C・ジェンクス著	佐々木宏訳
145	デザインの認識	R・ソマー著	加藤常雄訳
146	鏡「虚構の空間」		由水常雄著
147	イタリア都市再生の論理		陣内秀信著
148	東方への旅	ル・コルビュジエ著	石井勉他訳
149	近代建築鑑賞入門	W・W・コーディル他著	星野郁美訳
150	近代建築の失敗	P・ブレイク著	星野郁美訳
151*	文化財と建築史		関野克著
152	日本の近代建築(上)その成立過程		稲垣栄三著
153*	日本の近代建築(下)その成立過程		稲垣栄三著
154	イタリアの現代建築	V・グレゴッティ著	井田安弘訳
155	バウハウス「その建築造形理念」		杉本俊多著
156	エスプリ・ヌーヴォー「近代建築名鑑」	ル・コルビュジエ著	山口知之訳
157	建築について(上)	F・L・ライト著	谷川睦子訳他
158	建築について(下)	F・L・ライト著	谷川睦子訳他
159	建築形態のダイナミクス(上)	R・アルンハイム著	乾正雄訳
161	建築形態のダイナミクス(下)	R・アルンハイム著	乾正雄訳
162	見えがくれする都市		横文彦他著
163	街の景観	G・バーク著	長素連訳他
164	環境計画論		村明著
165*	アドルフ・ロース		伊藤哲夫訳
166*	空間と情緒		箱崎総一著
167	水空間の演出		鈴木信宏著
168	ペルシア建築	D・ウトキン著	榎本弘之訳
169	モレシア建築	A・U・ポープ著	石井昭訳
170	ブルネレスキ ルネサンス建築の開花G・C・アルガン著		浅井朋子訳
171	装置としての都市		尾島嘉男著
172	建築家の発想		石井和紘著
173	日本の空間構造		吉村貞司著
174	住宅の多様性と対立性	R・ヴェンチューリ著	伊藤公文訳
175	広場の造形	C・ジッテ著	大石敏雄訳
176	西洋建築様式史(上)	F・バウムガルト著	杉本俊多訳
177	西洋建築様式史(下)	F・バウムガルト著	杉本俊多訳
178	木のこころ 木匠回想記	G・ナカシマ著	神代雄一郎他訳

SD選書目録

四六判 (*=品切)

- 001 現代デザイン入門　勝見勝著
- 002* 現代建築12章　L・カーン他著　山本学治編
- 003* 都市とデザイン　栗田勇著
- 004 江戸と江戸城　内藤昌著
- 005 日本デザイン論　伊藤ていじ著
- 006* ギリシア神話と壺絵　沢柳大五郎著
- 007 フランク・ロイド・ライト　谷川正己著
- 008 日本の近世住宅　平井聖著
- 009 きものの文化史　山辺知行著
- 010* 素材と造形の歴史　山本学治著
- 011 今日の装飾芸術　ル・コルビュジエ著　前川国男訳
- 012 コミュニティとプライバシイ　C・アレグザンダー著　岡田新一訳
- 013* 新桂離宮論　内藤昌著
- 014 日本の工匠　伊藤ていじ著
- 015 現代絵画の解剖　木村重信著
- 016* ユルバニスム　ル・コルビュジエ著　樋口清訳
- 017 デザインと心理学　A・レーモンド著　三沢浩訳
- 018* 私と日本建築　A・レーモンド著　三沢浩訳
- 019 現代建築を創る人々　神代雄一郎編
- 020 芸術空間の系譜　高階秀爾編
- 021 日本美の特質　吉村貞司著
- 022 建築をめざして　ル・コルビュジエ著　吉阪隆正訳
- 023 メガロポリス　J・ゴットマン著　木内信蔵訳
- 024* 日本の庭園　田中正大著

- 025 明日の演劇空間　尾崎宏次著
- 026 都市形成の歴史　星野芳久訳
- 027* 近代絵画　吉川逸治訳
- 028 イタリアの美術　A・オザンファン他著　中森義宗訳
- 029* 明日の田園都市　A・ブラント他著　木内信蔵監訳
- 030* 移動空間論　E・ハワード著　長素連訳
- 031* 日本の近世住宅　川添登共訳
- 032* 新しい都市交通　曽根幸一他訳
- 033 人間環境の未来像　W・R・イーウォルド編　磯村英一他訳
- 034 輝く都市　ル・コルビュジエ著　坂倉準三訳
- 035 アルヴァ・アアルト　武藤章著
- 036 幻想の建築　坂倉乙允訳
- 037 カテドラルを建てた人びと　J・ジャンベル著　飯田喜四郎訳
- 038 日本建築の空間　井上充夫著
- 039* 環境開発論　浅田孝著
- 040* 都市と娯楽　加藤秀俊著
- 041* 郊外都市論　H・カーヴァー著　志水英樹訳
- 042 都市文明の源流と系譜　藤岡謙二郎著
- 043 道具考　榮久庵憲司著
- 044* ヨーロッパの造園　岡崎文彬著
- 045* 未来の交通　H・ディールズ著　平田寛訳
- 046 現代技術　H・ヘルマン著　平田寛訳
- 047* キュビスムへの道　D・H・カーンワイラー著　千足伸行訳
- 048* 近代建築再考　藤井正一郎訳
- 049 住宅論　J・L・ハイベルク著　平田寛訳
- 050* 古代科学　篠原一男著
- 051 ヨーロッパの住宅建築　S・カンタクジーノ著　山下和正訳
- 052* 都市の魅力　吉村貞司著　清水馨八郎・服部銈二郎
- 053 東照宮　大河直躬著
- 054* 茶匠と建築　中村昌生著
- 住居空間の人類学　石毛直道著

- 055 空間の生命 人間と建築　G・エクボ著　坂崎乙郎著
- 056 環境とデザイン　水尾比呂志著　久保貞訳
- 057* 日本美の意匠　水尾比呂志著
- 058 新しい都市の人間像　R・イールズ他編　木内信蔵監訳
- 059 京の町家　島村昇他編
- 060* 都市問題とは何か　R・バーノン著　片桐達夫訳
- 061 住まいの原型I　泉靖一編
- 062* コミュニティ計画の系譜　V・スカーリー著　佐々木宏著
- 063* 近代建築　長尾重武訳
- 064* SD海外建築情報I　岡田新一編
- 065* SD海外建築情報II　岡田新一編
- 066 天与の建築　鈴木博之訳
- 067 木の文化　J・サマーソン著　小原二郎著
- 068* SD海外建築情報III　岡田新一編
- 069* 地域・環境・計画　水谷頴介著
- 070* 都市虚構論　池田亮二著
- 071 現代建築事典　W・ペント編　浜口隆一他日本版監修
- 072 ヴィラール・ド・オヌクールの画帖　藤本康雄著
- 073* タウンスケープ　T・シャープ著　長素連他訳
- 074* 現代建築の源流と動向　L・ヒルベルザイマー著　渡辺明次訳
- 075 部族社会の芸術家　M・W・スミス編　木村重信他訳
- 076 キモノ・マインド　B・ルドフスキー著　新庄哲夫訳
- 077 住まいの原型II　吉阪隆正他編
- 078 実存・空間・建築　C・ノルベルグ=シュルツ著　加藤邦男訳
- 079* SD海外建築情報V　岡田新一編
- 080* 都市の開発と保存　上田篤、鳴海邦碩編
- 081 爆発するメトロポリス　W・H・ホワイトJr.他著　小島将志訳
- 082* アメリカの建築とアーバニズム(上) V・スカーリー著　香山壽夫訳
- 083 アメリカの建築とアーバニズム(下) V・スカーリー著　香山壽夫訳
- 084* 海上都市　菊竹清訓著
- 085 アーバン・ゲーム　M・ケンツレン著　北原理雄訳

著者紹介

ドンリン・リンドン Donlyn Lyndon
1936年　ミシガン州デトロイト生まれ
1957年　プリンストン大学建築学科卒業
1959年　プリンストン大学大学院修士課程修了
1962年　カリフォルニア大学バークリー校助教授
　　　　オレゴン大学，マサチューセッツ工科大学で教えた後，カリフォルニア大学バークリー校教授
　　　　マサチューセッツ工科大学客員教授
　　　　Lyndon / Buchanan Associates 主宰
作　品：ブラウン大学ペンブロウク寄宿舎，1975 / カリフォルニア大学寄宿舎，1982 / フェニックスプレイス，1983 / エンバルカデロプロムナード，1991他
著　書：『住宅とその世界』鹿島出版会，1978

チャールズ・W・ムーア
Charles Willard Moore
1925年　ミシガン州ベントハーバー生まれ
1947年　ミシガン大学建築学科卒業
1956年　プリンストン大学大学院修士課程修了
1958年　プリンストン大学大学院博士課程修了
1959年　プリンストン大学助教授
　　　　カリフォルニア大学バークリー校，イェール大学，U.C.L.A. で教えた後，テキサス大学オースティン校教授
　　　　Moore Ruble Yudell, Architects & Planners.
　　　　Moore / Anderson Associates. 主宰
1993年　逝去

作　品：シーランチ，1965 / カリフォルニア大学サンタクルーズ校，1974 / ビヴァリーヒルズ・シヴィック・センター 1991 / カリフォルニア芸術センター，1994他
著　書：『住宅とその世界』1978 / 『建築デザインの基本』1980 / 『庭園の詩学』1995，共に鹿島出版会刊他

訳者紹介

有岡　孝（ありおか　たかし）
1953年　東京生まれ
1979年　東京大学工学部建築学科卒業　B. in Arch.
　　　　久米建築事務所
1985年　Leers, Weinzapfel Associates, Inc. Boston
1986年　マサチューセッツ工科大学建築都市計画部大学院修士課程修了　S. M. Arch. S.
1993年　有岡孝・都市建築設計室
　　　　長崎伝統芸能館 1979 / フォートポイント運河地区都市デザイン 1985秋 / 藤岡市体育館 1986 / 兵庫県芸術文化センタープロポーザル 1991 / 官公庁街区都市デザインガイドライン監修 1994 / K-ビジネスパーク再開発地区計画 1999 / A-Grave Stone 2004 / A-住宅増築計画 2009 他

訳書：ケヴィン・リンチ著『廃棄の文化誌』工作舎，1994 / ムーア，ミッチェル＆ターンブル共著『庭園の詩学』鹿島出版会，1995 / ポリゾイデス，シャーウッド，タイス＆シュルマン共著『コートヤード・ハウジング：L. A.の遺産』住まいの図書館出版局，1996

本書は，1996年に小社より刊行した同名書籍の新装版です。

SD選書 252
記憶に残る場所

発　行	2009年11月30日
訳　者	有　岡　　　孝
発行者	鹿　島　光　一
発行所	鹿　島　出　版　会

104-0028 東京都中央区八重洲2-5-14
Tel 03(6202)5200
振替 00160-2-180883

印刷・製本　　　三　美　印　刷

無断転載を禁じます。落丁・乱丁本はお取替えいたします。
ISBN978-4-306-05252-9　C1350　© Takashi Arioka
Printed in Japan
本書の内容に関するご意見・ご感想は下記までお寄せ下さい。
　URL：http://www.kajima-publishing.co.jp
　E-mail：info@kajima-publishing.co.jp